シリーズ「自伝」my life my world

精神医学から臨床哲学へ

木村　敏

シリーズ
「自伝」
my life my world

ミネルヴァ書房

刊行のことば

自伝を書くのは勇気の要ることである。自分が仕事をなしとげ、回顧し、歩んだ途を後輩に伝えるのが自伝であるとすれば、学者の場合「功」はともかく、「学」成って初めて書けるのかもしれない。日本で最もよく読まれ、成功した自伝は『福翁自伝』であろうが、刊行は福沢諭吉が没する二年前であった。

しかし、一方で学問には終わりがないことを考えるならば、誰も自伝は書けなくなる。もちろん数学や物理学のようなハード・サイエンスでは、比較的若いうちに勝負は決まり、ソフト・サイエンスたる人文科学系の学問では、知識・資料の集積がものをいうので、集大成は晩い。社会科学はその中間だろう。このように分野による違いはあるにしても、もうすべてやり尽くしたと考える者はいないだろう。

そういったことは承知の上で、このシリーズ「自伝」my life my world は企画された。したがって、著者は自伝が書かれた時点での達成過程を書くわけで、何年か後にそれを自ら否定することだってあり得る。重要なのは、いかなる動機でその世界を出発させ、どのように進展させ、時には遍歴し、とにかくあるところまで達成したか、の軌跡を公開することである。ある場合には失敗もあったろうし、壁にぶつかったり、悩んだりしたに違いない。それらがどう乗り越えられたかを知ることだけでも、その個人の経験を超えた、「知」の求道が読み取れるだろう。この点が、本シリーズが、単なる伝記シリーズではなく、シリーズ「自伝」my life my world と銘打たれる理由である。

平成二二年（二〇一〇年）一月

速水　融・日髙敏隆

ケルンでの学会にて（1992年９月，61歳）

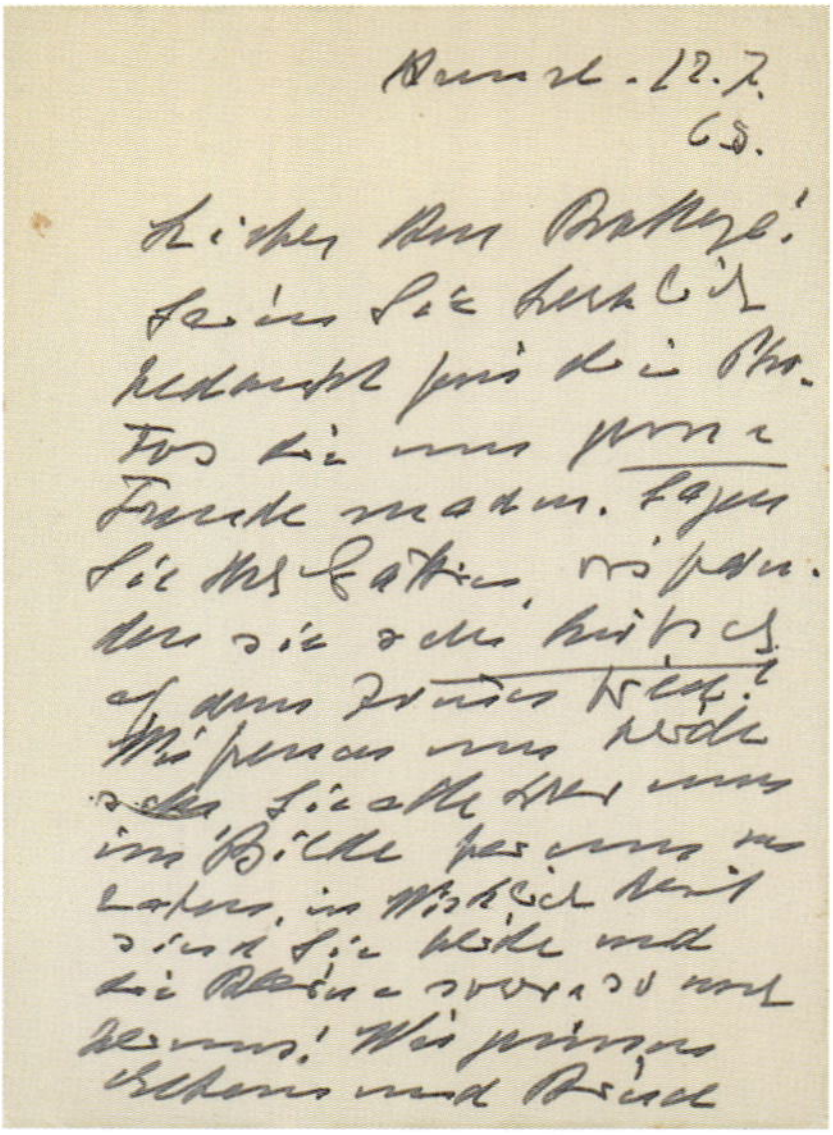

ビンスヴァンガーからの葉書（1963年，114頁参照）

ビンスヴァンガー

精神医学から臨床哲学へ

目次

第一章　精神科医になるまで

1　生い立ち

私がこの世の空気を最初に吸い、はじめての光を見たのは、一九三一（昭和六）年二月一五日の日曜日、朝鮮（現在の大韓民国）は慶尚南道の、釜山からさほど遠くない海岸沿いにある統営《トンヨン》＊という町だった。父は美彦《とみひこ》（一九〇一～一九七七）、母は濱子《はまこ》（一九〇八～一九八六）で、その長男として出生した。当時、父が母校の京大医学部の第二内科教室から、その地の病院へ派遣されていたときのことである。

＊　この統営（現在は忠武）というのは、当時はまだ貧しい漁港町だったようだが、最近は風光明媚な観光リゾート地として有名になり、人口も一三万人を数えるらしい。作曲家の細川俊夫がベルリンで師事し、反政府運動でも有名になった尹伊桑（イサン・ユン、一九一七～一九九五）の出身地で、ユンを記念する音楽祭

の開催地としても知られている。

私の父は、高野山の麓にある和歌山県伊都郡学文路《かむろ》村（現在は橋本市）の出身である。木村家はそこで代々医業を営んでいた。高野山にあった菩提寺が火災に遭って、保管されていた系図が焼失したということで確かな証拠はないのだが、父の兄がなんでも木村家三十五代目の医者だったらしい。この伯父は早く死んで、子どもは医者にならなかったので、本家の世襲医業はそこで途切れることになる。父は庶子だったために早く家を出たのだが、やはり医者になって私を生んでいるから、私は傍流ながら木村家三十六代目の医者だということになる。医者というものがどういう存在であるのか、そのことがたぶん、一切の知識以前に、いわばＤＮＡのレヴェルで私の骨身に染みついているのではないかと思う。

父は地元の小学校を出てから丹波市《たんばいち》（現在の天理市）の天理中学（現在の天理高校）に進み、そこから京都の第三高等学校を経て、京大の医学部に進学した。いつからか剣道に打ち込んで、三高時代には剣道部の主将をつとめ、一高戦などで大活躍をしたらしい。晩年には八段の免許をもらって得意になっていた。しかし父の本当の理想は、研究者として身を立てることだったのではなかったかと思う。ところが、のちに父が岐阜県の高山赤十字病院へ赴任していたとき、出身講座の教授が汚職事件を起こしたとかで失脚し、父も大学に呼び戻してもらえなくなって高山に骨を埋めることになるのだが、私が大学の教職についたときの喜びようから見て、それが父自身の将来の夢だったということがよくわかった。いつもドイツ語の医学書を読んでいて、ドイツ語のほうが日本語より頭に入りやすいのだと言っていたことを思い出す。

そんなことで、父は私が生まれてすぐに京大の内科へ戻って大学院に入り、やがて医学博士の学位をとった。最初は北白川の京大農学部グランドの裏あたりに家を借りていたらしいが、その家のことはまったく思い出せない。たったひとつ、私が三つになった一九三四年九月二一日の室戸台風の日、京都でもあちこちに被害が出て、父は医者として救援活動に出かけ、母と二人で二階の雨戸を手で押さえながら怯えていたときのことは記憶に残っている。それともうひとつ、やはり母に連れられて、吉田山だったらしいが、そのあたりを散歩していたときに野犬に噛まれたことがあったらしい。父が心配して狂犬病のワクチンを注射してもらったということである。この痛い注射を泣かずに我慢したというのがのちのちまでの語り種になっていた。その後、上京区のほうへ転居して、その家のことや一緒に遊んだ近所の友だちのことはぼんやり覚えている。幼稚園へは、どうしてか行かせてもらえなかった。気の弱いだめな子だったので、たぶん今でいうイジメにあうことを親が心配したのかもしれない。

母は和歌山市の出身である。旧姓は明楽。これはアキラともアケラとも読むらしい。祖先は代々明楽神社の神官だったそうだが、祖父が歯科医になって和歌山市の中心街に歯科医院を開業していた。私が物心ついたころには、母の兄に医院を譲って新和歌浦の別荘で船を一艘もって釣り三昧の毎日を送っていた。この祖父のことについては後でまた書くことになる。

母は和歌山県立高等女学校から日本女子大学の家政科へ進学した。女性の大学出身者が希有な時代のことである。家政科だから料理はお手のもので、母に作ってもらったケーキの味を忘れることはできない。音楽が好きだったのだろう。母が使っていた古いヤマハの足踏みオルガンが、ずっと後まで家にあった。その一面、母には野球という不思議な芸があった。日本の女子野球の草分けになるのかもしれない。和歌山高女時代、当時甲子園の花形だった県立和歌山中学の男子生徒にコーチしてもらって、野球部でプレーしていたのだそうだ。この血は私には流れていないが、私のたった一人の兄弟で四つ年下の弟の淳《じゅん》は、高校時代に野球部の選手として活躍していた。

弟が誕生したのは、だから私が四歳のときである。ふたりきりの兄と弟で四つ違いというのは、いいバランスではないかと思う。仲のいい兄弟である。弟はいったん京大の工学部を卒業した後に医学部に入り直し、結局はやはり医者になった。医者になるとすぐアメリカに渡って神経科を専攻し、カナダのウィニペグ大学やアメリカのアイオワ大学の教授をやっていたが、私が京大精神科の教授をしている最中に京大神経内科の教授に選ばれて帰国した。それで何年間かいっしょに医学部の教授会に出席していた。国際的な知名度の点でいうと、弟は国際臨床生理学会や世界神経学会の理事長をやっていて、私よりもはるかに上である。京大を停年で退官するとまたアイオワ大学に復職し、現在も世界中を飛び回っている。アイオワでの同僚には、神経医学に関連させてデカルトやスピノザを論じたアントニオ・ダマジオがいるのに、弟自身は私と違ってまるで哲学への関心を持っていない。

2　高山の思い出

高山へ

　私が五歳の時、一家は岐阜県の高山市へ移り住んだ。父が今度は高山赤十字病院へ赴任することになったからである。まもなく院長に任命された。当時の国鉄高山線が、ようやく岐阜から高山まで開通したばかりのころである。高山には、十七歳で旧制の斐太《ひだ》中学校を卒業するまで十二年間住み着いていたので、外地生まれの私にとって「故郷」といえる場所は高山以外にない。両親も結局は高山に骨を埋めたので、いまでも年に一回は墓参に高山へ帰る。「帰る」という言い方がぴったりする土地も高山だけである。

　高山というところは方言の強い土地である。アクセントは関西弁とまったく違い、どちらかといえば関東系なのだが、独特の語彙や用法がいっぱい見られる。最初の冬を迎える前に、近所のおばさんが「また雪になるでこわいなあ」と話しているのを聞いて、雪が降ったらオオカミでも出てくるのかと思っていたら、高山弁で「こわい」というのは「困る」という意味だった。事実、当時の高山は現在よりもずっと雪が多く、屋根の雪下ろしをすると一階は完全にふさがれて、二階から出入りしなくてはならなかった。小さい子どもだったから余計そう感じたのだろうが、高山の雪の深さはとても印象深く記憶に残っている。

　高山では、最初は駅の前に家を借りていて、やがてもうすこし中心に近い花川町という通りの、土蔵付きの非常に古い家に移った。この家は父が死んでから人手に渡ったが、いまもそのまま残っている。池の周りにたくさんの木のある庭がなつかしい。池には鯉を何匹か飼っていた。家の前の道は、私の家の側を小川が流れていた。庭には形のいい石灯籠がいくつか置いてあって、とても気に入っていたので一つ貰ってきて、これは現在でも京都の自宅の唯一の装飾になっている。

南小学校

六歳になって、家から歩いて五分もかからない場所にあった南小学校に入学した。この学校は現在は別の場所に移転している。入学した日、靴箱に私の名前がどうしても見つからず、べそをかきながら探していたら、女の子のところに私の名前があった。敏をトシと読んで、女の子にされてしまったのである。漢字一字の音読みというのは単純明快で、しかもとても洒落ているが、なかなか正確に読んでもらえない。サトシと読まれるのが普通である。ちなみに弟も淳（ジュン）だし、私の一人息子は元（ゲン）という。

小学校で、私はいじめられっこだった。いくじなしの弱気な性格もあっただろうが、高山弁になかなかなじまない言葉の問題も大きかったと思う。家で両親が話す言葉はもちろん関西弁だった。関西弁のなかでも和歌山弁はなまりが強く、いまでも一言聞いただけでその人が和歌山出身だということを言い当てられるぐらいである。子どもは言葉の順応性が高いとはいうものの、高山弁を自由に使いこなすまでには何年かかかったに違いない。いじめを受ける要因としては、それだけで十分だったのではないか。

私はからだが弱く、痩せていて頭でっかちだった。しかも生まれるとき逆子だったのだそうで、そのためかどうか、頭のかたちが随分ひしゃげている。それでグリコというあだ名がついた。グリコというのは、いまでもあるのかどうか知らないけれど、当時の子どもが喜んで食べていた、歪んだ丸いかたちのキャラメルである。いまだからこそこのあだ名は傑作だと思うけれども、子どものときはとても嫌だった。勉強はやはりそれなりによくできたのだが、成績がよくて言葉やからだにスティグマというか特徴のある子どもがいじめの対象にされるのは、しごく自然なことだったに違いない。

いわゆる虚弱児で、すぐ病気になって学校を休んでいた。運動神経は極端に悪く、運動会ほど嫌いなものはなかった。競走はもちろんいつもビリだったし、鉄棒でも懸垂や逆上がりが苦手だった。小学生時代に楽しい思い出といえるものはほとんどない。たしか三年生か四年生の、あるよく晴れた日のことだったと思うが、一面にクローバーが生い茂っている野原で、急に、死ぬというのはどういうことだろうと真剣に考えたことがある。しかしそのとき、ふしぎに恐怖感は覚えなかった。

小学校2年生ごろ，弟の淳と

祖父と海

小学生時代に唯一楽しかったのは、毎年夏休みに母に連れられて和歌山の母の実家へ遊びに行ったことである。先に書いたように母方の祖父は歯科医をしていたが、そのころはもう伯父に医院を譲って、新和歌浦の別荘で漁師のような生活をしていた。母は八人きょうだいの六番目だったので、私のいとこにあたる子どももたくさんいて、夏休みの祖父の別荘は、あちこちの遠方から集まる子どもたちで賑やかだった。その中でも私は、とくべつ祖父や祖母に可愛がってもらっていたような気がする。祖父が釣りの餌にするゴカイをとりに加太の海岸まで行くのに、いつも連れて行ってもらった思い出が、記憶の悪い私にしてはめずらしく鮮やかによみがえってくる。

この祖父は悲劇的な最期を遂げた。私が何年生のときだったかはっきり思い出せないのだが、祖母が病気で亡くなって、その葬式で和歌山へ行っていたときのことだったのだろう。新和歌浦の家にはたくさんの親戚が泊まりこんでいた。夜中にふと目覚めると、祖父が大きな懐中電灯で寝ているみんなを一人ひとり照らして顔を見ている様子だったが、やがて部屋を出ていった。私はそのまままた眠ってしまったが、しばらくして大騒ぎになって起こされた。祖父が自分の漁船で沖へ出て、からだに碇を巻きつけて入水自殺をしてしまったのである。祖母に先立たれた悲しみから鬱状態になっていたのだろうが、小学生の私にそんなことが分かるはずもない。しかしいまになって精神病理学的に考えると、祖父はどうみても典型的な「メランコリー親和型」の性格だったと思う。几帳面で律儀で人につくしたがるというこの性格を、母方の血筋の人はみんなもっている。やはり母方の、私と同い年の従兄弟が一人、ずっと後のことだが鬱病になって自殺している。私自身にもメランコリー親和的な性格があるとすれば、それは母方から来ているはずである。

この事件があってから、私は海というものに特別な感情を抱くようになった。一面で、祖父が自ら溺死した海は底なしの恐怖の対象である。しかしその反面、私が大好きだった祖父の命を呑み込み、包み込んだ海は、不思議な懐かしさをよびおこしてもくれる。飛騨の山中で育ち、それからも海とはほとんど関係のない場所に住んできた私なのに、いまでもふと海岸へ行く機会があったりしたとき、じっと海を見ていると、この単純に割り切って理解できない情感がいつも私の胸に迫ってきて、ふとそのまま海へ入っていってしまいそうになる。数十億年来この地球上で生命をはぐくんできた海が、私の大好きだった祖父という個人のいのちを引き取ったという事実が、私にとって大きな意味を持っていたのだろう。祖父の死が、生命の源としての海にいっそうの深みを与えたのだともいえる。

後で知ったことだが、死と生というものに人一倍強い感性をもっていた哲学者の西田幾多郎が、海をこよなく愛したらしい。西田が京大を停年になって鎌倉へ引っ越すとき、和歌山の海岸も、もうひとつの選択肢として彼の念頭にあったと聞く。もちろん、海を見てなにを感じていたのかは、西田と私でそれぞれまったく違うかもしれない。しかし、後年そんなことはまるで知らずに西田の哲学に強く惹かれていった私の心の底には、言葉以前のレヴェルで、海をめぐっての連帯感のようなものがあったのではないか、そう思えてならない。海というのは、生命がそこから生まれてそこへ帰って行く、根源的な場所のようなものではないのだろうか。

頭部外傷

五年生のとき、私自身の身に大きな出来事があった。高山の市街地の東側に城山という山があって、昔の城跡が残っている。そこへ友だち数人と遊びに行っていた。なんでも、蛇を捕りに行ったのだと記憶している。弱虫のくせに、不思議に蛇は怖くなかった。蛇だけでなく、爬虫類に対して拒否反応を示す人類共通のDNAが私には欠損しているらしい。トカゲを捕ってはポケットに入れて帰って、いつも母に悲鳴を上げさせていた。大きくなっても、蛇を見ると捕まえたくなる。

とにかくそんなわけで城山へ蛇を捕りに出かけたのだが、山の中腹の急斜面で足を踏み外して百メートルほど転落し、途中にあった岩に頭をぶつけた。そのときは痛かっただけで手足にもたいした怪我はなかったので、そのまま家まで歩いて帰った。子どもの足で二〇分はかかっただろうと思う。ところがその晩から四〇度近い高熱が出て意識がなくなり、驚いた父が脊髄液を調べたら出血で真っ赤になっていたらしい。

父は大急ぎで京大の内科に連絡し、父の恩師である当時の内科の教授が、京都から高山まで往診に来てくれた。当時の鉄道事情から見てこれは大変なことだったと思う。診察の結果、生命は助かっても少なくとも癲癇《てんかん》は残る、と言われたらしい。両親はすっかり諦めて、治ったらあれも買ってあげる、これも買ってあげると法外な約束をしてくれたらしいのだが、私自身はあいにくなにひとつ覚えていない。入院はせずに家で寝ていたのだが、意識が戻るといつも母が枕元についていてくれたのを懐かしく思い出す。しょっちゅう熱を測られて、母がそれをグラフに書いていたのだが、そのギザギザがちょうど高山から見たアルプス連峰の形によく似ていた。

やがてその山脈も平坦になって、私は奇跡的に助かった。後遺症もまったく残らなかった。ただそれ以来、元来の内気な性格が外向的になって、全体として非常な楽天家になったのがプラスの面だとすると、マイナス面としては、これはそれ以来かどうかよくわからないのだが、記憶が非常に悪くなったのではないかと思う。記憶といっても、それ以来も学校の成績は下がっていないし、何回もの受験にもだいたい成功してきたし、外国語の単語も結構よく知っているので、知的で抽象的な記憶力はおかされていないと思うのだが、いちばん困るのは一度会った人の顔とか、経験したはずの出来事とかが記憶に残らないことである。いま書いているような回想録を書くのにあたって、これは致命的な欠陥だろう。この実生活面での物覚えの悪さが、私の元来の欠陥なのか五年生のときの頭部外傷と関係があるのか、それともまだ他になにか原因があってのことなのか、それは永久にわからないことである。

他に原因があったというのは、実はまだ京都にいたときに、先にもちょっと書いたが、野犬に噛まれて狂犬病のワクチンを注射してもらったことがある。後日医者になってから、このワクチンの副作用で脳の脱随性障害が起こっていないか、そのことが心配になった。というのも、終戦直後に世間を騒がせた帝銀事件の被疑者だったある画家が、狂犬病ワクチンによる脱随性脳障害で作話症の症状をもっていたということが当時報道されていたからである。作話症というのは記憶欠損を空想で補塡する症状だから、私の場合にも当てはまる可能性はある。しかし、いまから数年前に別の理由で脳のＭＲＩ検査をして貰ったときに何も言われなかったから、これはおそらく大丈夫だったのだろう。

知ちゃんのこと

小学校時代の思い出で、もうひとつぜひ書いておきたいことがある。私が小学二年生のとき、父が院長をしていた高山日赤に副院長兼外科部長として京大から松本元勝先生という方が赴任してこられた。当然、家族ぐるみの親しい交際が始まった。松本家には当時三人の子どもがいて、いちばん上が私と同じ学年の女の子で、知子《ともこ》さんという名前だった。というより、私たちはみな「ともちゃん」と呼んでいた。下二人は男の子で、その下にもう一人、うんと年の離れた妹さんが生まれることになるのだが、私の小学生時代にはまだ生まれていなかった。

この知ちゃんとは、クラスは違ったが同じ小学校の同じ学年で、学校で毎日のように顔を見るだけでなく、家どうしのおつきあいもあったから、自然、非常に身近に感じる、最初の、しかも異性の友だちだった。都会の子だからとてもあか抜けしていたし、なによりもピアノが上手だった。そのころ高山のような田舎町には、ピアノの弾ける子などはまず他にいなかった。そもそもピアノという楽器が町中に何台あったことだろう。私がのちに音楽にのめり込むその最初のきっかけが、この知ちゃんの存在であったことは間違いない。

戦中少年

私が生まれた一九三一年は、満州事変が勃発した年でもある。十五年戦争とも呼ばれる長い暗い時代の始まりであった。小学校へ入学した三七年の七月には、盧溝橋事件を引き金にして日中戦争が始まった。それから戦局はどんどん拡大して、五年生だった四一年の一二月には真珠湾攻撃から太平洋戦争へと突き進むことになる。小学校はいつからか国民学校と呼ばれるようになっていた。私が中学生になって、もうかなり明確な自我意識をもっていた戦争末期には、私は私なりにひどく醒めた目で時局を眺めることになるのだが、小学生時代の私にそんな分別のあろうはずがない。ただひたすら、皇軍が中国大陸で華々しい戦果を収める新聞記事を喜ぶ毎日が続いていた。

このようにして、私の幼少期はそっくりそのまま日本の侵略戦争の歴史と重なっている。私が旧朝鮮で生を享けたということ自体、それと無関係ではない。生後三ヶ月で内地へ引き上げてきて、まるでなんの記憶もない生まれ故郷の統営を、一度この目で見てみたいという願いを長年抱いていながら、しかもその気になりさえすれば、九州とは目と鼻の先のこの地に行くことなど実に容易いことでありながら、私のこころの中に、なにかそれをさせないわだかまりのようなものがある。

斐太中学校

一九四三年、私は当時飛騨地方で唯一の普通科中等学校だった県立斐太《ひだ》中学校（現在の斐太高校）に進んだ。五年制の男子校である。高山市街の北はずれで、学校の裏に小高い山があり、前に川が流れていて、山紫水明をそのまま絵にしたようなすばらしい環境にあった。もちろん徒歩通学で、三〇分はたっぷりかかった。戦時中だったからか、入学試験は学力だけでなく、体力の測定もあった。これはたぶん最低に近い成績で通してもらったのだろうと思う。

中学一年のときは、まだ普通に勉強をすることができた。太平洋戦争の戦局は日増しに悪化していたらしいが、大本営は調子のよい発表ばかりしていて、私たちにはそれがまったく伝わらなかった。敵国語だった英語の授業もきちんと行われていた。小学校のときと違っていじめられることもなかったし、先生がたも友だちもいい人ばかりで、学校へ行くのが楽しくてしかたがなかった。

そのころの思い出としては、私が中学に入ってしばらくしてから、父が市内のレコード店からクラシック音楽のレコードをたくさん買ってきて驚いたということがある。ベートーヴェンの田園交響曲と弦楽合奏のためのセレナーデ、ブラームスの第三交響曲、チャイコフスキーのクルミ割り人形、そんな大曲ばかりだったと記憶する。その当時は七八回転のSPレコードで、片面に五分そこそこしか入っていなかったから、それぞれの曲ががっちりしたアルバムに収められていて、見るからにちょっとした財産だった。どうやら私の成績が、音楽だけよくなかったらしい。名曲を聴かせることで音楽好きにしたいという気持が両親にあったのだろうと思う。そしてその狙いは、おそらく両親の期待を遙かに上回って、私の人生に決定的な作用を及ぼすことになる。このときに買ってもらったSPレコードの一部は、現在でもなお私の手許にある。手回し式の蓄音機で、私は田園交響曲を本当にくり返しくり返し聞いた。中学の同級生でやはりクラシックの好きな友だちがいて、その子を家へ呼んできては一緒にレコードを聴いていた。フルトヴェングラーがいいとかトスカニーニの方がいいとか、ショパンの英雄ポロネーズはホロヴィッツでなければだめだとか、のちのち私の人生を彩ることになる音楽談義が、幼いながらこのころすでに始まっていた。

学校でただひとつ嫌だったのは教練の時間だった。当時の中学校には、配属将校といって、軍服を着た士官が一人配置されて、生徒に軍事教練をやらせていた。私は勉強の成績がよかったから、級長というのをやらされていた。いまの学級委員のように選挙ではなく、先生が任命するのである。教練の時間には、級長は部隊長だから、みなに号令をかけるのが私の仕事だった。たしか一クラス六〇人だったと思うが、その六〇人が私の号令で右を向いたり左を向いたり、走ったり止まったり整列したりするのが、私にはなにか不気味だった。同じクラスの友だちどうしで、なんの上下関係もないのに、号令ひとつで全体が整然と行動するというのが、なにかひどく非人間的で理不尽なことのように思われた。私は本質的に、全体主義にはなじめない性格なのだろう。クラスの一人ひとりが、私と仲のよい友だちも、それほど付き合いのない人も、一人ひとりが個性をもった別個の個人なのであって、それを全体にまとめて行動させるなどもってのほかだという、そんな気持が私にはあった。

学徒動員・疎開・敗戦

ともかくも一年生のときはまだよかった。事態が急に緊迫してきたのは、一九四四年、二年生になってからである。中学生も学徒動員ということで軍需工場に駆り出されることになった。私たちの上の学年は各務ヶ原《かがみがはら》の航空機製造工場へ動員され、空襲でたくさん亡くなった。高山から各務ヶ原までは当時の汽車で四時間もかかる距離だったのに、その空襲の夜は南の空が真っ赤に燃えて壮絶な光景だったのをよく覚えている。私たち二年生は高山に残ることができ、戦争の犠牲者は出なかったが、それでも学校生活は一変した。

ある日、学校が突然軍需工場に変わった。三重県の鈴鹿にあった海軍工廠が斐太中学に移ってきて、私たちはその日から旋盤工の見習いになった。工廠《こうしょう》というのは軍の兵器工場のことで、私たちはそこで機関銃の弾丸を作ることになった。にわか仕込みの旋盤工だからしょっちゅう不良品《おシャカ》を出す。そのたびに鈴鹿から来ている熟練工に怒鳴られる。当時の中学生はそれなりにエリート意識を持っていたから、日に日に不満が鬱積していた。ある日ちょっとしたことがきっかけで鬱憤が一度に爆発し、二年生全員が職場を放棄して学校の裏山に立てこもった。三つあった各クラスの級長が校長室へ集められ、工場長の海軍士官から、お前たちは非国民だ、責任者として級長は銃殺にする、と脅かされた。そのときはやはり心底から恐怖感があったが、その一方で、権力に対する反抗の快感のような昂揚感もどこかで感じていた。

ちょうどそのころ、母の姉婿で陸軍の主計中将だった伯父が、いつも高山のわが家へ泊まりに来ていた。その当時、アルプスでも高山市からいちばん近い乗鞍岳に軍が飛行場を建設する計画が進行していて、伯父はその経理面の責任者として高山に常駐していたのである。現在乗鞍岳には立派な自動車道路がついていて、車でほとんど頂上近くまで上ることができるが、この道路はそのときに陸軍がつけたものである。

伯父は経済学の勉強に外国へも留学した経験があったようで、軍人には似つかわしくない柔軟な頭の持ち主だった。この伯父がいつも私に向かって、この戦争はまもなく負けるよ、と話していた。私はこの伯父のいうことを信じて、どうせ負けるのなら早いほうがいいと思っていた。

三年生になると戦争はもう末期状態になっていた。毎晩のようにボーイングB二九が御前崎付近を北上中というラジオ放送があって、そのたびにどこかの都市が空襲を受けていた。高山は爆弾こそ落とされなかったものの、やはりB二九が飛んできてビラを撒いていった。爆撃を予告するビラもあった。当時、空襲の危険の高い都会から田舎へ避難することを「疎開」と呼んでいたが、私たちもしばらく市内を離れて疎開することになり、高山線で二駅北の国府という村の農家に部屋を借りた。

伯父の予言が的中して戦争が終わったのが、私が中学三年生だった一九四五年の八月一五日である。

もちろん私は飛び上がるほど嬉しかった。東京や大阪をはじめとする無差別爆撃や、グアム、サイパン、硫黄島、沖縄、それに広島や長崎の悲劇のことなど知るよしもない農村暮らしの中学生として、私はただただ、一切が以前の平和な時代に戻るのだと喜んでいた。事実、学校はまもなく再開され、いやな教練も時間割から消えた。日本中が食糧難で苦しんでいた時代だが、高山ではそれほど深刻ではなかった。

進学に向けて

授業が再開されてから、課外活動も盛んになった。私は音楽部に所属して、学校のピアノを触らせてもらえるようになった。前にも書いたように、家には母の古いオルガンがあって、ときどきはそれで音を出していたので、ピアノの鍵盤は私にとってそれほど取っつきにくいものではなかった。しかし高山にいたときは、だれかにピアノを教わったということは一度もない。音楽部でバンドを作って演奏していたのは、歌謡曲やタンゴのような軽音楽ばかりだった。前に書いた松本家の知ちゃんとは、相変わらず仲良くしていたし、彼女がピアノで弾くのはクラシックの名曲ばかりだったから、ぼくもあんなふうにピアノが弾きたいという夢は、夢のままずっともっていた。

その知ちゃんは、高山市街からいうと私の通学していた中学とは正反対の南のほうにある、高山高等女学校に通っていた。のちの高山高校である。ところが彼女は女学校の四年生を終えると、京都の府立女子専門学校に進学することになった。昔は中学校や女学校の四年生から高等学校や専門学校へ進む、いわゆる「四修」という制度があって、それが終戦後もまだ残っていたのである。

ついでにいうと、当時は小学校（戦時中は国民学校）の六年間だけが義務教育で、それでやめてもいいし、それから試験を受けて五年制の中学校や女学校、あるいは実業学校などへ進んでもよく、そのまま小学校に残って一年ないし二年間、高等科という教育を受けてもよかった。さらに上の学校へ進みたいときには、中学校や女学校の四年生か五年生のときに高等学校や専門学校の入学試験を受けることになっていた。高等学校は三年で、そこでまた入学試験を受けて大学生になるという具合だった。

どうしてこんなことを書いたかというと、敗戦でアメリカの占領下にあった当時に、現在のように小学校六年と中学校三年の合計九年間が義務教育で、そのあとに三年の高校が来るという、いわゆる六・三・三制が導入されて、学校制度が根本的に変わってしまったのだが、私たちが旧制度の中学を卒業するころはまだ過渡期で新旧の両制度が併存しており、実にややこしい時代だったからである。私の通っていた斐太中学は、私が四年生のときに斐太高校と名前が変わり、私たちは高校一年生という扱いになった。そのまま高校に三年間いて新制度の大学に進学してもよく、高校二年終了を旧制中学卒業と読み替えてそこから旧制高等学校へ進む道もまだ残されていた。私は父の学んだ旧制の第三高等学校から京都大学へというコースをどうしても進みたかった。父は私にとっては理想像だった。

ところが当時の斐太中学は、いまでいう進学校ではなかった。中学を出てからさらに都会へ出て大学まで進むという人は非常に少なかった。そもそもその当時の日本の大学進学率は、全国的に見てもいまと比べて格段に低かった。『蛍雪時代』などという有名な受験生向けの雑誌は当時からあったが、周囲がそういう空気ではなかった。私の父も母も、子どもの教育にはそれなりに熱心だったとは思うが、いまのように「お受験」に血道を上げるパパ・ママとは本質的に違っていた。そんなことで私は、その気になれば「四修」で三高を受験できるということに、うかつなことにまったく気がつかなかった。

知ちゃんが四修で女専を受験するということを聞いたときは、もう手遅れだった。それでも願書の提出にはかろうじて間に合ったので、破れかぶれで受験勉強もせずに三高を受験することにした。しかしなんといっても三高は天下の難関校である。結果はもちろん失敗だった。もしこのとき合格していれば最後まで旧制度で通すことができ、あとで書くような複雑な進路に巻きこまれずにすんだのにと思うと残念ではあるが、一方で新制度の京大に入学したからこそ経験できたこともたくさんあり、その間にえられた貴重な交友関係なども考えると、あれはあれで一番いいことだったのではないかといまでは思っている。

そんなわけで私はあと一年高山に残って、旧制度の斐太中学を卒業して京都へ出た。学校そのものは斐太高等学校に変身していたから、卒業式はして貰えなかった。卒業証書はたしかに貰っているはずである。前の年に不合格だったから慎重に準備して、こんどは無事に三高の理科に合格することができた。

3　三高から京大へ

三高に入学

三高は現在の京大総合人間学部の場所にあった。私はそこからほど近い熊野神社のすぐ南の疎水べりに下宿を見つけた。一九四八年、昭和二三年のことである。大学は当然医学部へ進むつもりだったので、ドイツ語を必修の第二外国語にするクラスを選んだ。当時の医学ではドイツ語が、第一外国語の英語とくらべても圧倒的に重要な外国語だった。医学用語はほとんどドイツ語だった。それともうひとつ、三高に入学して改めて驚いたことに、京阪神の都市部の中学から入学してきた同級生たちはみな英語がとてもよくできた。戦時中にも英才教育のようなもので英語を徹底的に教えられたらしく、高山からぽっと出の私などにとうてい勝ち目はないような気がした。ドイツ語なら全員一からの勝負である。負けん気の強い私としては、自然、ドイツ語の勉強に熱を入れることになった。私の入ったクラスの担任もドイツ語の先生だったし、ほかにもドイツ語の先生としては、アララギ派の歌人として、またリルケの翻訳者として有名な高安國世先生などもおられた。とくに高安先生にはのちのちまで可愛がっていただいて、いろいろ思い出が尽きない。

三高音楽部

三高でも音楽部に入った。クラシック音楽の愛好家の集まりである。部長はその高安先生だった。いまはもうない木造の建物の片隅に狭い部室があって、古いベヒシュタインのアップライトピアノが置いてあった。前世紀の遺物だったのだろう、燭台が両側についた瀟洒な作りだったが、なにせ時代ものだから、ときどき叩いたキーが上がってこず、演奏しながらへこんだキーを持ち上げる早業が必要だった。

この音楽部で私はいろいろと得がたい先輩と出会ったが、そのひとりに先年亡くなった作曲家の松村禎三さんがいる。オペラ『沈黙』で数々の賞を貰って大きな話題になった人である。この松村さんは三高から大学には進まず、伊福部昭と池内友次郎に師事してプロの作曲家になった。音楽の学校教育も受けていないのに、東京芸大の作曲科の教授もやっていた。芸大の音楽学部長に選出されそうになって、作曲活動に専念したいからといって芸大を退職したのだと聞いている。純粋な人である。この松村さんが三高時代に作曲を教わっていたのが、当時京大の人文科学研究所の教授だった考古学者の長廣敏雄先生だった。長廣先生には、松村さん以外にも何人かの音楽部の先輩が音楽理論を習っていた。私も長廣先生に和声法を教わることになり、それ以来この先生との長いおつきあいが始まるのだが、そのことはまた書こう。

三高生時代（1948 年）

三高で音楽部に入ったことには、偶然というだけではすまされないような、思いがけない幸せな付録がついていた。それは前の年に高山で別れた知ちゃんとの再会である。三高音楽部は合唱もやっていたのだが、三高生はもちろんすべて男である。混声合唱ができない。それで京都府立女専の音楽部と合同の混声合唱団をもっていた。前にも書いたように知ちゃんは私より一年前に京都へ来てこの女専に入学し、当然のように音楽部に所属していた。この女専は京都市のはずれの桂というところにあったのだが、毎週三高まで混声の練習に来てくれていた。それで知ちゃんと久しぶりに顔を合わせることになった次第である。

『こうもり』の上演

この年の文化祭で、両校合同の音楽部はヨハン・シュトラウスの喜歌劇『こうもり』を上演することになった。当時京都にあったアメリカ文化センターからピアノ伴奏のついた楽譜を借りてきて、だれかが歌詞を日本語に訳した。衣装は宝塚歌劇団から借りてきたらしい。指揮はのちに外科医になった森田昭さん、伴奏はのちに産婦人科医になった真鍋英夫さんと女専の芹生操さんだった（お二人はその縁で結婚された）。独唱も合唱も全部自前である。さすがに第二幕の華やかな舞踏会の場面は割愛せざるを得なかった。一年生では、のちに京大の美学の教授になった新田博衛君が刑務所長役でソロを歌ったが、私はその他大勢の合唱に、それでもタキシードを着込んで、加わるだけだった。困ったことに、私はピアノならなんとか音が出せるのに、歌うとなるとからきしの音痴で、夜中に小声でおそるおそる練習していたら、下宿のおやじが、このごろ変な猫の鳴き声がする、と言い出したりして、悪戦苦闘の毎日だった。

それでも公演は大成功だった。その名場面はいまでも耳に残っている。『こうもり』は、その後留学中に本場ウィーンのフォルクスオーパーでも見たし、それ以外も何回かドイツの歌劇場で見る機会があったのだが、まったく勝手なもので、自分たちの素人公演のほうがよかったなどと思ってしまう。

学制改革に巻き込まれる

昔の旧制高校には、最近の通過儀礼化した新制度の高校と違って、三年間に人生の春のすべてを凝縮する自由闊達な気風が溢れかえっていた。そういった空気を享受するというよりも、めいめいが自分の存在と行動のあるじとなり、世間からも時勢からも制約されない生きざまを一種の無上命令として自らに課していた。そしてその生きざまは、先生から生徒へ、先輩から後輩へと暗黙のうちに伝授され、結果として奔放不羈な高等学校独特の全体的な雰囲気が生み出されていたけれども、それはあくまで結果であって、その原動力は生徒各個人の青春のエネルギーだったと思う。

ところが私の三高生活は一年で終止符を打たねばならなかった。一九四九年、学制改革が遂に高等学校から大学にも及んで、旧制高校はすべて新制大学に移行することになったからである。移行といっても高等学校の生徒がそのまま大学生になれたわけではなく、あらためてもう一度大学の入試を受けなくてはならなかった。いま考えても、これは理不尽なことだったと思う。厳しい入試に合格してあこがれの高等学校に入学し、旧制高校特有の自由を謳歌しはじめたばかりの一年生が、またしても大学入試の苦痛を味わわねばならないというのだから。そこで大量のいわゆる「白線浪人」が発生した。しかも、医学部進学希望者にはもひとつひどい制約がかかっていて、大学入試に合格してもそのまま医学部に進むことはできず、とりあえず医学部以外の理科系の学部で二年間の教養課程を終えたあと、さらにもう一度医学部の入学試験を受けなくてはならなかった。

虫垂炎の手術

この京大受験の数週間前のことだったと思うが、私のからだに異変が起こった。それまで経験したことのないいやな腹痛を感じたのである。まだ医学の知識はなかったが、やはり医者の息子だったからなのか、それこそ直感的に、これはふつうではないと思って、ともかくも高山の家へ帰ることにした。当時は京都から東海道線に三時間ほど乗って岐阜で高山線に乗り換え、さらに四時間以上乗らなくては高山に戻れなかった。自宅の玄関にたどりついたときには、倒れないで立っているのが精一杯だった。

さっそく父に診てもらったら、案の定、虫垂炎だった。いまだったら抗生物質で散らすこともできたのだろうが、当時はまだそんなによく効く薬はない。即日、父の勤務している日赤病院に入院して、手術を受けることになった。私のこれまでの人生で、これがたった一回だけの入院である。あいにく外科の先生は出張中で、産婦人科の先生に手術して貰った。腰椎麻酔で意識はあったから、その先生が横にいる父に向かって、やっぱり男の腹部は女とは違いますなあ、などと言っているのを聞いて、あまりいい気持ちはしなかった。私の腹には、虫垂炎の手術にしては大きな傷跡が残っている。大学入試の直前だったので、一週間後に抜糸がすむと早々に退院して京都へ戻った。

京大入試

そんなことがあったにもかかわらず、私は一九四九年に新制京都大学の理学部に無事合格することができた。このときの入学試験には、京大独自の入試問題のほかに、全国共通の「進学適性検査」というテストが含まれていた。いまでいうセンターテストの走りである。ただこのころは全国テストが現在のように別の日に行われるのではなく、京大の入試の一環として課されたものだった。内容も、学力を見るというよりは、積み木が不規則に積んである絵を見せて、全部で何個あるかを当てるというような、直観力のテストが主だったように思う。

自伝であまり自慢話はしたくないのだが、私はこの進学適性検査で非常に高得点をもらった。あとで聞くと、全国でも一桁の順位だったらしい。前にも書いたように私は記憶力が非常に悪い。これは試験のときに明らかに不利である。それなのにこれまでほとんど落第したことがないのは、記憶の悪さを全体の直観で補っていたからなのだろう。細部よりも全体、正確さよりも適切さ、個別の認識よりも包括的な把握、あとで出てくるヴィーコの言葉を借りればクリティカよりもトピカ、精神病理学はそうでなくてはならないというのが、現在でも私の信条である。

こうして私は京大理学部の教養課程に入学し、二年後の五一年にようやく京大医学部を受験することができた。三高の入試から数えると四年間に三回の入学試験を受けなくてはならなかったことになる。小学校入学から大学医学部卒業までの全期間を見ると、中学、四修での三高、中卒での三高、理学部、医学部の計五回の入試を受け、四修のとき以外は全部ストレートに進学しているのに、きちんと卒業式に出て卒業したのは小学校と大学だけである。

音研の創立

なにはともあれ、新制度の京都大学の一期生である。教養部の建物はもとの三高の校舎をそっくりそのまま使っていたし、教わったのもたいていは三高の先生そのままだったし、なによりも最初の一年間は、一年上級の旧制三高の三年生が同じ校舎にまだ残っていた。

身分が大学生に変わっただけで、なにもかももとのままだった。音楽部も相変わらずこれまでの部室で、先輩の高校生と後輩の大学生が同居していた。

状況がはっきり変わったのは、翌一九五〇年、私たちが京大の二回生になってからである。この年に京都市の隣の宇治市に京大宇治分校という新しいキャンパスができ、新入学生はすべてそこへ集められて教養課程の一年目をすごすことになった。旧三高生は卒業していなくなっていたので、吉田のキャンパスは私たち二回生*だけになってしまった。

* よく知られているように、関西の大学では何年生というかわりに何回生という呼びかたを慣用している。調べてみたことがないので、この呼称がいつからどのような理由で採用されたのかは知らない。だから勝手な想像なのだが、大学はもともと学校ではない。「大学校」という言いかたは（一部の例外を除いて）存在しない。大学というのは元来、一年生から二年生へ、二年生から三年生へと進級して行ったあげくに卒業する制度ではない。聞きたい講義を聞きたいときに聞き、欲しい単位を好きなときにとって、適当な時期に卒業すればよい。日本では（もちろん関西でも）大学在籍年数に制限があって、ドイツには昔からあった「永遠の学生」というような無制限の留年は認められていないが、それでも留年と落第とは違う。それが何年生という呼びかたをしない最大の意味深い理由ではないのかと思っている。

私たち三高音楽部の残党がまずしなければならなかったのは、これを引き継ぐ組織作りだった。『こうもり』でソロを歌った新田博衛君、それに野村庄三郎君、山県弘忠君、そして私、そういったメンバーが中核になって京大に音楽部を立ち上げようと考えた。ところが学生部と相談してみてはじめてわかったことだが、昔から立派な伝統を誇っている京大オーケストラが正式には「京都大学音楽部」と称していた。だから音楽部の名前は使えない。やむをえず「京大音楽研究会」でいこうということになった。略して「音研」である。顧問は引き続き高安國世先生にお願いすることにした。ボックスと呼んでいた部室にはとりあえず三高音楽部の部室を使うことにしたが、やがて旧三高の講堂だった新徳館という立派な建物を使わせてもらえることになった。三高が消滅した以上、講堂も必要がなくなっていた。嬉しかったのは、この講堂には小さいけれど使用に耐えるグランドピアノが一台置かれていたことだった。このキャンパスの住人は私たちの学年だけだったから、だれに遠慮することもなくこのピアノが使えた。

ピアノを習い始める

私は、いよいよ本式にピアノを習おうと考えた。京大のすぐ近所で、東一条から少し西へ入ったところに、金内以恵子さんというピアノの先生がおられるのをだれかが見つけてくれて、その先生に教わることになった。それまで独学で弾いているうちにある程度楽譜だけは読めるようになっていたので、ツェルニーの三〇番から始めることになった。普通だと一曲に何週間もかけるのだろうが、金内先生に無理にお願いして、毎日一曲あげるという無茶な計画を立て、ほんとうに三〇曲を一ヶ月ですませてしまった。その間はもちろん勉強などしている暇はない。早朝から深夜まで、時間のあるかぎりピアノを弾いていた。

ツェルニー三〇番の次は四〇番に進むのが普通なのだろうが、指の機械的な練習は退屈だったので、バッハの二声と三声のインヴェンションを始めた。それまでバッハの音楽はレコードであまり聞いたことがなく、なんとなく親しみがもてないでいたのだが、インヴェンションを自分で練習しているうちにバッハの魅力にとりつかれてしまった。音楽には、自分の指で弾いてはじめて聞こえることになるような、そんな一面があるのではないか。西田幾多郎が「行為的直観」と名づけ、ヴァイツゼカーが『ゲシュタルトクライス』のサブタイトルにした「知覚と運動の一元性」を、そんな知識はまるでないままに実感したといえるのは、このときが最初だった。

そのころのことだったと思うが、例によって一生懸命ピアノを練習していたら、ひとりの学生がやってきて、ぼくにもピアノを弾かせてほしいという。ひと言ふたこと話しているうちに、彼が和歌山の人であることがすぐわかった。前にも書いたように、私の両親はふたりとも和歌山出身なので、和歌山弁の識別はすぐできる。きみは和歌山の人でしょう、というと、その学生はどうしてそれがわかったのかびっくりしていたが、話しているうちに彼の家は私の母の実家から遠くなく、伯父の歯科医院のことも知っているという。あとからわかったことだが、彼のお母さんと私の母とが女学校で同級生だったか一級違いだったかでお互いによく知っていたらしい。私の生涯の親友になった芦津丈夫君との、最初の出会いである。

芦津君はモーツァルトをこよなく愛していた。こよなくと書いたが、それはもう他との比較を絶するもので、絶対という言葉はそのためにあるのかと思うほどだった。彼はのちにドイツ文学を専攻してゲーテの専門家となり、京大の教授にもなるのだが、モーツァルトについてもいくつかのいい文章を書いている。ピアノは私同様独学で、なんとかモーツァルトが弾けるようになりたいのだという。

さっそく金内先生を紹介して、いっしょに教わることになった。モーツァルトの速いパッセージは弾きこなせなかったが、トルコ行進曲つきのイ長調ソナタの出だしのテーマのところなど、彼のピアノでしか味わえない雰囲気をもっていた。彼はまた大のフルトヴェングラー党だった。フルトヴェングラーに関しては著書や訳書もある。モーツァルト好きとフルトヴェングラー好きとがどこで折り合うのか、私の感性ではもひとつよくわからないところもあるのだが、彼の中では問題なく折り合っていた。彼はモーツァルトのなかに、普通のモーツァルト好きはあまり聞き出せないようなデモーニッシュなものを感じとっていたらしかった。

長廣先生と和声法

私が長廣敏雄先生について和声法の勉強を始めたのも、このころである。この長廣先生というかたは、当時京大の人文科学研究所の教授をしておられた考古学と美術史の専門家で、中国の雲岡（雲崗）石窟の調査で恩賜賞も受けられた学者だが、指揮者、作曲家、音楽学者というもうひとつの顔ももっておられた。戦前にロシア革命を避けて日本に亡命していたエマヌエル・メッテルという音楽家がいて、この人はリムスキー＝コルサコフの弟子だったが、当時の京大にオーケストラを結成してその指導に当たっていた。先年亡くなった朝比奈隆が、京大生時代にその薫陶を受けたことで知られている。長廣先生はこのメッテル門下で、朝比奈と同門である。しかし朝比奈と違って内向的な学者肌の人だった。若いときに京都学派の左派の哲学者たち、とくに中井正一と深い交流があり、特高警察の要注意人物だったらしい。私が音楽を習っているときにも、雑談ではしきりに西田幾多郎、三木清、中井正一などの話が出ていた。

和声法というのは西洋近代の調性音楽の基礎理論で、和音と和音の結びつきを研究し、どんな音の組み合わせがどんな感覚効果を生むかを学ぶ。たとえばソ・シ・レあるいはソ・シ・レ・ファの音を同時に鳴らす属和音の次にド・ミ・ソの主和音がくると、そこで音楽が一段落したという生理的な感覚が生まれる。その場合、シを出している声部を半音上のドに、ファを出している声部を半音下のミに動かしてやるのが、もっとも自然な進行である。この自然な感覚がどんな生理機能に基づくのかはよくわからないが、少なくともそれは単なる慣れの結果ではなさそうである。ファがミに、シがドに進む自然さは、生理的にほとんど必然としかいいようがない。この動きは、一二個の半音を等分に配列した平均律音階より、半音の幅に揺らぎのある純正律の場合のほうがはるかにしっかりと聞こえてくる。弦楽器の音程は鍵盤楽器のように固定されていないから、弦楽器奏者は、自分では平均律で演奏しているつもりでも、本能的にというか生理的にというか、ファを少し低めにとってミに近づけ、シを少し高めにとってドに近づけて弾く。だから弦楽器と鍵盤楽器が合奏する場合、この箇所でどうしても濁った音が出やすくなる。音に対する感性の鋭かったモーツアルトは、ヴァイオリン・ソナタなどを作曲するときに、このことに特別配慮していたという話を聞いたことがある。

つまり、私たちが音楽として鑑賞している美を生み出しているのは、そこで鳴っているいろいろな音そのものの美しさであるよりも、むしろそれらの音どうしのあいだに働いている引力や斥力のような力の動きではないのか。私にそのことを最初に気づかせてくださったのは長廣先生だった。音と音とのあいだを支配している、音楽的というよりも一種哲学的な問題に注意を向けていただいた点で、私はこの先生に深く感謝している。この「音と音とのあいだ」についての思索は、のちの私の精神病理学で「人と人とのあいだ」の発想につながって同名の著書を書くことにもなるし(1)、「あいだ」という概念を私の最大のキーワードにすることにもつながっている。合奏音楽において、音と音とのあいだが人と人とのあいだとして体験される事情については、『あいだ』という著書で立ち入って論じておいた(2)。

百万遍界隈

当時の日常生活について少し書いておきたい。三高生のとき下宿していた熊野神社のそばの家は、見るからに古ぼけてがたの来た家屋だった。あるときかなり大きな地震があって、揺れのために部屋の柱と壁のあいだが開いたり閉まったりしていたが、地震がおさまったとき、それが開いたままの状態で固定されてしまった。そんなこともあって、京大に入学してから私は百万遍の知恩寺の東側にある歯科医院の離れに下宿を変えた。

当時、とくに三高のころは、戦後の食糧難の時代だった。米の配給を記録する米穀通帳というものを国民一人ひとりがもらっていたのだが、これが一種の身分証明書みたいな役割をもっていて、食堂

---

(1)　木村敏『人と人との間——精神病理学的日本論』弘文堂、一九七二年（『木村敏著作集』三巻、弘文堂、二〇〇一年）。
(2)　木村敏『あいだ』弘文堂、一九八八年（『木村敏著作集』六巻、弘文堂、二〇〇一年、ちくま学芸文庫、二〇〇五年）。

へ行ってもこの通帳がないと食事をさせてもらえなかった。米が配給されることはむしろまれで、だいたいは堅いコッペパンか、ある時期には酷いことに米のかわりに黄ザラメの砂糖が配給され、しかたがないからそれでカルメ焼きを作って飢えをしのいでいた。戦中から戦争直後の高山で比較的潤沢な食糧事情に恵まれていた私にとって、これはつらいことだった。口に入るものならなんでも食べる、その習癖が一生続いたのか、いまでも私は粗末なものでもなんでも食べるし、そのかわりグルメというのか、美味な食事を楽しむという豊かな食生活の点では欠陥をもっているのかもしれない。

それと、やはりこのころは食べるときにガツガツしていたのだろう。なんでもよく噛まずに呑み込んでしまう。だからいまでも食事のスピードが極端に速い。酒を飲まないこととも関係があるのだが、どうもみんなとテンポが合わない。いまでも家内から、せっかく作った料理をあっという間に食べてしまう、と文句を言われる。申し訳ないとは思うのだが、自分にあったテンポとリズムで食べるのがいちばんおいしい食べかたなのだろうと勝手に決めこんで、直そうとする努力はあまりしていない。

いまも書いたように酒は非常に弱い。アルデヒド分解酵素が遺伝的に少ないからだろう。父も酒に弱かった。しかし最初の一口だけは大好きである。家内は私よりは飲めるので、夕食にはほんの少しだけ晩酌につきあうのだが、ビールをコップに一杯飲むと、もう顔が赤くなる。

その代わりといってはおかしいが、煙草は三高時代から吸い始めて、文句なしのヘヴィ・スモーカーである。これも父の遺伝かもしれない。父は煙草には少々贅沢をして、私が子どものころ、いつも英国製のウェストミンスターの缶入りを吸っていた。細長い長方形で青い色の缶が目に浮かぶ。このごろは間接喫煙が問題視されるが、私は父の煙草の間接喫煙を楽しんでいた。それだけではない。父が寝る枕には煙草の匂いが染みついていて、そこへ鼻をくっつけてその匂いを嗅ぐのが好きだった。これまでも書いてきたように、私は心底父のことが好きだった。後年、フロイトを尊敬するようになってからも、エディプスコンプレクスや原父殺しの説だけはどうしても受け入れる気がしない。

ついでにこれもずっと先のことをここで前倒しして書いてしまっておくと、家内は煙草が大嫌いである。家内との婚約中に、知り合いの京都のカトリックの司教さんから、結婚するまでいちばん好きなものを一つ絶ちなさいと言われて、一ヶ月間だけ禁煙した。もちろん結婚式の日からまた吸い始めた。それともう一回、最初にドイツへ留学したとき、向こうの煙草が奨学金にくらべてあまりにも高かったので、泣く泣く禁煙に踏み切った。ところが一年間ほどたったとき、日本からドイツを訪れた知人が缶入りのピースを何個かお土産にもってきてくれた。二度目の禁煙も、それであえなく挫折してしまった。

このごろの嫌煙運動は、ちょっとヒステリックで大嫌いである。私の毛嫌いしている全体主義のにおいがしないでもない。煙草にも医学的に見てプラスの点もあるはずなのに、それを言うのはタブーになっている。たとえばパーキンソン病の罹患率と喫煙とは負の相関関係にあるという。母の家系にはパーキンソン病の素因があるらしく、八人いた母のきょうだいのうち三人までもが晩年にパーキンソンの症状を出している。私がいまのところこの病気にかかっていないのは、煙草のメリットかもしれないのである。

京大へ入ってから生活していた百万遍の交叉点を、東へ数百メートル行った左側に、進々堂という古いパン屋兼喫茶店がある。私が生後三ヶ月のとき一家が朝鮮から京都へ引き上げて、京大農学部のグランドの近所に住んでいたことは前にも書いたが、この時代に母が毎日のように私を乳母車に乗せてこの店にパンを買いに来ていたのだそうだ。ここの喫茶店の椅子は硬い木製で、およそ座り心地はよくないのだけれど、同じ木で作った広々とした机にはなんともいえない重量感があって大好きだった。客筋もたいていは大学関係者で、落ち着いた雰囲気が漂っていた。大学に入ってからの読書や勉強を、私はほとんどこの進々堂でやることにしていた。喫茶店で読書や仕事をするという習慣を、私はいまでも手放していない。現在執筆中のこの原稿も、自宅の近所の喫茶店と、リュックサックにノート・パソコンを入れてウォーキングがてら三〇分ほど歩いた先にある喫茶店の両方で書いている。

4　京大医学部時代

解剖実習

一九五一年の春、私は先にも書いたようにまたしても選抜試験を受けて、ようやく京大医学部で学べることになった。最初の試練は解剖実習だった。実習は死体がいたまないように夏を避けて、秋から冬にかけて行われる。それに先立って細かな解剖学の講義がある。名講義で学生たちを酔わせたのは、のちに京大総長にもなった平澤興教授だった。この先生が子ども向けに書かれた文章を中学生時代に読んでいたので、とくに親しみを感じた。解剖学用語はすべてラテン語である。講義ではラテン語のイロハも教わることになった。これが後年、哲学の勉強にすこしは役に立ったことなど、その当時は夢にも思わなかった。

解剖実習は、医師という仕事にこれから身を捧げようとするすべての学生に課せられた、逃れることのできない大試練である。自分が死んだあと、自分のからだが学生たちに切り刻まれることを心から望む人が、いったいどれほどいるだろう。献体と呼ばれる手続きで実習に用いられることになったそれぞれの遺体は、その生前に、ほかのだれのものでもない、その人自身の歴史を生きていた人たちである。そこには、それなりに豊かな喜怒哀楽の物語が繰り広げられていたことだろう。もちろん医師はときとして生命を物質的に対象化しなくてはならないこともある。しかし生きている患者と治療的に対面するときには、たとえかぼそくともまだ燃え続けている生命の光に照らされて、生命の対象化が実はこの上なく禍々しいことだという実感がもひとつ切実にならないこともあるだろう。ところが解剖実習に用いられる人体は、遺体というよりはすでにまがうことなき物体である。そこには生命のひとかけらも残されていない。たったいま死んだばかりの人だったらまだそのあたりにさまよっているかもしれない魂のようなものも、その気配すら感じられない。形の上ではさまざまな年齢の男女であるこれらの身体における生命のこの圧倒的な不在——この不在が、逆にかえって生命というものが普通はもっている豊かさを、この上なくあからさまに突きつけてくれる。患者の生命を対象化することに痛みを感じなくなったすべての医師は、自らがかつて生々しく経験した解剖実習の実感をもう一度思い起こしてみるべきだろう。

解剖実習以外にも、顕微鏡を使った病理学の実習など、かならず出席しないと困る課目もあったけれども、それ以外の基礎医学の講義は、友人から借りたノートや参考書を勉強すれば試験にはだいたい対応できた。あるとき講義に出ているかどうかの無記名のアンケートが実施されたが、私の出席率はなんと一七パーセントに過ぎなかった。残りの時間をなにに使っていたかというと、いうまでもなく音研である。同級生で眼科医になった芥川徹君というのがやはり音研のメンバーで、なかなか上手なヴァイオリンを弾いていたが、この君もまず講義には出なかった。試験のときにこの芥川君と、どちらが先に合格ラインの六〇点がとれたという見通しをつけて答案を提出するかの競争をやっていた。そんなわけで基礎医学の成績は、全部見事に六〇点ぎりぎりのCだったが、落第して再試を受けた課目はひとつもない。というと大成功だったように聞こえるけれど、あとでそのつけが回ってきた。後年ドイツへの留学試験を受けるとき、大学の成績証明が必要だった。全科目Cでは恥ずかしいことこの上ない。幸いこの留学試験もなんとかパスしたからよかったけれども、在学中にもっといい点を取ろうとしさえすれば取れたのだから、悪行の報いだといわれればそれまでである。

音研の発展

話をもう一度、音楽研究会に戻そう。私たちが教養部の二回生になって音研の発足した一九五〇年には、一級下の新しい一回生がすでに入学していたわけだが、その年度から教養部は宇治の分校に移転したので、音研の構成メンバーはしばらくのあいだ、やはり私たちの学年だけだった。宇治のキャンパスには宇治分校音楽部という独自のサークルができていた。音研という組織の将来のことを考えると、それではまずいのではないかという気持をみんながもっていた。

音研卒業生送別会
（1955 年，前列中央が長廣敏雄先生，その右が私）

あるとき私を含めた何人かのメンバーが宇治分校へ出かけ、向こうの音楽部の代表者と直接話をして、彼らが二回生になって吉田キャンパスへ来たときには自動的に音研に入会する、つまり宇治分校に音研の支部を作るということで話がまとまった。

そんなわけで、私たち一期生が教養部を終了してそれぞれの学部に進んだあと、私でいうと医学部の一回生になった一九五一年以来、毎年新たにそれぞれの学部に進んだ諸君が新徳館のボックスに集まってくるようになった。そのなかには、のちに有名なバリトン歌手として活躍し、芦津君と並んで私の親友となった原田茂生君や、芦津君の実弟でニーチェ学者となり、ハイデガーの『ニーチェ』の名訳（白水社）を残した薗田宗人君もいた。芦津君は薗田家の出身だが、母方の姓を継いで芦津を名乗っていたのである。

音研は発足当初から合唱団をもっていた。最初は男声だけだったが、京大にも徐々に女子学生が増えてきたので、彼女たちを積極的に勧誘してなんとか混声合唱のかたちができた。そして、いつも出てくるという理由だけからだったのだろう、私が指揮者ということになってしまった。

京大には京大合唱団という男声と混声の合唱団があって、合唱コンクールでもつねに上位を争う実力をもっていた。この合唱団がレパートリーにしていたのは、いきおい合唱技術が存分に発揮できるような、合唱のための合唱曲が多かった。私たちはこれに対抗して、優れた合唱曲でありながらあまり一般の合唱団が歌わない作品を取り上げようと考えた。長廣先生に楽譜をお借りして、ドイツの作曲家クルト・ヴァイルの小さな歌劇『ヤーザーガー』（「はい」という人）を舞台形式で上演したのが、たしか私の医学部三回生のときだったと思う。これはベルトルト・ブレヒトが日本の能から着想を得て書いた台本に、ヴァイルが曲をつけたものである。三高音楽部の『こうもり』のときとは違って、これは原語のドイツ語で歌った。本邦初演のはずである。

その成功に味をしめて、二年後にはカール・オルフの有名な『カルミナ・ブラーナ』に挑戦することになった。原曲はもちろん大オーケストラと独唱、合唱なのだが、これをピアノ二台の伴奏に編曲した楽譜を手に入れたのである。指揮は私で、ピアノ伴奏は菅護君と石倉偉男君が弾いてくれた。これも本邦初演を狙っていたのだが、残念なことに私たちより少し前にN響に先を越されてしまった。よく知られているように、この曲の歌詞はラテン語混じりの中高ドイツ語で書かれているので理解しにくく、それを専門にしておられた教養部の三浦アンナ先生にお願いして講義を受けながらの練習だった。三浦先生には、上演のときの解説もお願いした。この曲も『こうもり』と同じように、その後もしょっちゅういろいろな演奏に触れる機会があるのだが、それを聞くたびに時間がさっと何十年も昔に戻ってしまって、自分たちがそれを演奏しているかのような錯覚におちいってしまう。

『カルミナ・ブラーナ』の猛練習をしている最中に、そのときはもう東京へ出て作曲家として活躍していた松村禎三氏がひょっこり現れた。しばらくじっと聞いていた松村氏から数日後に「医者なんかやめて音楽家になれ、面倒は見る」というだけの文面の電報みたいな葉書が、しかも速達で舞い込んだ。そのころはたしかもう医学部は卒業して京大病院でインターンをしていたと思う。インターンというのは、医学部を四年終えてからさらに一年間で全部の診療科をまわって臨床の実地研修を受ける制度で、当時はそれがすんではじめて医師国家試験を受験できることになっていた。だからもちろん無給で学生の延長のようなものだったし、しかも各科一ヶ月ずつだったから猛烈に忙しかったはずである。どこをどうやって合唱の練習の時間をひねり出したのか、いま考えると不思議でならない。松村氏の葉書はもちろん非常に嬉しかったし、私の指揮ぶりが気に入ったのだろうとおおいに自惚れさせてもらったのだが、音楽家になれという誘惑には乗らなかった。

正確にはいつからだったか思い出せないが、医学部時代の後半に、私は同志社女子大学音楽科の中瀬古和先生にピアノを教わることになった。先生はピアノが本職ではなく、ヒンデミット門下の作曲家であり、同志社の栄光館のオルガニストでもあった。この先生にバッハをもっと深く教わりたいと考えて、ちょうど中瀬古先生の姪御さんが音研の会員でもあったことから、その門を叩いたわけである。先生には実にいろいろなことを教えていただいたが、音楽とは直接関係のないことでひとつ非常に印象的なお話があって、それがのちのちまで私の脳裏に刻み込まれることになった。

先生がドイツへ留学してヒンデミットに入門されたときのこと、まず提出したのは日本古来の旋法を使った曲だったらしい。ところがヒンデミットはそれを聴いて、異国趣味で効果を狙うのは邪道だ、西洋音楽の作曲を学びたいのなら、ハイドンの音楽を徹底的に勉強して、ハイドンの書き方で曲を書いてみなさい、と言ったそうである。この逸話は、のちに私が外国語で精神病理学の論文を書くことになったとき、自分自身に対する戒めとしてよみがえってきた。あとからも書くことになるだろうように、私がそこで試みたのは、日本的ないし東洋的な思考法や言語表現を導入することによって、従来の西欧中心的な精神病理学を脱構築しようとすることだった。私の試みが西洋の同僚たちに単なる異国趣味やもの珍しさで受け入れられるのではなく、そこに真の意味での革新をもたらしうるためには、私もひとまずは徹底的に西欧的な思考に同化した上で自説を展開するのでなければならないと考えた。そんなことを考えているときにいつも念頭を離れなかったのが、中瀬古先生がヒンデミットから受けた忠告だった。

音研は、創立二年目ごろからガリ版刷りの『音研』という年刊の部内誌を発行していた。私も毎号なにかを書いていた。エッセイもあったし、音楽学的な論文も書いたが、もともとドイツ語が好きだったので、ドイツ語で書かれた文章の翻訳も載せていた。あるとき、インゼル文庫の一冊にヒンデミットの書いた『ヨハン・ゼバスツィアン・バッハ』という本があるのを見つけ、内容が面白かったのでその全訳を掲載した。またドイツの戦前の名ピアニスト、エトヴィン・フィッシャーもやはり『ヨハン・ゼバスツィアン・バッハ』という小冊子を書いていて、その全訳も載せている。

このヒンデミットのほうの訳が長廣先生の目にとまり、これは面白いからなにかの雑誌にでも載せようと言い出されて、先生との共訳というかたちで『芸術新潮』一九五七年五月号と六月号に二回連載で掲載することになった。(3) これがそもそも私の書いたものが活字になって書店に並んだ最初の出来事である。いまもこの『芸術新潮』は手許にあるが、小林秀雄が連載していたピカソ論と並んで自分の名前が目次に出ているのは、ちょっとした感激だった。

音研の活動のいわば番外編ともいうべき毎夏の登山についても、一言書いておこう。私の自宅のある高山という町は、アルプスの岐阜県側からの登山口である。私が医学部三回生のときが最初だったが、夏休みに私の家で勢揃いした音研の面々が、平湯温泉から乗鞍をはじめいろいろな山へかなり強行軍の山登りをした。あるとき乗鞍の山頂近くの肩の小屋で泊まったとき、夜中に眠れぬままひとりで小屋を出て、満天の星空がまるで大きな音を立てて煌めいているようなすさまじい光景を眼にしたときの感激を、いまも忘れることができない。なにか、ちっぽけな一人の人間としてこの世で暮らしていることがひどく悪いことであるような、そんな壮絶さだった。さきほど生命の根源としての海の

(3) P・ヒンデミット「ヨハン・セバスチアン・バッハ」長廣敏雄・木村敏訳、『芸術新潮』八巻五号、六号、一九五七年。

ことを書いたが、乗鞍山頂で体験したのは、ひょっとすると生命界よりももっと根源的な、物質的宇宙そのものの生成につながるような実在だったのではないかと思う。

医学と音楽のはざまで

松村先輩の誘惑には乗らなかったが、医学から音楽に転向したいという気持は、心のどこかにずっと持ち続けていた。長廣先生に和声法を教わっていたころから、西洋の調性音楽に結実したいろいろな音の動き、音と音との関係が、どうして日本人である私の耳にもごく自然な現象として聞こえてくるのだろうという疑問が、私の念頭を離れなかった。演奏よりも音楽の基礎構造を掘り下げてみたいという願望に、それはつながっていった。長廣先生に誘われて、私は当時発足したばかりの日本音楽学会にも入会し、一、二度は学会に出席したことがある。自分でもいくつかの曲を作曲して、音研の部内演奏会で演奏したこともある。しかし長廣先生から、好きなものは趣味ということにしておいて、それを専門にはしないほうがいいと強く言われて、転向を諦めた。いまになって考えても、やはりそれは正解だったのだと思う。私が強い関心を向けていたのは西洋近代の調性音楽であって、音楽全体からいうとそのごく一部である。私は松村禎三氏をはじめ、のちには武満徹氏や細川俊夫氏といった錚々たる現代作曲家とも親しくなったが、その人たちの作る音楽は、もはや私が当時研究してみたいと考えていた調性音楽の基礎構造から離れている。しかしそれはそれで立派な音楽芸術なのだから、もし私が音楽学を専攻していたらそこできっと躓いたことだろう。

私自身は医学にとどまったが、私は一人の友人がプロの音楽家への道を歩むのに一役買った。私より二級下の音研会員だった原田茂生君である。原田君は工学部の学生で、大学院で土木工学を専攻するはずだった。すばらしいバリトンの歌い手で、シューベルト、シューマン、ブラームス、ヴォルフなど、ドイツ歌曲の演奏は当時からほれぼれするほど上手だった。京大在学中から、東京芸大に入り直して声楽を本格的に学びたいという希望を持っていたが、彼のご両親はそれを許してくれなかった。あるとき、私ともうひとり、のちにNHKでテレビドラマの演出をやっていた辻元一郎君というやはり音研の友人が、彼の実家のある高松まで出かけて行ってご両親の説得に当たったのがうまくいって、彼はその翌年に芸大の声楽科に入学し、やがて日本を代表するバリトン歌手になって、本場ドイツのオペラにも出演し、芸大の教授から音楽学部長まで歴任することになった。音研出身の京大生からは、その後も何人かの国際的なプロの音楽家が出ているが、原田君はその第一号である。

原田茂生君の伴奏
（後方は薗田宗人君）

私は相変わらずピアノを弾いていたが、指の機械的な運動能力にはもうとっくに見切りをつけて、音研ではもっぱら伴奏屋に徹していた。そんなことで原田君の伴奏もだいたい私がやっていた。あるとき原田君の故郷の香川県で毎日新聞が主宰する地元だけの音楽コンクールが開催されることになって、それに出演する彼の伴奏に高松までついていくということがあった。せっかくだからピアノ部門に出てみないかという彼のすすめに乗って、彼の実家に一時的に住所を移して香川県民になりすまし、当時金内先生のところで見てもらっていたドビュッシーの「月の光」を弾くことにした。原田君が歌ったのは、シューベルトの「影法師」で、彼がつねづね得意にしていた曲だった。ところが彼は、曲の途中でかなりの部分をとばして先へ進んでしまった。遅いテンポの曲だから伴奏もすぐそれに対応できてボロを出さずに終わったのだが、さすがに審査員はそれを聞き逃さなかった。彼は当然手にするはずだった優勝を逃した。そして意外なことに、私がピアノ部門で一位をもらってしまった。音楽コンクールというものに出場したのも、もちろん優勝したのも、生涯でただ一度の経験である。医学部の三回生か四回生のときだったと思う。

ついでにここで書いておくと、私の伴奏活動はそのころかなり本格的になっていた。音研で声楽をやっていた諸君がたくさん教わった小幡和代さんというソプラノの歌手がおられて、私も伴奏でそのレッスンについていっているうちに、小幡先生自身が大阪のフェスティバルホールで歌う伴奏をお引き受けすることになってしまった。たしかフォーレの歌曲だったと記憶している。貸衣装のタキシードを着て、当時完成したばかりのフェスティバルホールでステージに立ったときの緊張感はよく覚えている。また別の歌手の伴奏でラジオに出演したこともある。こういう分不相応な話を断らなかったのは、やはり目立ちたがりだったからなのだろう。最近、精神病理学者として目立ちすぎるほど目立ってしまってからは、ピアノからもまったくご無沙汰で、もう何年も鍵盤に触っていない。

声楽の伴奏以外にも、室内楽のピアノを受け持って合奏音楽もしきりにやっていた。合奏を弾いていると、自分の指を使った純然たる個人的な演奏と、合奏全体のまとまった演奏とのあいだで微妙な交錯が絶えず生まれて、自分の音と他人の音の区別が一瞬わからなくなることがしばしばある。これは精神医学で大きな問題となる人間関係の機微の見事なモデルと見なしうるもので、それについては後年、現象学的な見地からやや専門的に論じてみたことがある。(4)

音研以外での音楽活動についてもすこし触れておこう。私は京大交響楽団にも一時期所属していた。クラリネットとコントラバスを練習したこともあったが、音研に時間を奪われて練習が十分にできず、結局は打楽器を受け持っていた。打楽器奏者はオーケストラをはさんで指揮者と対面し、全体の演奏をしっかり目で見ながら聴くことができるし、総譜をよく見ておかないと自分の出番を落っことすおそれがあるので、指揮者に次いで曲全体をよく知っているという立場にある。何回かの演奏会に出演させて貰ったが、いちばん記憶に残っているのは、朝比奈隆氏の指揮でベートーヴェンの第九をやったとき、終楽章に出てくる大太鼓を叩かせて貰ったときのことである。当時のオーケストラの仲間には、のちにユング心理学で有名になり、教育学部の教授から最後は文化庁長官も務めたフルートの河合隼雄氏もいる。

(4)　木村敏『あいだ』弘文堂、一九八八年（『木村敏著作集』六巻、弘文堂、二〇〇一年、ちくま学芸文庫、二〇〇五年）。

医学部の後半

私が医学部で臨床を学び始めたころ、教科書はすでにドイツ語から英語に変わっていた。医学部生のドイツ語力は目に見えて低下していた。それに危惧を抱いた何人かの学生が相談して、医学部内に定期的なドイツ語の勉強会をもつことになった。私が音研を通じて個人的にも親しくしていた教養部の高安國世先生にお願いして、リルケの詩を読んでいただくことになった。『ドゥイノの悲歌』と『オルフォイスのソネット』を原語で読んで、歌人としても高名な高安先生にそれを解説していただくこの勉強会は、活字になった本をひとりで読むのではとうてい味わえない、深い味わいのあるものだった。

医学部の学生が将来の専攻を決めるのは卒業するときである。他の学部のように、在学中から進路を決定しているということはない。だから国家試験でも、いちおうどの科へ行っても医者になれるような問題が出題される。私たちのころは大学を卒業してから一年間のインターンという実地研修期間があって、それを済ませてから医師国家試験を受けるという制度になっていたから、何科の医者になるかはインターン期間中に決めればよかった。

精神科は、私が医学部に入ったときから、あるいはそれ以前から、こころに抱いていた専攻分野のひとつだった。私は子どものときから動物が好きで、家に飼っていたジョンという名の犬や、戦時中の食糧難の時代に卵を産ませるために飼っていたたくさんのニワトリ、それに庭の池を泳いでいた数匹の鯉にいたるまで、一匹一匹に名前をつけて仲間扱いしていた。そしてその毎日の行動に特別な注意を払っていた。ある日、ニワトリの一羽が野良猫の犠牲になったとき、彼らの保護者を自認していたらしいジョンが数日間ふさぎ込んで、ろくに食事もとらないという事件があった。私はいまでも、これはジョンの「喪失鬱病」だったのだろうと思っている。それ以外の場面でのジョンとニワトリたちとの微妙な関係を観察していても、動物には動物なりの「心理」といってよいものがあるのに違いないと思っていた。そしてその後、このスタイルでの行動観察は人間仲間にも拡がった。なぜこの人はここでこういう行動をするのだろう、その疑問に自分なりの答を見つけようとしていた。この傾向は当然、精神科志望につながっていた。

弟が私より四年後に京大に入学したとき、父は勤務医としての給料では子ども二人の学費が出せないということから、日赤を辞めて高山市は花川町の自宅で内科医院を開業することになった。それから死ぬ一年前まで父が生きていた開業医としての人生は、医者になってからの私が見ても見事だったと思う。前にも書いたようにもともと研究者志向をもっていたらしい父は、自分の医院を子どもに継がせようなどという気持ちは毛頭もっていなかった。しかしつねづね「内科は医学の王道だ」ということを言っていたから、子どもたちも内科医になってくれることを希望していたのではないか。それは私が専攻分野を選択するときにいつも念頭にはあった。

もうひとつ、私がしきりに考えていたのは耳鼻咽喉科である。これは実にわかりやすいことで、もちろん音楽と関係がある。耳と声帯が音楽と直接に関わっていることはいうまでもないこととして、私は先にも書いたように、西洋近代の調性音楽の生理的基礎を探りたいという気持ちをもっていた。シの音はどうしてドに進みたがるのか、これは医学でいえば基礎医学の問題かもしれないが、私はなりわいとしては臨床医を考えていたから、それなら耳鼻科かなと思ったわけである。まじめな話、私が耳鼻科の医者になっていた可能性はそんなに低くない。精神科に入局したのちも、耳鼻科が中心になって開かれていた「音声科学研究会」というのに出席していたこともある。

しかしなんといっても、やはりもっとも念頭にあったのは精神科だった。子どものころ動物の行動に強い興味を抱いていた私だったが、やがて人間どうしの行動と、その心理のあや、とくにそれが精神病で乱されたときの異常さが、関心の的となってきた。学生時代に、私は村上仁先生の書かれた『精神分裂病の心理』[5]や、やはり村上先生の訳されたミンコフスキの『精神分裂病』[6]を読んでいた。いまのように精神医学関係の書物が巷に溢れている時代ではなかったから、ほかに比較する材料もないのだが、ここに書かれている人間学的な精神病理学というのは、たしかに私の琴線に触れるものだった。そんなわけで、私はまだ将来どうするかを決めないまま、一九五五年に京大医学部を卒業して、そのままインターン生活に入った。

インターン時代と精神科入局

インターンの実地修練は、普通は出身大学の付属病院で受けるものだったが、ほかの病院を選ぶことも許されていた。私は、外科、整形外科、産婦人科の三つを、父が以前つとめていた高山赤十字病院でやることにした。久しぶりに自宅でゆっくり過ごしたかったのと、外科系の実習を大学病院などでやると手術を横で眺めているだけで、参加させてはもらえないだろうと予想していたからである。その予想は的中して、外科手術で切開した体壁を広く固定しておく鈎《こう》引きや、術後に傷口を糸でぬい合わせる縫合など、手術チームの一員として参加させてもらえた。手先はわりあい器用なので、これなら外科系の医者でもできるなと思ったりもした。

私が医学部を卒業した年に精神科の三浦百重教授が停年退官され、その後任に当時名古屋市立大学の教授をしておられた村上仁先生が選ばれて、京大へ戻ってこられることになった。私の精神科への進路は、そこで決まった。実はこのとき村上先生の対抗馬だった大阪医大の満田久敏先生というかたも、実に立派な先生で、村上先生がフランス系の精神医学をやっておられたのに対して、ドイツ系の精神医学で国際的に活躍しておられたかたである。私もどちらかというとドイツ系だから、のちのち満田先生にもずいぶんお世話になった。ただ、在学中はこの満田先生のことをまるで知らなかったので、もしこの先生が教授になっておられたら精神科へは入らなかったかもしれない。村上先生が教授になられたことで、結果として満田先生の指導も受けることができたのは望外の幸せだった。

一九五六（昭和三一）年の五月に私は京大医学部精神医学教室へ入局し、医師国家試験に合格して七月に医師免許証を交付された。

---

(5) 村上仁『精神分裂病の心理』弘文堂、一九四三年。
(6) E・ミンコフスキー『精神分裂病』村上仁訳、みすず書房、一九五四年。

第二章　精神医学の修業時代

1　精神科医こと始め

精神科への入局

前章に書いたように私は一九五六年の五月に京大の精神医学教室へ入局し、精神科医としての第一歩を踏み出した。入局した日のことだったと思うが、村上教授から将来の方針について質問された。精神病理学の研究がしたいと言ったら、精神病理学なんていう特別な研究分野はないのだ、精神病理学というのは要するに臨床のことなのだと言われた。わが国の精神病理学の第一人者と見られていた村上先生の言葉である。これは肝に銘じた。私がその後今日までやってきた精神病理学も、それは要するに臨床のことなのだ、とどこまで言い切れるかどうか、それがひとつの試金石だといえるだろう。

村上仁先生

当時の京大精神科は、全国の大学病院精神科のなかでは破格に多い一三〇床の病床数をもっていて、ほとんど単科精神病院なみの規模だった。入院患者も、最近の大学病院のように発病直後の活性期の患者だけではなく、数十年の入院歴をもつ慢性期の精神病患者も少なくなかった。考えてみれば、臨床精神病理学を勉強するのに、これほど恵まれた環境はなかったといってよい。約一万坪という広大な敷地に大きな樹がたくさん立っていて、池がありテニスコートがあり、散策路もあって、見え隠れに六つの病棟が配置されていた。これは、たとえばビンスヴァンガーが院長をしていたクロイツリンゲンのベルヴュー病院と同じく、パヴィヨン式と呼ばれる病院構造なのだが、週一回の教授回診や毎晩の当直医の回診が、とくに天気の悪い日には大変だったことを除けば、療養という点では理想的な構造だったと思う。ただ、当然のことながら医療経済的には不利で、次第に縮小の一途を辿らざるをえない運命にあった。後年私自身が教授をしていたときに、パヴィヨンのひとつをデイケア棟として残し、あとはひとつにまとめて僅か八〇床の病棟にせざるをえなかった。現在はもっと小さくなっている。一万坪の庭も駐車場などに削られて、いまは昔日の面影をとどめていない。

私が精神科医になった一九五六年というのは、精神医学に本格的な薬物療法が導入されたのとまるで同じ時期である。もともと麻酔の補助薬として開発されたクロールプロマジンという物質を、フランスの学者が偶然に精神病者に使ったら、予期しなかった抗幻覚・抗妄想効果があったということで、精神科の薬物として売り出され、ちょうどそのころ日本でも臨床的に使われ始めていた。私はそのころから、薬で精神症状を取るというのは一時しのぎの対策で、患者を精神病に追い込んだ人生上の問題が解決すれば、症状を出す必要もひとりでになくなるはずだと考えていた。病気そのものと症状とははっきり別次元の出来事なのである。この考えはいまでも変わっていないし、ある意味では私の精神病理学の核心に触れる考え方なのだが、そういったことを真剣に考えるきっかけとなった薬物療法が、私の精神科医としての第一歩と同時代的だということには、なにか象徴的な意味があるように思えてならない。

その後現在に至る半世紀あまりの期間に、向精神薬の開発はめざましい進歩を遂げた。この精神薬理学の進歩とはっきり反比例して、患者の内面の精神世界を議論の対象にする精神病理学は衰退の一路を辿っている。これはいうまでもなく、精神病は脳の病なのか心の病なのかという古くからある議論につながってくるのだが、その話は追い追いして行くことになるだろう。

慈恵中央病院への赴任

当時の大学病院では、医局に入局するとまずもっとも初歩的な治療技術を学び、国家試験に合格して医師免許を貰うとすぐに関連病院へ赴任することになり、そこでいきなり現場に放り込まれて、赴任先の病院の先輩からいろいろ細かな心得を教わりながら、だんだん臨床の腕を磨いて行くという仕組みになっていた。本格的な研究活動が開始されるのは、そこからもう一度医局へ戻ったあとのことだった。

そういうわけで私は、医師免許証を手にした直後の一九五六年八月一日に、岐阜県郡上郡の慈恵中央病院という単科精神病院へ赴任することになった。この病院の所在地は、長良川の上流、盆踊りで有名な郡上八幡のすこし南にある山あいの農村である。私が赴任する前年に開設されたばかりだった。私より一年前に京大精神科に入局した先輩が赴任していたのだが、私が岐阜県出身だということもあって、その交代要員に指名されたらしい。地元の岐阜大学からも医者が来ていたけれど、みな私と同年配の若い医者ばかりで、ふつうだと現場で実地に臨床を教えてくれる先輩医師というものがまるでいなかった。教科書を読みながら、手探りで臨床を身につけて行く以外なかった。

しかしまったく白紙の状態で、だれの指導も受けることなく、ということはなんの先入見も押しつけられることなく、ただひたすら入院患者の一人ひとりとつきあい続けていたこの病院での経験は、のちのちの私にとって、この上なく貴重なものだったのかもしれない。当時は高山線の美濃太田駅で越美南線（現在の長良川鉄道）に乗り換え、二時間以上もかかって美並駅で下車、そこから山道を徒歩でかなり登ってようやくたどり着けるその病院は、まるで陸上の孤島みたいなものだった。毎日顔を合わせる健常者は病院の看護職員と事務職員だけで、精神病者とのおつきあいが人間関係のほとんど大部分を占めるという状況の中で、私の中では、ときたまふつうの世界で必要となる正常人とのやりとりがむしろ疎ましく思えるほど、非日常的な世界に入り込んでしまっていた。

そういう僻地への赴任のいわば代償として、毎週一回泊まりがけで岐阜へ出て、岐阜大学の精神科で研修することが認められていた。ありがたいことに当時の岐大精神科では、ヤスパースの『精神病理学総論』[1]を原文のドイツ語で読む読書会がもたれていた。精神病理学的な諸概念の彫琢とその厳密な規定を眼目とするこの書物こそ、原文で読まねば価値が半減するといってもよい。やがて精神病理学を専攻することになる私にとって、この読書会はまたとないいい勉強の機会だった。もっとも私はその後、自分の学問的な方向としてはヤスパースやその後継者たちと対極的な立場を取ることになる。

慈恵中央病院の医員住宅は、病院から細い山道を数百メートル歩いたところにあった。最初その住宅に独りで暮らしていた私は、病院への往復の途上でしょっちゅう出くわす蛇をペットにして飼おうと考えた。小学校五年のときに崖から転落した話でも書いたように、私はもともと蛇に対する恐怖感をもっていない。立派な青大将を一匹捕まえてダンボールの箱に入れ、田圃から蛙をたくさん捕って きて餌にしていた。しかしこれは失敗だった。高山の家で犬やニワトリを飼っていたときのような暖かい信頼関係は、蛇とのあいだでは残念ながらつくれなかった。青大将は数日でいなくなってしまった。

給料を貯めるという気持ちにはあまりならなかった。月給の半額を毎月の月賦にしてピアノを買お

(1) Jaspers, K.: *Allgemeine Psychopathologie*. 6. Aufl. Springer, Berlin/Göttingen/Heidelberg 1953（内村佑之・西丸四方・島崎敏樹・岡田敬蔵訳『精神病理学総論』全三巻、岩波書店、一九五三〜五六年）。

う と考えた。浜松の工場まで出かけていって、たくさん並んでいるピアノの中から気に入ったのを一台選び出した。二六万円の、当時としては最高級品のアップライトだった。自分で選んだ楽器だっただけに音色にはすっかり満足していた。その村では小学校以外はじめてというそのピアノは、一九五六年も押しつまった年末に到着した。だれひとり遠慮する人もいない人里離れた医員住宅で、私は大晦日の夜中じゅう、ピアノを弾きながら新年を迎えた。

年が明けて、京大から同級生の三好郁男君が同じ病院へ赴任して来てくれた。医員住宅の人口は二人になった。三好君はのちに、ビンスヴァンガーと対抗して独自の現存在分析療法を興したメダルド・ボスのもとへ留学し、笠原嘉先生と共訳で彼の『精神分析と現存在分析論』を出版もしている(2)。その後神戸大学精神科の講師となって、わが国で数少ないボス派の精神療法家として嘱望されていたが、残念なことに若死にしてしまった。かなり大声で独りごとを言うくせがあって、二人暮らしではそれにかなり悩まされた。いまから数年前、ご子息の三好博之氏が京都産業大学で「計算の哲学」研究会というのを立ち上げ、それに招かれて哲学者の檜垣立哉氏と知り合い、いっしょに対談本を出したりすることになるのだが、それはずっと後日のことである。

なんとも不便なところにある病院だったので、病院や医員住宅からふもとの駅までの交通には病院のオートバイを使っていた。もちろん無免許である。途中にある交番の警官が、私が通りかかるたびに、先生、もうそろそろ免許を取ってくださいよ、といつも言っていた。古き良き時代であった。

2　結婚

記憶の神隠し

自伝を書いたりしていると、自分の過去の記憶がある時期完全にとぎれていて、なんとか思い出そうとしてもどうしても出てこないことがある。これはあるいは、フロイトのいうように、なにかそれを思い出させない無意識の作用が加わっているのかもしれない。それほどみごとに、一部の記憶が完全に失われている。私の記憶力が悪いとか、そんな問題ではなさそうである。

欠損している最大の記憶は、慈恵中央病院を退職して京都へ帰ったとき、どこに住んでいたのかということである。それが全然思い出せない。とにかくアップライトながらピアノをもっている。ピアノを置いて弾かせてくれる下宿が、そんなに簡単に見つかるはずはない。ずいぶん苦労したはずなのに、その記憶がどうしてもよみがえらない。

家内とはその翌年の四月に結婚している。結婚前にもしばらく付きあっていたから、家内はそのころ私の住んでいた下宿を知っている。北区の、家内の実家からそれほど遠くない大きな家で、その家には音楽をやる人が住んでいて、玄関を入ってすぐの応接間に私のピアノが置いてあったという。油

（2）　M・ボス『精神分析と現存在分析論』笠原嘉・三好郁男訳、みすず書房、一九六二年。

小路通りの、北山通りからすこし南の筋を西に入ったところだったらしい。それだけ聞かせて貰っても、それでもやはり思い出せない。記憶の神隠しのようなものである。

結婚

のちに妻となる小島まさと個人的に知り合ってつきあいが始まったのは、もう少し前のことである。彼女を紹介してくれたのは、原田君と同学年の音研会員で理学部の山口昇君だった。彼も原田君と同様にいい声のバリトンで、主としてフランス歌曲をレパートリーにしていた。声楽だけでなくフルートも習っていて、一九五六年に京都市交響楽団が結成されたとき、オーディションに合格してしばらく京響でフルートを吹いていた。お父さんも生物学者で、昭和天皇の生物学の指南役だったらしい。山口君は寄生虫学を専攻して、のちに東京女子医大の先生をしながらそこのオーケストラの指揮者もしていたが、かなり若いうちに亡くなった。

この山口君の従妹に家内の友だちがいて、彼女はこの人を通じて山口君を知っていたらしい。家内は同志社女子大で声楽を勉強し、卒業後は同志社女子中高の音楽の先生をしていた。あるとき山口君が私に、同志社に可愛い女の子がいるから紹介しようといいだした。その子は同志社混声合唱のソプラノを歌っていて、この合唱団が年末の恒例行事にしているヘンデルの『メサイア』を聴きに行けば顔が見られるという。それで山口君に連れてもらって『メサイア』を聴きに出かけた。インターン中の一九五五年のことだったと思う。一生懸命に合唱を歌っているその子は実際に可愛かったし、すっかり気に入ってしまったのだが、実はそのとき、それよりもっと気に入ったのは『メサイア』の演奏だった。合唱はもちろん、ソロもオーケストラもすべて同志社の自前で、『こうもり』『ヤーザーガー』『カルミナ・ブラーナ』と苦労してきた私にとって、これはやはりこころを揺さぶるイヴェントだった。ハレルヤコーラスのときに聴衆が起立するものだということをはじめて知ったのも、この演奏会である。

家内の生年は私と同じ一九三一（昭和六）年だが、四月一三日の遅生まれだから学年はひとつ下である。家業は西陣の生糸商だったが、お父さんも跡継ぎの兄さんも亡くなっていて、一家は北区の上柳町に引っ越していた。私と違ってきょうだいが多く、彼女は八人きょうだいの末っ子である。だからなのか、年齢よりずっとあどけなく見えた。声楽を勉強していたから、その伴奏というかたちでごく自然に交際が始まった。

やがて二人は真剣に結婚を考えるようになった。両親も、同い年という年齢のことで反対するかという予想に反して、全面的に賛成してくれた。とくに、家内と母とのあいだに不愉快な嫁姑の緊張関係がまるで生じなかったのは、私にとって嬉しいことだった。弟の淳も高校の同級生の妹さんとの恋愛結婚だったし、私たちは見合い結婚とはどんなものであるのかの実感をまるで持ち合わせていない。

結婚式は村上仁先生ご夫妻に仲人をお願いして、一九五八（昭和三三）年の四月七日に京大の楽友会館で行った。家内が勤めていた同志社女子中学高校の校長で牧師でもある永島嘉三郎先生の司式で、キリスト教式だった。音研の合唱団が何曲か歌ってくれ、最後に家内の独唱に私が伴奏をつけて、シューマンの「君に捧ぐ」を演奏してお開きとした。ごく質素だったが、とてもいい結婚式だったと思っている。新婚旅行は、今どきのように海外旅行という時代ではなく、まだ雪の残っている信州へ行った。結婚後も、私たちはお互いの愛称である「まあちゃん」「敏ちゃん」で呼び合っていた。

結婚式（1958 年）

フランス歌曲

結婚後は当然のことながら、家内の伴奏は私が一手に引き受けていた。家内は同志社女子大で加藤テイ先生に師事していたのだが、フランス歌曲も習いたいというので、結婚後、福沢アクリヴィさんのレッスンも受けることになった。このアクリヴィさんというかたはギリシア人の女性だが、フランスで音楽を学び、福沢諭吉のお孫さんと結婚して日本に住んでおられた声楽家である。家内が月一回この先生のレッスンを受けるときには、私はできるだけ伴奏者としてついていった。

家内も私もフランス語はできなかった。しかしフランス歌曲を歌うには、当然フランス語の美しい発音が要求される。家内が発音を細かく直されているのをピアノの椅子で聞いていて、いつの間にかフランス語の発音が身についてしまった。歌詞に出てくる単語を家内といっしょに辞書を引いて調べたりしているうちに、フランス語というものがそれほど縁遠い言葉ではないような気がしてきた。私がフランス語をきちんと勉強するようになるのは、もっと後のことである。しかし少なくとも発音だけはこのレッスンを通じて身につけた。のちのちフランスで講演を頼まれたりしたとき、いつも発音が日本人離れしているといってほめられる。それは家内がアクリヴィさんにフランス歌曲を教わっていたおかげである。

3　ＬＳＤ実験と共感覚

ＬＳＤによる異常知覚体験

結婚の前後、私は京大の精神科でＬＳＤ実験精神病の研究チームに加わっていた。ＬＳＤというのは、特有の幻覚発現作用をもつ化学物質で、多くの読者も名前ぐらいはご存じだと思う。リセルグ酸ディエティルアミド（Lysergsäurediethylamid）の略語である。麦角アルカロイドから比較的簡単に合成できるため、一時はかなり乱用者がふえて大きな社会問題になった。現在では麻薬に指定されて厳重な取り締まりの対象になっている。しかし当時はまだ規制が緩く、研究目的での使用は許されていた。

京大精神科では、当時講師だった加藤清先生を中心として、とりあえず医局員を被験者とする実験が行われ、私も精神科の部屋で、まずはかなり微量のＬＳＤを錠剤で投与された。そのときは周囲の物体の輪郭が異常に鮮明になり、周囲の全体が意味深く見えてくるという過相貌化（Hyperphysiognomisierung）が体験されたぐらいで、それほどたいした知覚異常や幻覚の体験は出現しなかったように思う。心配していた抑鬱や恐怖などの気分変調もなく、気分は全体として爽快で発揚状態だったといってよい。実験終了時に抗幻覚剤のパーフェナジンを服用して通常の精神状態に戻り、副作用も後遺症もとくに出なかった。

すこし物足りない体験だったため、次は投与量を増やして再度の実験を行うことになり、こんどは加藤先生に下鴨の私の新居まで出張していただいて、初回の倍量のLSDを筋肉注射で投与された。その効果は劇的だった。注射後まもなくして意識障害が現れて昏迷状態になり、それが何分間続いたのか自分ではまったく覚えていない。意識がやや回復したとき、部屋全体がいわば色彩の渦につつまれているような体験をもった。よく見るとそれは、部屋の中にある鮮やかな色彩の物体に目が止まるとその色彩が物体から浮き出して、部屋一面にばらまかれるためだった。「表面色遊離」と呼ばれている現象である。ピアノの鍵盤を叩くと、そこら中に鮮やかな色彩がばらまかれた。音の一つひとつが色になってピアノから出てきた。楽譜の音符の一つひとつにもすべて色がついて、それがあたりの空間を飛び回っているように見えた。これは従来から「共感覚」(Synästhesie) あるいは「色彩聴」(Farbenhören) と名づけられていた現象である。

トイレに立ったとき、旧式の家屋で曲がり角の多い廊下を歩かねばならなかったのだが、右へ曲がろうと思うだけで家全体が右に傾き、左へ曲がろうとすると逆に左へ傾いた。まだ現実の運動として顕在化されていない潜在的な運動の意図がそれだけですでに身体感覚と視覚を変化させ、周囲全体の傾きという知覚を生じさせたのだった。ヴィクトーア・フォン・ヴァイツゼカーはその著書『ゲシュタルトクライス』[3]で、有機体の運動は運動の意図の「先取り」(Prolepsis)[4]を通じて実現されると言ったり、運動と知覚はつねに一体となって「共通感覚運動性」(Konsensomobilität)[5]を形成していると言ったりしているのだが、そんなことはその当時まだ知るよしもなかった。

この実験は、元来は精神病者の異常体験を追体験するための「実験精神病」を目的にして行われたものなのだが、私が経験したのは、精神病的というよりも、どんな生理的な知覚体験、運動体験にもその背後に隠れていて、日常の体験では表に出てこないだけの、そんな深層的な体験だった。やはり村上先生が訳されたゴルトシュタインの『生体の機能』[6]には、これとよく似た知覚や運動の障害が多くの脳損傷患者の臨床観察に基づいて記載されており、周知の通りこれが哲学者のメルロ＝ポンティに示唆を与えて『行動の構造』[7]や『知覚の現象学』[8]を書かせたのだが、私はＬＳＤの実験を通じて、

---

(3)　ヴァイツゼッカー『ゲシュタルトクライス』木村敏・濱中淑彦訳、みすず書房、一九七五年。
(4)　同書二二九頁。
(5)　同書四八頁。
(6)　K・ゴールドシュタイン『生体の機能――心理学と生理学の間』村上仁・黒丸正四郎訳、みすず書房、一九五七年。
(7)　メルロ＝ポンティ『行動の構造』滝浦静雄・木田元訳、みすず書房、一九六四年。
(8)　メルロ＝ポンティ『知覚の現象学』一、竹内芳郎・小木貞孝訳、みすず書房、一九六七年／二、竹内芳郎・木田元・宮本忠雄訳、みすず書房、一九七四年。

それらの理論のことなどまだ知らぬまま、同じ異常体験を自身で経験していたことになる。

この強烈なLSD体験にはひとつの「後遺症」があった。実はこの実験の一週間ほどあとにブタペスト弦楽四重奏団が京都で公演を開くことになっていて、家内と二人の入場券をすでに買い求めていた。それは当時の収入から見てけっして安いものではなかった。ところが演奏が始まってみると、それは砂を噛むような、と表現したくなるほど味気ないものだった。家内は結構感動していたし、翌日の新聞の批評も精一杯の賛辞を並べていたから、演奏が悪かったのではなさそうである。どうやら私の内部で、LSDによってすべての「感動素」が使い果たされ、いわば一過性の離人症的な現実感喪失の状態に陥っていたのではないかと思う。

共感覚と共通感覚

私がLSD実験のときに体験した共感覚、つまり音が色になって聞こえて来るというように二つ以上の感覚が結びつく現象は、それ自体けっして異常体験というわけではなく、平生からこれを当然のことのように体験している人も結構多い。この現象に対しては、従来から心理学や生理学でいろいろな説明が試みられてきた。共感覚の中でも、私の体験した色彩聴がもっともポピュラーなのだが、それ以外にも匂いに色がついているとか、逆に色や匂いが音楽のように聞こえてくるとか、さまざまな組み合わせが存在する。一般の人でも「鋭い音」「丸い音」「ざらざらした音」などという表現の分からない人はいないだろうし、だれもが使う「高い音」「低い音」という言いまわし自体が、一種の共感覚的な表現である。もし私たちの知覚から一切の共感覚を取り去ってしまったら、ちょうど私がLSD実験のあとで聴いたブタペスト四重奏団の演奏のような、味気のない世界しか残らないだろう。

そんなわけで私はその当時、この共感覚という現象に大きな興味をもっていた。当時立命館大学で心理学を教えておられた内藤耕次郎先生が、ご自身も共感覚体験の所有者で、この現象に関する論文[9]を書いておられるということを聞いて、さっそくお話をうかがいに行った。この内藤先生は有名な中国史家の内藤湖南のご子息である。内藤先生から、「精神分裂病」*の命名者であるオイゲン・ブロイラーも共感覚の持ち主で、それに関する著書[10]もあることを教えられて、京大文学部の図書館でさっそく借りだして読んでみた。しかしそこに書かれているその当時の学説は、いずれも脳の二つの異なった感覚中枢のあいだに連絡路を想定するような局在論的な理論ばかりで、私のもっと全体論的な関心を満たしてくれるものではなかった。

＊「精神分裂病」は最近「統合失調症」と改称されることになった。しかし本書では混乱を避けるために、おおむね従来のままの表記を用いる。

(9) 内藤耕次郎「共感覚的諸現象に関する研究史序説」立命館大学文学部創設三十周年記念論集、一九五七年。

(10) E. Bleurer, K. Lehmann: *Zwangsmäßige Lichtempfindungen durch Schall und verwandte Erscheinungen auf dem Gebiete der andern Sinnesempfindungen.* Leipzig. 1881.

(11) 西谷啓治『アリストテレス論攷』弘文堂、一九四八年。

ちょうどそんなことを考えていたころ、古本屋でふと西谷啓治の『アリストテレス論攷』(11)という本を見つけた。いうまでもなく西谷先生は京都学派の哲学の指導的な立場にあったかたで、私も学生時代に文学部まで出かけて、キルケゴールの『不安の概念』の購読を聞かせていただいたことがある。医学部の即物的な講義とはまったく違った哲学の講義というものにはじめて触れ、同じように学問といってもこんなに違う世界があるのかと驚いたのを覚えている。先生のお嬢さんが音研の会員になっていたこともあって、後日先生には個人的にも親しくしていただくことになるのだが、そのことはまた書く機会があるだろう。

古本屋で西谷先生の『アリストテレス論攷』をぱらぱらとめくっていたら、その中に「共通感覚」についての詳しい議論があるのを見つけた。「共通感覚」（ギリシア語でコイネー・アイステーシス、ラテン語でセンスス・コムニス）とは、ごく簡単に言ってしまえば、視覚、聴覚、触覚といった個別的な感覚のすべてに共通する基本的な感覚のことで、私が興味を持っていた「共感覚」とは別の概念だけれども、それと深いところでつながっているというか、共感覚の全体論的な理論的基礎づけとして必要となってくる概念に違いないという直感がはたらいて、その古本を買って帰った。そして、この概念が出てくるアリストテレスの『霊魂論』も手に入れて勉強を始めた。この勉強が私のなかで生きてくるのはずっと後のことで、それについてもゆっくり書かなくてはならないのだが、とにかく共通感覚という、その後の西洋哲学史でも重要な役割を果たしている言葉に、最初に出会ったのはこのときである。

4 翻訳の仕事

佐野利勝先生のこと

学生時代の後半ごろ、京阪電車の出町柳駅の前に、レコードでクラシックの音楽を聴かせてくれる柳月堂という喫茶店が開業した。そのころあちこちではやったいわゆる「名曲喫茶」のひとつである。そこは当然、芦津君や原田君や私など、音研の面々のたまり場になっていた。経営者は陳さんという華僑の人だったが、そのうちに仲がよくなり、購入するレコードの選択についての相談も受けるようになっていた。ブタペスト四重奏団の演奏でベートーヴェン後期の弦楽四重奏曲を重点的に揃えてもらったと思う。ＬＰステレオレコードというものが出はじめたばかりのことだった。金のかかった立派な再生装置で名曲を聴きながら本を読みコーヒーを味わう、それは当時の私たちにとってオアシスのようなものだった。

この喫茶店で、私は当時教養部でドイツ語を教えておられた佐野利勝先生とはじめて出会った。そのころはもう卒業して医者になっていたと思う。佐野先生は丸刈りで、一本筋の通った精悍な顔立ちの人だった。ドイツ語の先生だから当然ドイツ文学を専門にしておられたのだが、いわゆる文学よりも現代批判的な思想に強い関心を示されていた。この先生の訳されたマクス・ピカートの本が何冊も出て、わが国の思想界にも一定の影響を及ぼしたことは、記憶しておられる方もあるだろう。このピカートさんには、のちにミュンヘンに留学したとき、一度スイスのお宅を訪ねてお目にかかったことがある。

この佐野先生は、ＳＰ時代のドイツのピアニスト、エトヴィン・フィッシャーがとてもお好きだった。私もフィッシャーが好きで、前章にも書いたように彼の本を訳して音研の雑誌に載せたこともある。一度に意気投合して、フィッシャーがもっとも得意にしていたベートーヴェンのピアノソナタについて演奏家の立場から一曲一曲所感を書いている本を、共訳で出そうということになった。この訳本は一九五八年に出版されたが[12]、私の名前のついた書物が書店に並んだのはこれが最初である。その前年には長廣先生のお世話でヒンデミットの『バッハ』の翻訳を『芸術新潮』に載せ、こんどは単行本で音楽書の翻訳を出すことになって、本職の精神医学の著作より先に趣味の音楽の仕事のほうが世に出たということになる。

佐野先生とのおつきあいは、先生が最近亡くなるまで続き、その間にヴィクトーア・フランクルの『識られざる神』[13]といった精神医学の本もいっしょに訳したりしたが、この翻訳の共同作業を通じて私は佐野先生から、外国語を日本語に移すというのはそもそもどういうことなのか、それを徹底的に勉強させていただいたという気がする。なによりもそれは、外国語の語学力の問題であるよりもはるかに、日本語の表現力の問題である。著者が自らの言語で表現しようとした、それ自体は言語以前の思想を、原文の言語表現を歪めることなく、つまりいわゆる「意訳」にすることなく、そのまま忠実に日本語に移しながら、しかもそれが日本語として読めるものとならなくてはならない。原文の言語構造を導きの糸にしながら言語以前の思想を別の言語で表現する、これは紛れもなく立派な創作である。ものを創るというのはこの上なく楽しいことで、だから私のように自分自身の独自の思想を著作として発表し続けてきた研究者が、翻訳書もすでに二〇冊近く出版している。これは世間的に見て割合めずらしいことではないかと思う。翻訳の喜びというものに目覚めさせていただいた、そのそもそもの最初が佐野先生との出会いであった。

『精神分裂病』の翻訳と『存在と時間』の読書セミナー

本業のほうでは、私はそのころ村上先生に言いつかって、スイスの精神科医ルートヴィヒ・ビンスヴァンガーが一九五七年に出版したばかりの『精神分裂病』というドイツ語の大著の翻訳に取り組んでいた。[14]

村上先生は早くからヨーロッパの人間学的精神病理学に強い関心を示しておられて、その代表者のひとりだったフランスのウジェーヌ・ミンコフスキの著書を訳出しておられたのだが（その一冊『精神分裂病』を学生時代に読んだことが私の精神科志望の一因になったことについては、すでに書いた）、そのもうひとりの代表者であるビンスヴァンガーのこの大著もぜひ翻訳すべきだと考えられた。それで、ヤスパースの『精神病理学総論』の訳者でもあった信州大学の西丸四方先生と東京医科歯科大学の島崎敏樹先生（このお二人は島崎藤村のお孫さんで実のご兄弟である）と相談されて、それぞれの弟子に翻訳

(12)　エトヴィン・フィッシャー『ベートーヴェンのピアノソナタ』佐野利勝・木村敏訳、みすず書房、一九五八年。
(13)　フランクル『識られざる神』佐野利勝・木村敏訳、みすず書房、一九六一年。
(14)　L. Binswanger : *Schizophrenie*. Neske, Pfullingen 1957.

を分担させようということになったらしい。西丸先生のところからは新海安彦さん、島崎先生のところからは宮本忠雄さん、そして村上先生ご自身のところからは私が、訳者として選ばれた。

さっそく原書を読み始めてみたのだが、まるで歯が立たない。この本はビンスヴァンガーが、自分の出発点であるフロイトの精神分析に飽きたらず、精神病理学の基礎になる人間理解を哲学的に掘り下げようと考えて、しばらくフッサールの現象学を勉強したがそれにも満足できず、結局はハイデガーが『存在と時間』* で展開した現存在分析論の考えを全面的に取り入れて、精神分裂病の患者の現存在（世界内存在）としてのありかたを論じたものである。だからこの本を理解しようとすれば、ハイデガーの哲学をある程度知っておかなくてはならない。もちろん、当時の私にその準備があろうはずがなかった。

* 『存在と時間』のドイツ語の原題は Sein und Zeit である。この Sein の語は英語だといわゆる be 動詞の be であって、元来はなにかが「ある」、なにかがなにかで「ある」というときの「ある」を意味している。だからこれをふつうに名詞的に使用するときの訳語はもちろん「存在」でいいのかもしれないが、このふつうな名詞的な理解こそが、ギリシア以来数千年にわたって「ある」ということの根本的な理解を妨げてきたのだというハイデガーの主張を考えれば、これを安易に「存在」と訳すのは題名からして著者の真意を裏切っていることになる。しかし、いきなり事柄の核心に触れるような議論はあとにまわして、しばらくは慣用されている「存在」の訳語で話を進めることにしたい。

私はおおいに慌てた。現在だったら、書店の哲学書のコーナーにハイデガー哲学の解説書はすぐ見つかるだろうが、当時はまだそういった本はほとんど出ていなかった。それよりも、ある哲学者の思想をそんな解説書のたぐいで勉強するのは、知識量を増やす以外なんの意味もないことであるように私は思っていた。ビンスヴァンガーを理解したいのだったら、彼が多くの遍歴の末に最終的に依拠することになったハイデガーの『存在と時間』を、どうしても読まなくてはならないと考えた。

ちょうどそのころ、のちにこの本を（右のような理由から『有と時』という邦訳書名で）翻訳出版されることになる辻村公一先生[15]が、ハイデガーのもとへの留学から帰国されて、京大の教養部の助教授になっておられた。辻村先生に、この本をいっしょに読んでいただけないかとお願いしてみた。喜んで引き受けてくださったが、私一人でこの貴重な講読を独占するのはもったいなかったので、加藤先生とも相談して精神科内部に『存在と時間』を読むセミナーを新設することにした。出席者は加藤清先生、笠原嘉先生、その他数名の精神科医局員、外部からは芦津丈夫君などが参加して、隔週で行われていた。八年間続いて、最後には付録として、ハイデガーの『思索の事柄へ』に収められている「時間と存在」[16]も読んだ。ずっと後日に、私がハイデルベルクに二度目の留学をしていた一九六九年のこと、ハイデガーの八〇歳の祝賀講演のために渡独された辻村先生に連れていただいて、ハイデガーのお宅を訪問したことがある（本書一七〇頁以下参照）。そのとき辻村先生がハイデガーに、世界広しと

(15)　ハイデッガー『有と時』世界の大思想二八、河出書房新社、一九六七年。
(16)　M. Heidegger : Zeit und Sein. In: *Zur Sache des Denkens*. Niemeyer, Tübingen 1969.

いえどもSein und Zeitを八年間かけて熟読したのは私たちだけだろうと言って、それを聞いたハイデガーも大いに喜んでいた。

このセミナーは私にとって、ハイデガー哲学の勉強という所期の目的以外に、もうひとつ得がたい収穫をもたらしてくれた。それは、辻村先生がハイデガーの弟子である以前に西田幾多郎の弟子でもあって、ハイデガーを読みながら、いつもどこかで西田と対比しておられたのを、まのあたりに見せていただいたことである。たとえばハイデガーでは未来がつねにもっとも重要な時間性となっている。未来／将来（Zukunft）においてこそ、人間の現存在はそのもっとも固有な「ありうる」ということにおいて自己自身に到来する（auf sich zukommt）、とハイデガーはいう。だからこそ、現存在は「死に向かってあること」（Sein zum Tode）でもあるわけである。これに対して西田では、自己とは純粋経験の場所において直覚される「永遠の現在」が、「自覚」というかたちでそれ自身を限定することによって、はじめて成立するものとされる。そこでは未来ではなくて現在が圧倒的な優位を占める。死も現在のまっただなかに「大死一番」というかたちで現成する。辻村先生はハイデガーを読みながら、いつも「西田先生ならこうは書かない」といって、この二人の哲学の違いに私たちの目を開いてくださった。西田哲学を勉強しなければならないという思いが、私のなかでどんどん大きくなっていった。

さて、ビンスヴァンガーの翻訳に役立てるという、このセミナーの当初の目論見はまるで見当はずれであった。ハイデガーの哲学は、そんな泥縄式の付け焼き刃で理解できるものではない。私は仕方なく独りで悪戦苦闘しながら翻訳を進めた。私の分担は「序論」と「症例イルゼ」「症例エレン・

ヴェスト」で、要するに二巻本として出版された訳書の第一巻まるまる全部である。ハイデガー用語の訳語は、おおむね九鬼周造の『人間と実存』[17]に収められていた論文「ハイデッガーの哲学」を踏襲した。解説「現存在分析学について」も、ほとんど全面的な剽窃といわれても弁解できないほど、九鬼のこの論文を参考にして書いた。こうしてこの翻訳の私の分担分は一九六〇年にみすず書房から出版され、新海さんと宮本さんの第二巻もその翌年に公刊された[18]。

この書物の翻訳は私自身にとって、自分の生涯にわたる専門領域となった現象学的・現存在分析的な精神病理学への最初の一歩を印したという意味で記念すべき仕事だっただけではない。これは日本における現象学的な分裂病論の幕開けでもあった。そしてそれは、それまでドイツ語圏の――ひいては日本の――精神病理学を支配していた、ヤスパースの、あるいはその後継者であるクルト・シュナイダーらの分裂病理解に対して、根本的な疑問を提出するものでもあった。この難解な書物が、その誕生の地であるスイスやドイツではとうの昔に絶版となって入手不可能であるのに、私たちの訳した日本語版だけはその後も脈々と読み続けられ、最近の二〇〇一年にも新装第三刷が上梓されている。この哲学的な精神病理学に対する日本の精神医学界や思想界の好意的な受容は、その火付け役を務め

(17)　九鬼周造『人間と実存』岩波書店、一九三九年。
(18)　L・ビンスワンガー『精神分裂病』Ⅰ、Ⅱ、新海安彦・宮本忠雄・木村敏訳、みすず書房、一九六〇／六一年。

た私たちにとってすら予想外のもので、私自身としても、自分の足を踏み出した道が間違っていなかったという、大きな自身の源になることだった。

なによりも私を勇気づけてくれたのは、精神分裂病という病気を表面的な妄想や幻覚、あるいは興奮や人格荒廃といった症状面からでなく、その背後にある自己存在の脆さ、自己を自己として成立させる経験の連続性の喪失といった基本構造から考えて行こうとする私自身の姿勢が、とくにこの本の序論で完全に裏づけられていることだった。それからの五〇年間、私のこの基本姿勢には微塵の揺らぎもない。自分が学問を始めた当初に踏み出した方向を一生のあいだ変えることなく歩み続けるという、医学の研究者としてはおそらくかなり異例に属するだろう私の経歴を、この書物の翻訳はみごとに決定してくれた。

もちろん、まだ三〇歳にも達していない、嘴の黄色い若者の仕事である。訳文にも訳語にも、いまだったら別の書き方をするだろう個所も数え切れないほどある。しかし私は全体として、この翻訳に対するささやかな自負を失ってはいない。

5　医局内外での勉強

医局での演習と読書会

この当時の京大精神科では、毎週水曜日の午後に教授回診があり、村上教授がわれわれ医局員を引き連れて、広大な庭に点在する六つの病棟を順番にまわり、一三〇人の入院患者を診察するという、いわゆる「大名行列」がまだ行われていた。患者一人ひとりの病状をそれぞれの主治医が報告し、村上先生が患者と二言三言会話を交わすだけなのだが、それでも結構長い時間がかかった。

回診がすむと全員が外来棟二階の大部屋に集まり、医局員のだれかが自分でテーマを選んで研究発表をする「演習」が行われた。この演習以外の勉強会としては、小人数で外国語の著書や論文を読む読書会や抄読会がいくつか開かれていた。京大精神科の図書室は、外国の書物だけではなく、とくにドイツ語やフランス語の専門誌の収蔵数では、世界有数といっても過言ではないほど充実していた。私は留学中にミュンヘン大学、ハイデルベルク大学、チューリヒ大学などの歴史的に有名な大学病院精神科をこの目で見たが、京大精神科の図書室はそういった有名精神科の図書室にもひけを取らない。

私が参加していたのはドイツ語の精神病理学の読書会のほか、講師の大橋博司先生が指導する神経心理学（当時は「脳病理学」といっていた）の読書会と、加藤清先生が中心になっていたヴァイツゼカーの『ゲシュタルトクライス』の読書会だった。大橋先生はその後、名古屋市立大学の教授から村上先生の後任として京大精神科の教授になり、名古屋と京都の両方で私の直接の前任者であった方である。

とくに『ゲシュタルトクライス』の読書会は私に圧倒的な感銘を与えてくれた。ヴァイツゼカーは神経生理学者であり神経科医、心身医学者であった人だから、私がこころざしていた分裂病その他の内因性精神病の精神病理学とは直接的な関係はなかったが、そこに展開されている知覚と運動の一元性、「主体」や「主体性」についての考え方、人間の論理的・ロゴス的な思考形態の根底にある受苦的・パトス的な存在様態などについての彼の論述は、精神病の精神病理学にも深く関係するものだと思われた。私は、これは将来きっと自分の手で翻訳することになるだろうという、一種宿命的な出会いを感じながらこの本を読んでいた。そしてその予想は、それから一五年ほどしてから、大橋先生の愛弟子であった濱中淑彦君との共訳というかたちで実現することになる(19)。

『ゲシュタルトクライス』は神経生理学的な実験を踏まえての理論的な書物だが、ヴァイツゼカーはこれ以外にも、その豊富な臨床経験をそのまま書物にした一連の臨床講義録も出版している。病気を治療するのではなく病める人間を治療するのだと言い、客観性を尊ぶ自然科学的な医学のなかに患者の主体性・主観性を導入しようとする彼の「医学的人間学」は、私の臨床姿勢にも大きな指針を与えてくれるものだった。

満田久敏先生との出会い

一九五七年の一〇月から大津市の滋賀里病院という単科精神病院へ週二日のパート医として勤務した。そしてこの病院で、顧問として毎月顔を見せておられた大阪医大の満田久敏教授からいろいろと教えていただく機会をえた。先生は臨床遺伝学が専門で、内因性精神病患者の家系調査を中心的な仕事にしておられたので、私がやろうとしていた精神病理学とは一見ほとんど関係のない研究者のように思われたし、私も実は最初、そういう目で先生を見ていた（本書四九頁参照）。

しかしそれは大きな間違いだった。満田先生の研究の出発点には、それまで臨床症状から分裂病の診断が下されていた患者群のうちに、長期の経過を見ても次第に悪化して間違いなく分裂病であることのわかる「中核群」のほかに、それとは本質的に異なって軽快と悪化の交代を示す「辺縁群」が含まれており、そういった辺縁群の患者の家系には分裂病以外に躁鬱病や癲癇《てんかん》などの多彩な疾患の患者が出現しているという、緻密な臨床的観察があった(20)。

分裂病と躁鬱病といういわゆる二大内因性精神病だけに限ってみれば、そのどちらであるかが必ずしも明確に区別できないような、両方の特徴をそなえた症例があるという事実は、すでに二〇世紀前半からヨーロッパでしきりに報告されており、そういった「混合精神病」は同一家系内に多発する傾向があることから、その基盤には濃厚な遺伝的素因があって、いわば悪性の遺伝的な変質が原因になっているという意味で、「変質精神病」という呼称も用いられていた。満田先生の卓抜な着想は、そういった混合精神病にはその他に癲癇の遺伝素因も関与していると考えられた点である。

癲癇という病気は、古代ギリシア医学では「神聖な病」と呼ばれて、超自然的な力に突然襲われる病と見なされていたし、二〇世紀の初めごろもまだ、分裂病、躁鬱病と並ぶ「三大精神病」の一つに数えられていた。しかしやがて――とくに脳波の発見が拍車をかけて――癲癇は脳そのものの異常放電現象であって、精神病とは関係がないと考えられるようになってきた。しかし、意識の突然の中断

(19)　ヴァイツゼッカー『ゲシュタルトクライス』木村敏・濱中淑彦訳、みすず書房、一九七五年。
(20)　満田久敏「内因性精神病の遺伝臨床的研究」『精神神経学雑誌』五五巻、一九五頁以下、一九五三年。

や痙攣といった癲癇の臨床症状と、それを引き起こす「癲癇素因」とは、あくまで別次元の問題である。満田先生は、混合精神病の家系には分裂病や躁鬱病の素因のほかにこの癲癇素因も潜在していて、そのために平均以上の癲癇の発症が認められるのではないかと考えた。そしてこういった混合病像を、それを構成するそれぞれの素因の定型的な発現とは病像が違うという意味で、「非定型精神病」と呼ばれた。

精神病を、その臨床症状にとらわれることなく基本的な病理の次元で見て行こうとしていた私にとって、この発想は非常に魅力的だった。私がのちに提唱することになる「イントラ・フェストゥム」「アンテ・フェストゥム」「ポスト・フェストゥム」という時間論的な概念[21]も、もとをたどれば満田先生の臨床遺伝学のお仕事からその最初の着想をえている。

6 ドイツ留学へ向けて

佐野えんね先生のこと

精神科へ入局した当初から、ドイツへ留学したいという気持ちをもっていた。ドイツ語の読解力にはそれなりの自信をもっていたけれども、会話や作文はそれとはまったく別のことだった。だれか個人的に教えてくれるドイツ人がいないか、私はずっとそんな人を探していた。

慈恵中央病院に勤務していたとき、岐阜県の伊深という農村にドイツ人の婦人が住んでいることを人づてに聞き、ともかくも一度その婦人を訪ねて留学の希望を話してみた。佐野一彦先生という国学研究者の奥様で、佐野えんね先生といわれる方だった。戦前にドイツへ留学していたご主人が帰国されたあと、単身日本へ渡航して結婚され、戦時中にこの伊深へ疎開してきて、そのまま住みつかれたということだった。高山線の美濃太田駅で慈恵中央病院へ行くのと同じ越美南線に乗り換えて二つ目の加茂野駅で下車し、そこからバスに二〇分ほど乗って、さらにすこし歩いた先にある農家がえんね先生のお宅で、先生はお宅から山道をかなり登ったところに田圃をもっておられて、自分たちの食べる米はすべて自分で作るという百パーセント農民の生活を送っておられた。農繁期のときなど、しばらく田圃の横の道で農作業が終わるのを待っていたこともある。いつも和服にモンペ姿だった。

ところが一方でこのえんね先生は大変な文化人で、ドイツの作家や文筆家のなかにも知人が多く、とくにトマス・マンとは日本で結婚されたあとも文通があって、彼の作品は出版される前から手紙でその内容が分かってしまっていたとも言っておられた。

えんね先生のレッスンはかなり変わったものだった。一枚の絵を見せられ、そこに描かれていることについてなんでもいいからドイツ語で話してごらん、というのが始まりだった。最初は、ここに樹が立っているとか、子どもが遊んでいるとか、実に単純なことしか言えないのだが、それを毎回繰り返しているうちに、ある絵の全体の構図とか美しさとか、画面には描かれていない裏の物語とか、だ

(21) 木村敏『時間と自己』中公新書、一九八二年、本書二〇一、二〇六、二一三頁などを参照。

んだん複雑な物語を創作できるようになる。そしてそれが自信につながる。子どもがおとなの日常会話に参加して行くときも、こういう道を通るのに違いない。そのやりとりはすべてドイツ語だから、これ以上効果的な外国語の教え方はないのではないかと、ひどく感心した。

京都へ帰ってからもえんね先生のレッスンはずっと続けて受けていた。ただ、まだ新幹線のない時代だから、京都を朝早く出ても伊深に到着するのはどうしても昼頃になる。往復まる一日かかるレッスンを毎週受けることは不可能だった。それで伊深へうかがうのは月一回にして、その前に京都からなるべく詳しいドイツ語の手紙を書いて送っておく。それをえんね先生が添削して送り返してくださり、それを持参してお宅に参上する。そしてその手紙から話題が拡がって、作文と会話の練習が同時にできる、というものだった。これも実にいい方法だったと思う。

えんね先生という存在は、日本在住のドイツ人のあいだでもよく知られていたたらしい。ドイツへの留学試験を受けるとき、受験者のみんなが泣かされるのはドイツ語の口頭試問である。ところが私の場合、試問官のドイツ人から「あなたはどこでドイツ語を習いましたか」と聞かれて「佐野えんね先生のところでです」と返事したところ、そのドイツ人から「あ、そうですか、どうか佐野先生によろしくお伝えください」という鄭重な挨拶があっただけで試問は済んでしまった。

研究計画

しかし留学の準備はドイツ語だけではなかった。なによりもまず、ドイツのどこの大学へ行ってどういう研究をするかの計画をたてなくてはならなかった。私はやはり分裂病の精神病理学を勉強したかったのだが、それにはどの大学へ行くのが一番いいのか、その見当が皆目つかなかった。それと、やはり私のドイツ語の会話力では、向こうでドイツ人の分裂病患者と話をして、ビンスヴァンガーが書いているような突っ込んだ経験を手に入れるのは無理ではないか、という弱気もずいぶんはたらいた。

実はそのころ、私はあるドイツの専門誌に載った鬱病の罪責体験の比較文化論的な論文を読んでいた。自分を道徳的に悪い人間と思いこむ罪責体験が鬱病の主要症状に数えられることは、どんな教科書にも書いてあった。しかしその論文には、この罪責体験の出現が患者の属する文化、とくに宗教によってかなり影響され、罪責体験のもっとも多く見られるのはキリスト教、なかでもカトリックの文化圏だし、その出現頻度がもっとも低いのは仏教文化圏だということが書かれていた。私は自分でも鬱病患者に罪責体験が出ているケースを結構たくさん見ていたし、そういう病的な自己非難も精神病理学的に興味深く重要なテーマだと感じていた。現在でこそ、そういった個別症状の比較文化的な研究は世界中でひろく行われているけれど、当時の日本の学界にはそんな研究を手がけている人はほとんどいなかった。そもそもその当時の比較文化的精神医学の研究は、世界的に見ても、それぞれの文化圏の精神科医が自国語で調査した、単一の尺度によらない資料をつき合わせるだけの、かなり表面的な量的調査でしかなかった。

それともうひとつ、当時の日本の思想界では、戦時中に日本人の精神構造を研究して『菊と刀』[22]と

(22)　R・ベネディクト『菊と刀』長谷川松治訳、社会思想社、一九四八年。

いう本にまとめたアメリカの文化人類学者ルース・ベネディクトの学説が、かなり論議を呼んでいた。彼女によれば、西洋のキリスト教文化は、悪いことをした人がそれを他人に知られなくても内面的な理想に照らして罪に悩む「罪の文化」であるのに対して、日本文化は他人に対する恥の感情を通じて自分の行動の善悪を判定する「恥の文化」である。だとすると、鬱病によって自己の価値低落におちいっている患者の場合、西洋人なら罪の体験をもつのに対して、日本人だったら恥の感情を抱くことになるのではないか。しかしそういった病的な恥の感情は、私の診察した鬱病患者には見あたらなかった。

私は罪責体験を研究テーマに選び、留学先をミュンヘン大学に決めた。ミュンヘンはドイツでのカトリックの中心地である。患者の大部分はカトリック信者に違いない。その地で鬱病患者を診察して、それを日本の鬱病患者と比較すれば、カトリックと仏教という二つの宗教圏における鬱病の罪責体験を単一の尺度で比較することができるのではないか、そう思ったからである。鬱病患者は口数も少ないから、分裂病の診察ほど難しくはないだろうとも思った。

それに、ミュンヘンは何といってもドイツの音楽文化のひとつの中心地でもある。バイロイトもザルツブルクも近い。もうひとつの中心地であったベルリンが東独に囲まれた陸の孤島になってしまっていたのとくらべて、ミュンヘンでは自由な雰囲気のなかで精一杯音楽を楽しめるという気がしたのである。

留学の青写真もほぼできあがり、三〇歳という受験資格ぎりぎりの一九六一年に留学生試験を受けることにして、私は京大病院と滋賀里病院での毎日の診療活動と、ビンスヴァンガーの翻訳を続けていた。

長女まり子の誕生

一九五九年の一〇月に長女が誕生した。子どもができるというのは、やはりたいへんな体験である。われわれ男性は、女性のように「身を分ける」とか「身二つになる」とかいう実感はもてないが、それでもやはり自分自身の血と生命が流れたもうひとりの存在がこの世に現れたということは、ほかにまったく類例を見ない特別な出来事である。名前はまり子にした。いろいろ漢字を考えて見たのだが、西洋人にも親しんでもらえる音のひびきを大事にしたかったので、家内のまさという名前がそうであるように、ひらがなだけでよいと思った。

まり子はすくすくと育った。母屋に住んでいる家内の母や姉たちにかわいがられて、このうえなく幸せな幼年時代を過ごしたと思う。後年、私たち夫婦が七五歳になった二〇〇六年の四月に、このまり子は四六歳の若さで肝臓癌のために世を去ってしまうのだが、いまこの自

母，まり子，父，まさ（前列左より）
淳，私（後列左より）

伝を書いていて、子どものほうが親よりさきに死ぬということの理不尽さというか、不自然さを、あらためて強く感じて、筆がとどこおっている。家内はそれ以来、鬱病の状態になって、まだ治っていない。

7　離人症をめぐって

留学中の話に入る前に、どうしても書いておきたい臨床経験がひとつある。私がこれまで何度となく書いてきた[23]、典型的な離人症患者との出会いである。

離人症患者との出会い

一九五九年の春、私は三ヶ月間だけ京都を離れて豊橋市の岩屋病院に常勤医として勤務しているが、それが終わって教室へ戻ってきてすぐのことだったと思う。京大病院で一人の若い女性患者を受け持つことになった。見るからに知能の高そうな、利発で整った顔立ちをした華奢な女性だった。いわゆる被差別部落の出身で、そのために学校でいろいろ心痛が絶えなかったらしい。お母さんはごくふつうの小太りの女性だったが、お父さんは、若いときから差別に耐えてきた自分の人生訓として、だれにも頼らず自力で生きて行くというモットーを身につけていて、それをつねづね患者にも教訓として話していた。姉が一人いて、患者より活発で明るく、患者はいつもこの姉の蔭にまわって損な立場に置かれていたという。

患者は子どものときから「はっきりした自分というものがない」という気持と、「自分とはどういうものだろう」という疑問を持ち続けていたが、一七歳の夏に祇園祭の雑踏に巻きこまれ、「もし自分の心を一点に集中できなくなったら大変なことになるだろう」という考えが頭をかすめたとたん、恐れていたとおりの大変なことになってしまった。心が中心点を失ってばらばらになり、自分とはどんなものか完全に分からなくなった。「自分というものがなくなってしまった」と感じると同時に、周囲のすべてが現実感を失って、「ものがある」という感じがなくなり、ある精神病院で薬物療法と電気ショックを受けたがよくならなかった。絶望のあまり何回か自殺を試みて、二三歳のときに京大病院の精神科に入院し、私が受け持つことになった。約一年間の入院期間中に彼女が語ってくれた体験をまとめると、だいたい次のようなことになる。

「自分というものがなくなってしまった。なにをしても、自分がしているという感じがない。感情というものがいっさいなくなって、嬉しくも悲しくもない。からだも別の人のからだをつけて歩いているみたい。物や景色を見ていると、自分がそれを見ているのでなく、物のほうが目のなかへ飛び込んできて私を奪ってしまう。音楽を聞いても音が耳の中へ入り込んでくるだけで、なんの内容も意味もない。時間の流れもひどくおかしい。時間がばらばらになってしまって先へ進んで行かない。つながりのない無数のいまが、いま、いま、いま、いまと無茶苦茶出てくるだけ。自分というものも時間

(23)　とくに『自覚の精神病理』紀伊國屋書店、一九七八年、一四頁以下（『木村敏著作集』一巻、弘文堂、二〇〇一年、一〇九頁以下）。

といっしょで、瞬間ごとに違った自分が、なんの規則もなくてんでばらばらに出ては消えてしまい、なんのつながりもない。空間の見え方もとてもおかしい。奥行きとか、遠さ、近さとかがなくなって、なにもかもひとつの平面に並んでいる。鉄のものを見ても重そうな感じがしないし、紙切れを見ても軽そうだと思わない。とにかく、ものがそこにあるということがわからない。」

　これはめったに出会えないほど完全な離人神経症の症例である。症状のひどいときはなにを聞いても答えようとせず、周囲との疏通性はまったく失われていた。村上先生は回診のとき、これは病識のある分裂病ではないか、といっておられたが、私はそうは思わなかった。自己の不在ということが症状の中心にあったことは確かだが、分裂病者にかならず見られる自己と他者との存在論的な混乱は、彼女には終始一貫して認められなかった。

　彼女に失われているものは何なのか、彼女の知覚体験はどういう点で健常者の体験と違うのか、それは幼児期から植え付けられていた自律性への要求や激しい自己観察傾向とどう関係しているのか、私はその答を真剣に探し求めた。もちろん、離人症について書かれた内外の論文はできるかぎり集めて読んだが、私を納得させてくれる見解にはめぐり逢えなかった。ただひとつゲープザッテルの論文[24]には、その症例のみごとさもあって興味をもったが、それにも満足しなかった。

「自己喪失症」と「現実感喪失症」

　離人症は、原語では depersonalization（英）、Depersonalisation（独）、dépersonnalisation（仏）という。これは person が失われるという意味である。この person は人や人格という意味で用いられる単語だから「離人症」という訳語ができた。実はこの訳語を作ったのは、京大精神科で村上先生の前任だった三浦百重先生である。三浦先生はいい訳語だろうと自慢しておられたが、私は失敗だと思っている。この言葉をはじめて聞く人は、他人から遠ざかって自分のなかに引きこもる症状だと勘違いしてしまうからである。医者のなかにもそう思いこんでいる人が少なくない。Personというのは、人や人格であるより前に「自分」ということを意味している。だからdepersonalizationは「自己喪失症」の意味なのである。

ところでこの離人症は別名「現実感喪失症」（derealization）ともいう。しかし私は、離人症患者が失ったといっている現実感の「現実」と、この原語に含まれるrealという言葉が示すようなリアリティとは違ったものを指すのではないかと思った。たとえばこの患者の場合、時間の流れの現実感はすっかり失っているのに、時計を見ていま何時ということはけっして間違えなかったし、ものがそこにあることがわからないと言いながら、ものにぶつかったりするようなことはなく、リアリティは完全に保たれていた。だから私は、われわれが生きている現実は、リアリティとは別の意味での、それとは違った生き生きした現実感を伴っていて、この別種の「現実感」が離人症で失われるのだろうと考えた。しかしこの考えをきちんと言語化するには、私はまだあまりにも未熟すぎた。それがなんと

（24）　V.E. von Gebsattel: Zur Frage der Depersonalisation. Ein Beitrag zur Theorie der Melancholie. Nervenarzt 10; 169ff u. 248ff, 1937（*Prolegomena einer medizinischen Anthropologie*, Springer, Berlin 1954）.

かできるようになったのは、それから数十年もあとのことである（本書二八四頁以下参照）。

この症例については、学会で症例報告をしただけで、すぐに論文に書くことはできなかった。しかしこの症例は、私が現在に至るまで歩み続けている現象学的自己論の道程の、最初の一歩を印すものだった。

筋弛緩剤の自己実験

離人症の成因論についていろいろ文献を調べていたとき、自己喪失感と現実喪失感の両者を統一的に説明する仮説として、能動的な「筋知覚」（Myopsyche）と受動的な「感受知覚」（Pathopsyche）の解離ということを考えるシュトルヒの理論があることを知った[25]。私はなんとなくこの理論に興味をもった。そしてふと、筋弛緩剤を使って全身の能動性を奪ってしまったら外界知覚はどうなるかを調べてみたくなった。もちろんこんな実験は自分自身が被験者になるのでなければ不可能である。

ＬＳＤの実験を指導してくださった加藤先生に事情を説明し、麻酔科の医師の協力をお願いして、気管送管で人工呼吸をしながら筋弛緩剤のサクシンを注射してもらった。ふつうこの薬剤を用いるときにかならず行う全身麻酔はもちろん行わなかった。そうでなければ自分の知覚や意識の変化を体験できないからである。恐怖感は全くなかった。しかし、結果は見事に失敗だった。全身の随意運動が消失しても、眼筋の麻痺のためにすべての物が実際より遠く見えただけで、周囲の現実感には何の変化もなかった。そもそも筋弛緩剤で仮説的な「筋知覚」が影響されると予想したこと自体が、浅はかな考えだったのだろう。能動感覚と受動感覚の解離という仮説自体は現在でも面白いと思う。しかしこれは単純な筋肉の能動感とはレヴェルの違う問題なのだろう。だからこれまでこの自己実験に関しては一度も公表したことがない。

8 ミュンヘンへ

留学試験に合格

一九六一（昭和三六）年の春、私はドイツ学術交流会（DAAD）の試験に無事合格し、その秋から希望先のミュンヘン大学精神科に留学できることが決まった。ふつう大学の助手が留学するときは休職扱いになるものだが、私の場合、村上先生が特別に配慮してくださって現職のまま留学し、そのかわり帰国したら助手を辞任してどこかの病院へ赴任する、という条件で行かせていただいた。

音研で私が伴奏をしていた原田茂生君も、そのころはもう東京芸大を卒業し、音楽コンクールにも入賞して活躍を開始していたが、同じ年のDAAD留学生試験に合格して、これもミュンヘンの音楽大学で勉強することが決まった。芦津丈夫君はすでにその前の年に、やはりDAADでベルリン自由大学へ留学していた。奇しくもというか、当然ながらというか、音研時代の親友三人が、こんどはド

(25)　木村敏「離人症の精神病理」『自己・あいだ・時間』ちくま学芸文庫、二〇〇六年、一二四頁以下（『木村敏著作集』五巻、弘文堂、二〇〇一年、二九一頁以下）を参照。

イツで顔を合わせることになった。

ＤＡＡＤからは、目的地で研究を開始する前に、ドイツ国内のどこかのゲーテ研究所で三ヶ月の語学研修を受けることが可能だという通知があった。このゲーテ研究所の語学研修は定評のあるもので、高額の授業料を払ってわざわざ受講する人もあとを絶たない。ところが私は、京大病院での多忙さと留学前に済ませておきたかった勉強とを理由にして、この申し出をことわってしまった。これは後から考えてなんとも残念なことだった。ゲーテ研究所で研修を受けていさえすれば、そこには同年輩の若者たちが世界各地から集まって来ているのだから、ドイツ語の会話でかなり厄介な「君」（Du）呼ばわりにもすぐに慣れていたはずなのである。結局私は、その後も長年ドイツ人たちと親しく交際して、なかにはたとえばブランケンブルク氏のように、「君」呼ばわりこそ自然であるような友人もたくさんできたのに、最後まで「あなた」（Sie）呼ばわりで通してしまった。そのほうが文法的に楽なのである。

ミュンヘン市内のホテルにて
芦津君，原田君と（1961年）

いまから考えて残念だったことがもうひとつある。それはドイツへの渡航に貨客船を使うこともできたのに、飛行機を使ってしまったことである。船を使えば約一ヶ月、インド洋からスエズ運河を通って地中海に入り、マルセーユで下船するという船旅が楽しめるはずだった。やはり時間がもったいないというのが最大の理由だったのだが、いま思うとたいへん損をしたように感じられてならない。ドイツへ持って行く荷物の一部として、西田幾多郎全集を船便で送っておいた。日本ではゆっくり読む時間のなかった西田の本だが、外国で日本語の活字に飢えている生活のなかだったら読めるのではないかと思ったからである。これは正解だった。辻村先生とのセミナーを通じてその片鱗に触れていた西田哲学に、私がなんとか開眼したといえるのは、ドイツへの留学によってであった。

ドイツへの第一歩

そんなわけで私は、当時開通したばかりのアンカレッジ経由北極回りのジェット機でハンブルク空港に到着して、ドイツの土地を踏むことになった。一九六一年一〇月四日のことである。秋たけなわのハンブルク市街を散策し、用事もないのにドイツ語を使ってみたいだけの理由で道行く人と会話を交わし、すっかり高揚した気分になって翌日の飛行機でベルリンへ飛んだ。

ベルリンの空港には芦津君が出迎えてくれた。六一年の一〇月というと、ちょうどその二ヶ月前に東西ベルリンが分断されて、冷戦の象徴となる「ベルリンの壁」が建設された直後だった。ベルリン大学（フンボルト大学）も有名な美術館や博物館も東側にあったから、壁の数カ所に設けられたチェックポイントでパスポートの審査を受けないと行ってみることができなかった。東西の通貨（当時はドイツマルク）は公式には一対一の交換レートだが、実質的には西側のマルクは東のマルクの五倍の価値があり、この五対一の闇レートが当時まだ取り締まられていなかった。ということは、西のマルクをもって東ベルリンへ入れば、ものが五分の一の値段で買えるということである。芦津君に案内してもらって書店にはいり、高価な専門書を安く手に入れることができた。

ミュンヘン到着

数日後に目的地であるミュンヘンに無事到着した。最初の仕事は住居の確保である。私は京都にいるとき、京大教養部の外人教師をしていたハルトムート・ブーフナーさんと親しくしていた。ハイデガーの直弟子の哲学者である。このブーフナーさんの実家がミュンヘンにあった。お父さんは戦時中に有名なアルテ・ピナコテークという美術館の館長をしておられ、この美術館を世界的なものにしている数々の名画を戦禍から無事疎開させたという、大きな功労のあったかたである。ブーフナーさんの好意で、しばらくはこのお父さんの家に泊めていただき、どこか適当な下宿を探すことになった。

ブーフナーさんの実家は、ミュンヘン郊外のこれも有名な観光名所であるニュンフェンブルク宮殿のすぐそばにあった。お父さんは元来美術史の研究者で、書庫には古い本がいっぱい詰まっていたのをよく覚えている。その当時ミュンヘン・フィルハーモニーの指揮をしていて日本でもよく知られていたハンス・クナッパーツブッシュとは大の親友で、この有名な指揮者はいつもブーフナー家へやってきて、ビールを飲みながらスカートというカード遊びに熱中していた。このお父さんは、私がまだミュンヘンにいるあいだに脳溢血で亡くなって、そのお葬式に参列させていただいたのだが、クナッパーツブッシュがミュンヘンフィルの楽団員を連れてきて、ベートーヴェンの第三交響曲の葬送行進曲を演奏していた。

ブーフナーさんのお宅にしばらく厄介になっていたあいだに、あとあとまで笑い話になる大失敗をしでかした。すぐ近くだったニュンフェンブルク宮殿の庭園へ散歩に出かけたとき、大きな白鳥が何羽も群れを作ってその辺りを飛び回っているのを見た。私はそれまで日本で白鳥がこんなにたくさん群れて飛んでいるのを見たことがなかった。そもそも、白鳥が空を飛ぶという当たり前のイメージすらもっていなかった。

その日のブーフナー家の夕食は、食べ慣れないけれどもとてもおいしい肉料理だった。これはなんの肉かと尋ねたらシュヴェーンだという。白鳥のことをドイツ語でシュヴァン、複数でシュヴェーネというので、てっきり白鳥だと思って、さっきニュンフェンブルクの公園でたくさん見たといったら、ブーフナーさんは、あそこにシュヴェーンがいたかな、と首をかしげる。白くて大きくて立派だったけれども、日本ではまず食べられない、というとますます怪訝そうな顔をする。そのあげくに、いっせいに飛び立ったのは壮観だった、といったとたんに大笑いになってしまった。なんのことはない、シュヴェーンというのはシュヴァインのバイエルン訛りで、豚のことだったのである。豚がたくさんいっせいに空を飛んだら、それこそ壮観だろう。ブーフナーさんはたいへんなインテリだったのに方言が抜けなかった。そしてミュンヘンで日常使われているバイエルンなまりは、私たち外国人にはほんとうに厄介なものだった。

やがて、ブーフナー家の近所に格好の部屋が見つかった。その部屋には当時、京大医学部の病理学教室から留学していた翠川修先生が住んでおられた。のちに岐阜大学教授を経て京大の教授になり、私が後年ドイツ政府からジーボルト賞を受賞したときにも、京大精神科の教授になったときにもお世話になった先生である。この翠川先生が帰国することになってそのあとに入れてもらえることになった。年取ったおばあさんのひとり暮らしで、ブーフナー家とも親しく、住み心地はよかったのだが、このおばあさんがドイツ女性特有の癇性の持ち主で、鍵の開け閉めの作法に至るまでことごとに口うるさく指図するのには閉口した。それと、自炊はまったくできず、近くは田舎なので簡単な食堂もなく、食事にはかなり苦労した。それで、かなり頻回にブーフナーさんのお宅で食べさせていただいていた。

第三章　一回目のドイツ留学

1　ミュンヘン大学精神科の思い出

ミュンヘン大学精神科

ミュンヘン大学の精神科は、ドイツの大学精神科のなかでもとりわけ輝かしい伝統と由緒をもつ。作曲家ヴァーグナーの保護者だったバイエルン国王ルートヴィヒ二世がシュタルンベルク湖に身を投げたとき、侍医のグッデンもいっしょに水死した話は、森鷗外の『うたかたの記』を通してよく知られているが、このグッデンもここの教授だったし、現代の精神医学の確立者といってもよいクレペリーンも、ハイデルベルク大学から移ってきてここの主任教授になっていた。私が留学したときの主任教授クルト・コレはクレペリーンの直弟子だった。

私が行った当時、ミュンヘン大学はまだ精神医学と神経医学が分離せず、ヌスバウム通りにある病院は全体として「神経科」(Nervenklinik) と呼ばれていた。だからそこには、日本の現在の呼称でいうと精神科、神経内科、脳外科が同居していて、医局員はかなり自由にそれらの研究室や病棟を移動することができた。私も、とりあえずはコレ教授の指導する精神科に身をおきはしたものの、バイエルン方言の強い患者たちと面接して自由に会話を交わす自信がなかったので、最初の一年間は神経内科で研修させてもらうことにした。そしてこの一年間、腱反射その他の神経診断学、とくに脳波学を真剣に勉強した。ちなみに当時の京大にもまだ独立した神経内科はなく、内科の一部に神経系専門の研究者がいただけで、神経内科的な疾患、ことに癲癇や、失語・失認・失行などの神経心理学的な疾患は私たち精神科医が診療にあたっていたから、これはある意味で好都合なことでもあった。

神経内科ではとくに研究計画というものを立てていなかったので、診療の空き時間はドイツでも指折りの充実した図書室にこもって、精神病理学関係の書物を読んだり雑誌論文をタイプライターで筆写したりしていた。当時はまだ現在のように便利な複写装置はなかった。私は日本にいるときから欧文タイプライターを練習していたし、ピアノを弾くから指はよく動いたので、論文を読むのとほとんど同じスピードでそれをタイプすることができた。現在のコピー機での複写と違って、写し終えたということは、一度は読み終えたということになる。こうして作った筆写コピーが、帰国してから書くことになる精神病理学の現代史[1]の執筆にどんなに役立ったか、はかり知れない。コレ教授は、こうして図書室ばかりにこもっている私をからかって、いつも「ヴィッセンシャフトラー!」(学者!)と怒鳴っていたが、これは仕方のないことだったと思っている。

脳波の勉強

その当時、ミュンヘン大学の精神科で脳波を指導していたのは、ヨハン・クーグラーという若い講師だった。彼がいつも言っていたことで私の気に入ったのは、脳波は患者の行動の一部だから、技師が記録した紙の上の波形を眺めるだけではだめだ、自分で脳波室に入って患者を観察しながら針の動きを見ていなければいけない、という教訓だった。患者と同じ場所に身を置いて、患者の行動の一部としての脳波を観察する、これはいってみれば「脳波の現象学」とでも言えるものだろう。

これがすっかり気に入った私は、帰国してから京大精神科で脳波を専門にしていた菊知龍雄君をかたらって、クーグラーの教科書『臨床脳波学入門』[2]をドイツ語から翻訳して出版することになる。現在では脳波用語もほぼ完全に英語化されてしまっているが、脳波はもともとドイツ人のベルガーという人が発見したものである。この教科書を読めば、波形などを記述する元来のドイツ語の用語がすぐわかる。

このいわば現象学的な脳波記録は、いまひとつ、のちに私が行った非定型精神病の脳波研究[3]に非常

（1）村上仁・木村敏「精神病理学の潮流（1）ヨーロッパ」『異常心理学講座』一、みすず書房、一九六六年（『木村敏著作集』五巻、弘文堂、二〇〇一年）。
（2）クーグラー『臨床脳波学入門――その理論と実際』木村敏・菊知龍雄訳、文光堂、一九六五年。
（3）木村敏「非定型精神病の臨床像と脳波所見の関連に関する縦断的考察」『精神神経学雑誌』六九巻一一号、一二三七頁以下、一九六七年（『木村敏著作集』五巻、弘文堂、二〇〇一年）。

に役立った。この研究については次章（一三五頁以下）で詳しく述べよう。

離人症論文

もうひとつ私にとって大きな収穫だったのは、ヨアヒム＝エルンスト・マイヤーさんという離人症を専門にしていた精神病理学者が、当時ミュンヘン大学精神科におられたことだった。先にも書いたように、私は留学前に一人の典型的な離人症患者を受け持って、これを論文化することができないままドイツへやってきていた。しかしこれはどうしても書いておきたかった。日本語では書けなかったのに、思い切ってドイツ語で書いてみたら案外すらすら書くことができた。ただし、のちのち私にとって大きな意味をもってくるリアリティ（実在性）と現実性の区別に関しては、やはりまだ考えがまとまらなかった。

私は、問題を自己の存在の実感と世界の存在の実感との関係という点に移して考察を展開することにした。当時の精神病理学的な離人症論を読んでみると、自己も世界も同じように対象として扱っていて、自己の非現実感と世界の非現実感を同列に論じるか、あるいは世界の非現実感を自己の非現実感が外部に投影されたものと見るかのどちらかだった。私は自己というものを、対象的に扱えるような「もの」ではないと思っていた。そうではなくて、世界がありありとした現実感をおびて目の前に見えているというその事実こそが、自己が「ある」という「こと」、自己が自己で「ある」という「こと」を成立させているのではないかと思った。道元が『正法眼蔵』の「現成公按」に、「自己をはこびて萬法を修證するを迷いとす、萬法すすみて自己を修證するはさとりなり」(4)と書いているように、あるいは西田幾多郎が簡潔に「物来って我を照す」と言っているようにである。そしてこの世界の側で、「萬法」つまり森羅万象や「物」が自己を照らし出す現実感のことを、「自己クオリティ」と呼んでおいた。これは現代風の呼称では「クオリア」と呼ばれているものにほぼ対応するのだろうと思う。そのような趣旨のことをドイツ語で書いてマイヤーさんに見せたら、非常に面白がってくれた。ドイツ語についても、ドイツ人だったらこんなドイツ語は書かないだろうが、日本人が日本の考え方を踏まえて書くのなら大体これでいいだろうと言ってくれて、この生まれてはじめて、しかもドイツ語で書いた精神医学論文を、当時ドイツでもっとも権威のあった『ネルフェンアルット』という学会誌に載せてくれることになった。(5) それだけではなく、彼は数年後に、自分の手で古今の有名な離人症論文を集めて編纂した『離人症』という学術書に、(6) 私のこの論文を収録してくれた。

マイヤーさんとその奥さんは、私的な面でも、家族から離れてひとりで留学している私をずいぶん支えてくれた。ミュンヘンに到着して間もない留学一年目のクリスマスに彼の自宅に招待されて、立派な七面鳥の料理をご馳走になったことは、忘れがたい。クリスマスには町中の商店も食堂も閉まってしまって、身よりのない外国人にとってはかなりつらい数日間である。私はマイヤーさんのおかげ

(4) 道元『正法眼蔵・正法眼蔵随聞記』日本古典文学大系八一、岩波書店、一九六五年、一〇一頁。
(5) B. Kimura: Zur Phänomenologie der Depersonalisation. Nervenarzt 34/9 ; 391ff. 1963（私自身による邦訳「離人症の現象学」は、『木村敏著作集』一巻、弘文堂、二〇〇一年）。
(6) J.-E. Meyer (Hrsg): *Depersonalisation.* Wissenschaftliche Buchgesellschaft, Darmstadt 1968, S. 382ff.

で、この寂しさをずいぶん紛らすことができた。

2　ミュンヘンでの日常生活

日本人との交際

私が留学していた当時、ミュンヘンに滞在している日本人は約八〇人だった。そのほとんどが留学生で、その中のひとりが原田君だった。彼の通っていた音楽大学の教授陣にはかずかずの有名な音楽家がいたが、あるとき彼といっしょに音楽大学の構内を歩いていて、階段を小走りに上がってゆく小柄な男が目についた。あれがカール・リヒターだ、と原田君が言った。ミュンヘン・バッハ合唱団とバッハ・オーケストラの指揮者として、当時売り出し中の有名人だった。私も日本にいたときから、その重厚ながら颯爽とした演奏に惚れ込んでいたのだが、思いがけなくせわしない彼の姿を見てすこしがっかりしたことを思い出す。しかしその後、原田君と連れだって、音楽大学の近くの教会で彼がバッハのカンタータを指揮するのを聴く機会があり、その演奏のすばらしさにほっと安心したのを覚えている。

もうひとり忘れることができないのは、京都の天龍寺から来ておられた平田和尚、のちの天龍寺管長平田精耕老師である。当時はまだ老師と呼ぶには年が若く、平田高士さんと名のっていた。平田さんは京大の文学部で哲学を学び、ドイツ語がよくできたので、和尚が師家をしていた天龍寺の僧堂にはドイツ人の雲水がいつも何人か参禅していた。ミュンヘンでは、そのうちのひとりの若者の自宅に居を構えて、そこで座禅を教えたりしておられた。また、ミュンヘンから西へ百数十キロ行ったドナウ川のほとりに、美しいドームで有名なウルムという小都市があるが、そこに住んでいたグンデルトさんという禅の研究者が、禅の古典である『碧巌録』をドイツ語に訳していたのを手伝っておられた。

平田さんの住居には風呂があった。当時、ドイツでの留学生活では、風呂にはいるというのはなかなか難しいことだった。ドイツ人は日本人のように毎日風呂に入ったりしない。必要があればシャワーで汗を流すだけで済ませてしまう。バスにたっぷり熱い湯をためて、それにゆっくり浸かるなどというのは、不必要な贅沢と思われていた。平田さんを泊めていたドイツ人は、日本まで禅の修行に出かけるぐらいだから、なかなかの金持ちらしかった。だからその家の風呂は遠慮なく使うことができた。自然、平田さんのところは、風呂を求めて集まる日本人留学生の溜まり場になっていた。

いまと違って日本食の手に入らない時代である。市の中心部にあるダルマイヤーという大きな食料品店に行けば、醤油だけはなんとか手に入れることができた。スパゲッティをゆでて、醤油で味をつけて、うどんらしきものを作って食べたのが懐かしい。

運転免許と自家用車

ＤＡＡＤから支給される奨学金は乏しいものだったけれど、生活には困らなかった。それに私の場合、ピアノを売って少々の蓄えがあった。ミュンヘンの近郊には歴史的な遺産があったり景色が美しかったりする観光地がたくさんあって、やがて日本からやってくる家内や娘と一緒にそれを見て回るためには、どうしても車がほしかった。そしてそれに先立つものとして、運転免許を取らねばならなかった。

ドイツの自動車教習所は、日本のように構内にコースをもった大きな施設ではなく、学科を教える小さな教室があるだけで、実技は初日から道路で行われた。あらかじめ電話で申し込んでおくと、予約の時間に教習所の教師が車に乗って迎えに来てくれる。車はたいてい、ベンツの上等だった。予定の回数乗ると試験官を乗せてやはり道路上で実技試験になり、それに合格すると学科試験があって、免許証が交付された。ドイツの運転免許には何年かごとの書き換えがなく、私は現在でも、一九六二年六月二五日という日付が入って、三一歳のときの髪のふさふさした顔写真の貼られた運転免許証をもっていて、ドイツだけでなくヨーロッパの範囲内だったら、使おうと思えばいつでも使える。

原田君も私と同じ事情にあったので、やはり運転免許を取って、二人とも留学二年目の秋に中古のフォルクスヴァーゲンを手に入れた。いまではまずお目にかからなくなった、リアーウィンドーの中央に縦の柱の入ったカブトムシである。ギアチェンジのときのダブルクラッチは、さすがにもう不必要になっていた。見るからにオンボロだったが、それでも結構よく走った。

家内とまり子の来独

車の運転にもある程度慣れたころ、一九六二年の九月に家内とまり子がミュンヘンに到着し、根無し草のわびしい生活も一年間で終止符を打つことができた。住居も、それまでの郊外の下宿から市内のデュッセルドルフ通りのアパートに移った。楽器屋からレンタルでピアノも借り、久しぶりに音を出すことができるようになった。

まり子はミュンヘンについてすぐに三歳の誕生日を迎えた。すこし離れたところにある幼稚園に入れたが、保母さん（向こうではタンテ、つまり「おばさん」という）にずいぶん可愛がってもらって、内気な子なのに、言葉のまるで通じない幼稚園をそれほど嫌がらなかった。
家内は、せっかく音楽の本場に来たのだし、個人教授より安くつくだろうからというので、無理は承知で音楽大学の声楽科を受験してみた。伴奏者を探す時間もなかったので、またしても私が伴奏を弾いたのだが、この受験はあえなく失敗した。やむをえず、音大の先生の個人レッスンを受けることにして、そのレッスンにはいつも私が伴奏について行くことになった。

このレッスンでも、私は貴重な教訓をえた。ドイツ語の子音の発音は日本語にくらべて、あるいは英語やフランス語とくらべても、格段に鋭い。ドイツ・リートの美しさは、そのかなりの部分を、この鋭く重厚な子音の作り出すメリハリに負っている。しかしその先生が言われるには、声が舞台から客席まで届く途中で、この子音のかなりの部分が摩滅して鋭さを失ってしまう。だから歌い手は、自分としてはやりすぎと思える程度まで明確に子音を発音しないと、聴衆にその言葉の美しさが伝わらない。歌の演奏が音楽として成就する場所は、演奏者のもとにおいてではなく、客席にいる聴衆の耳においてである。――この教訓は、世阿弥の「離見の見」の教えにも通じるし、われわれが文章を書くとき、いつも自分と違った立場にいる読み手がそれをどう読むかの配慮が必要だという自戒にも通じるだけでなく、もっと大げさに言えば、自己が自己として成立するのはそのつどの対話の相手のもとにおいてであるという、私自身が後年展開することになる自他論の機微にも触れるもので、家内自身はもう忘れてしまっているかもしれないが、私の記憶には生き生きと残っている。

3　ゲオルギアーデス

留学の主目的である罪責体験の比較研究の話に入る前に、ぜひ書いておきたいことがもうひとつある。それは、毎週一回、大学本部の建物で行われたトラシュブロス・G・ゲオルギアーデス（一九〇七〜七七）というギリシア人音楽学者の講義を聴講しに行っていたことである。実はこのゲオルギアーデスのことは、その名著『音楽と言語――ミサの作曲に示される西洋音楽の歩み』を通じて、ずっと以前から知っていた。医学部で勉強していたときだったか、もう精神科へ入局してからだったか定かではないのだが、東京芸大教授の野村良雄さんが京大文学部でされた集中講義を聞きに行ったことがある。この講義でこの『音楽と言語』が取り上げられ、野村先生がこれを非常に高く評価しておられた。この本はそのときさっそく手に入れて一応は読んでいたのだが、これは著者がハイデルベルク大学の教授をしているときに書かれたものだった。それで私は、彼がその当時もまだハイデルベルクにいるものとばかり思っていた。

だから、ミュンヘン大学の講義目録を見て、そこにこの高名な音楽学者の講義が載っていたのは、私にとって嬉しい驚きだった。彼は一九五六年にハイデルベルク大学からミュンヘン大学へ移ってきていたのである。たしか私がミュンヘンで過ごした二度目の冬学期だったと思うが、その学期の彼の講義はミサの歴史に関するものだった。『音楽と言語』のサブタイトルを見ても判るように、ミサの歴史はこの本でも詳しく論じられていて、いわば彼の思索の中心的な主題に触れるものだった。一も二もなく、私はその講義を聴講することに決めた。ただ困ったことに、病院を抜け出しての聴講だから、そんなに早く教室へ行くことができない。ところがこの講義はたいへんな評判で、文字通り立錐の余地もないほどの学生が集まり、ぎりぎりに教室に入る私なんか、悪い席でも見つかればもうけものと思わなくてはならないほどだった。

彼の講義は評判にたがわぬ名講義で、数百人の学生がわれ先にいい席を求めて殺到するのは当然だった。教室にはパイプオルガン、チェンバロ、ピアノなどの楽器が備えられていて、ゲオルギアーデス教授はそれらの楽器のあいだをあちこち動きまわりながら、どんな大曲でもそれを自分の指でやすやす演奏し、それと同時に大きなスクリーンにその総譜を映写して学生に見せてくれた。その内容も、バッハのロ短調ミサ、ベートーヴェンのミサ・ソレムニス、ヴェルディのレクイエムを中心とするミサ音楽の歴史で、ときには古今の名指揮者の演奏をレコードやテープで聴かせてくれて、それを彼自身の意見で批評するという、いつまで聞いていても退屈しないものだった（彼の採点は、カラヤンに辛く、地元のリヒターには好意的だった）。来週は都合で休講にすると彼が言ったときに、学生たちから一斉にブーイングが起こったのはちょっとした見ものだった。

彼の講義は、われわれの音楽体験をその根底にある音楽的現実（musikalische Wirklichkeit）にまで還元し、それぞれの時代にそれぞれの音楽文化が示す現象様式の変化を、単なる表面現象のレヴェルでの様式史的な時代変遷としてでなく、この変化生成が自らをそこに映している場所としての「音楽と言語とのあいだ」の、時代的・文化的な変化生成として見て行こうとするものだった。この姿勢はハイデガー的な意味ですぐれて現象学的といえるだけでなく、私が鬱病の罪責体験に関して行おうとしていた比較文化論的な研究とも、どこかで一脈通じるものがあった。『音楽と言語』にも書かれていることだが、音楽はドイツという文化に触れ、シュッツとバッハの二人を体験することによって、はじめて「ドイツ語を語る」ようになる。そしてこの「音楽のドイツ語化」という出来事があってはじめて、ウィーン古典派のみごとな音楽文化が花開くことになる。そしてこのゲオルギアーデスの認識は、のちに『シューベルト——音楽と叙情詩』（一九六七）という大著に結実することになる。

このような学問的姿勢をもつゲオルギアーデスが、ハイデガーとのあいだに深い個人的友情関係をもっていたことは驚くにあたらない。一九七六年にハイデガーが亡くなったとき、彼はその墓前で弔辞を述べたのだが、その一年後には彼も後を追うように世を去った。(7) 私は、のちに帰国してから思い出の多いこの『音楽と言語』を邦訳して出版することになり、それをきっかけに彼との文通が始まって、『シューベルト』を含む何冊かの著書も頂戴したのだが、残念なことに生前直接にお目にかかってお話をうかがう機会はもてなかった。ミュンヘン時代の私は、まだあまりにも若い留学生だったのである。

しかし、これも後日談になるが、私は一九七〇年代に、ミュンヘン在住のイタリア人哲学者で、ヴィーコの研究者として名高いエルネスト・グラッシ教授の知遇をえることになった（一八〇頁参照）。このグラッシもハイデガーに近い立場の人であり、同じ在独の外人学者ということもあったのか、ゲオルギアーデスとは家族ぐるみの親交を持っていたらしい。彼らのサークルには、私が学生時代に演奏した『カルミナ・ブラーナ』の作曲者カール・オルフも加わっていたという。ミュンヘン時代に勇気を出してゲオルギアーデスのところを訪ねておけばよかった、と思うことしきりであった。

4 研究生活

精神科病棟での診療

さて、一年間神経学と脳波の勉強をしながらドイツ語にもだいぶん慣れたので、二年目の秋からいよいよ精神科での診療を始めることになった。精神科全体はそれぞれ数十床ずつのいくつかの病棟に分かれていて、各病棟には古参の助手が病棟医長として配置され、その下に若い助手が一、二名と、私のような留学生、それに日本でいえばインターン生のような研修医が一、二名配属されていたように記憶する。私の配属された病棟の病棟医長はラウターさんという親切な先生だったが、彼はその後ミュンヘンにもう一つできた技術大学医学部の精神科教授になっている。

ドイツ人の鬱病患者から罪責体験をなるべく詳しく聞きだして、それを帰国後に日本の患者の罪責

---

(7) T・G・ゲオルギアーデス『音楽と言語』木村敏訳、音楽之友社、一九六六年、講談社学術文庫、一九九三年。

体験と比較するというのが留学の第一の目的だったから、ラウターさんに頼んで、鬱病患者を優先的に受け持たせてもらうことにした。向こうでは日本と違ってカルテは手書きでなく、口述録音したものを秘書に渡すとそれをすぐタイプしてくれる仕組みになっていた。患者やその家族とのやりとりをちゃんとした文章にまとめ、それをディクタフォンという装置に吹き込む仕事は、われわれ外人にはなかなか大変な作業だったが、ドイツ語の訓練としては非常に役に立ったと思う。

自分で診察できる患者だけではもちろん数が限られるので、過去数年間に入院した鬱病患者のカルテを調べさせてもらって、一年間に百人以上の記録をまとめることができた。これを日本人のほぼ同数の患者と比較したのだが、それは帰国後の仕事ということになる。

精神科にいたころ、有名なエルヴィン・シュトラウス（一八九一〜一九七五）が講演に来て、コレ教授が私を特別に教授室へ呼んで紹介してくれた。シュトラウスはドイツで活躍した人間学派の精神病理学者で、専門誌『ネルフェンアルツト』の創立者だが、ユダヤ人だったために米国へ亡命していた。彼の主著はドイツ時代に初版を出し、アメリカへ行ってから改訂版を出した『感覚の意味』(8)で、これはパヴロフの条件反射に対する批判に始まって、行動主義を始めとする客観的心理学を徹底的に批判した書物である。ビンスヴァンガーともヴァイツゼカーともひと味違った角度から人間と世界との「共感的全体関係」を説く彼の議論には、私は以前から大きな関心を抱いていた。現在私が京大を停年で辞めてからも続けている私的な読書会でも、この『感覚の意味』を読み続けている。先年ハイデルベルクで彼の生誕百年を記念するシンポジウムが開かれ、私も講演を依頼されて、「感覚論的見地から見た分裂病患者との交わり」について話した。[9] ミュンヘン留学中に聞いた彼の講演の内容は残念ながら記憶していないが、教授室で対面したときの彼の穏和な人柄は強く印象に残っている。

クーンとイミプラミン

その当時、鬱病の治療薬である抗鬱剤の第一号、イミプラミンという薬物が、「トフラニール」という商品名で臨床に使われはじめていた。日本ではほとんど錠剤のかたちで内服してもらっていたけれども、ドイツでは、とくに治療の初期には筋肉注射で投与されることが多かった。それも、最初は一アンプル（二五ミリグラム）から始めて毎日一アンプルずつ増量し、一日一五〇ミリグラムに達したら毎日二五ミリグラムずつを錠剤に置き換えるという、定式的な治療法が行われていた。このような手の込んだ投与法が可能だったのは、ドイツでは日本と違って本格的な鬱病（いわゆる内因性鬱病）のほとんどが入院治療の対象になっていたからという事情を挙げることができる。この定式的なイミプラミンの使用法は、ミュンヘンの精神科では非常に効を奏していた。私は帰国後に日本でもこの定式療法を試みて、それなりの効果を挙げることができたので、二篇の論文にして公表した。[10] 私が自分の手で書いた最初の日本語論文が精神病理学でなく薬物療

（8） E. Straus: *Vom Sinn der Sinne*. Springer, Berlin 1935, 2. Auflage 1956.
（9） B. Kimura: Der Umgang mit dem Schizophrenen in ästhesiologischer Sicht, 1991（未公刊）。
（10） 木村敏・石田千鶴子・河合逸雄「Tofranil 定式療法による抑うつ患者の治療について」『精神医学』七巻九号、八〇五～八〇九頁、一九六五年。
木村敏「ふたたび Tofranil 定式療法について」『精神医学』八巻四号、二四三～二四五頁、一九六六年。

法についてのものだったということは、臨床精神科医としての私の一面を物語っていると思う。私はその後もいくつかの、自分としては大きな意味のある薬物療法の論文を書いている。

このイミプラミンという薬物は、五〇年代にクロールプロマジンを皮切りにして向精神薬が続々と開発されて行くなかで、合成はしてみたが向精神作用が不充分だとして見捨てられていた物質だった。この物質が、抗妄想幻覚作用はもたない代わりにすぐれた抗鬱作用をもっていることを発見したのは、スイスの精神科医ロラント・クーンである。

クーンは元来精神薬理学者ではなく、ビンスヴァンガーのもとで現存在分析を学び、ロールシャハ・テストで被験者がインクのしみを人の顔に見立てる「仮面解釈」について、すぐれた現象学的な著作(11)を書いている精神病理学者であった。彼は、患者にのませる薬物をまず自分でのんでみて、それによる自分の体調の変化を子細に観察し、これを患者の状態の変化と突きあわせてその薬物の臨床効果を推測するという、いわば「一人称的」ともいえる姿勢をもっていた。イミプラミンを自分で服用して、彼は自分の体調が心理的にも身体的にも鬱病とそっくりの状態になることを発見した。患者の場合、それは患者がもともと苦しんでいる鬱症状の増強・悪化を意味する。しかし患者がイミプラミンを続けて服用していると、不思議なことに鬱症状は次第に軽くなって、やがては元来の鬱病自体が軽快に向かうことになる。

これをクーンは次のように解釈した。われわれが臨床的に鬱病症状として観察している変化は、実は鬱病という病的事態そのものの直接の発現ではない。むしろそれは鬱病という病的変化を蒙った有機体がそれを克服しようとして発動している、一種の生体反応の現れである。それはちょうど、炎症の症状として見られる発熱・腫脹・疼痛などの諸現象が、実は外部からの病原体に対して生体が示す免疫反応であるのと同じことである。だとすれば、健常者に鬱病と同じ症状を引き起こすこの物質を鬱病患者に投与すれば、患者が自力で発動しようとしている生体反応を強化し補完してやることになり、結果的に鬱病を早く終わらせることができるのではないか。それはいわば、西洋に昔からあるホメオパシーという民間療法の「毒をもって毒を制す」という原理と同趣のものである。――これが現存在分析家クーンの、自ら発見したイミプラミンの抗鬱作用についての解釈だった。私はいまでもこの意見はきわめて正しいと思っているし、私自身の患者にもその趣旨をよく説明した上でこの薬物を使用している。

イミプラミンの抗鬱効果の発見を、クーンは一九五七年に医学雑誌に発表した(12)。それ以来、これとよく似た(いわゆる「亀の甲」と呼ばれるベンゼン環を三個含んだ)化学構造をもつ三環系抗鬱剤が続々と開発されるようになって、精神科の薬物療法は一気に加速することになる。ところがこの開発の途上で、当然のことながらイミプラミンそれ自体の有機体に対する薬理作用が研究され、それが脳内でセ

---

(11) R.Kuhn: *Maskendeutungen im Rorschachschen Versuch*. 2. Aufl., Karger, Basel 1954.

(12) R. Kuhn: Über die Behandlung depressiver Zustände mit einem Iminodibenzylderivat (G22355). Schweiz. Med. Wschr. 35/36; 1135ff. 1957.

ロトニンやノルアドレナリンという物質を増やすことが明らかになった。そうなると、やはり当然のことながら、イミプラミンよりももっと純粋に、つまり患者にとって不快な副作用を伴わずに、同じ薬理作用をもつ化合物が求められることになる。こうして生まれたのが、現在多用されている「選択的セロトニン再取り込み阻害剤」（SSRI）と「セロトニン・ノルアドレナリン再取り込み阻害剤」（SNRI）である。

ところがこれらの「改良型」の抗鬱剤は、本来の抗鬱効果という点ではイミプラミンよりはるかに劣っている。それはなぜかというと、副作用が少ないからである。右に書いたように、イミプラミンのいわゆる「副作用」は実は有害無益な副作用ではなく、鬱病に対する生体の防衛反応を増強するという有益な作用の一環だった。毒をもって毒を制すというクーンの発想には、この「副作用」は不可欠である。病気というものの人間学的な意味を完全に無視した現代の自然科学的精神薬理学にとっては、抗鬱剤開発の元祖であるクーンの人間学など、無用の妄想以外の何ものでもなくなっている。

これは実は二回目の留学中の一九六九年のことなのだが、スイス旅行の途中で当時クーンが院長をしていたミュンスターリンゲンの精神病院を訪れて、歓待を受けたことがある。イミプラミンについての話を聞いた以外に、彼がその病院で若手の助手たちを指導していた、ビンスヴァンガーの論文の読書会にも出席させてもらった。この読書会では、ビンスヴァンガーの『講演・論文選集』第二巻に収められている「精神病理学における空間の問題[13]」を読んでいた。クーン氏は東洋の美術に深い関心があって、その後もずっと文通があったのだが、最近は音沙汰がない。もうずいぶん高齢のはずなので、健康を気遣っている。

フランクル氏のこと　私が精神科医になり立てのころ、佐野利勝先生にすすめられてヴィクトーア・E・フランクル（一九〇五〜九七）の『識られざる神』[14]を日本語に訳していたことはすでに書いた。

ミュンヘン留学中に、やはり自分の訳した本の著者にはぜひ会っておきたいと思ったので、あるとき彼をウィーンの自宅に訪ねた。これがいつのことだったかはどうしても思い出せない。家内はフランクルを訪ねた記憶がないというので、自分だけで行っているらしいのだが、これも不可解な記憶欠損のひとつである。しかもこのフランクル氏訪問に先立って、やはりウィーンで、とある有名な女性チェンバリストのお宅に伺って、バッハのゴルトベルク変奏曲を演奏していただいた記憶もあるのだが、このチェンバリストの名前も、だれに紹介してもらったのだったかも思い出すことができない。

フランクル氏の自宅には、彼がアウシュヴィッツで自ら体験した極限状況を物語る、多くの記念品を展示した一室があった。彼のアウシュヴィッツ体験は、彼が奇跡的に生還したのちに独自の実存分析やロゴテラピーを展開することになる重大な契機を形成したものなのだが、この展示室を見せられたと

（13） L. Binswanger: Das Raumproblem in der Psychopathologie. 1932. *Ausgewählte Vorträge und Aufsätze* II. Francke, Bern 1955.

（14） フランクル『識られざる神』佐野利勝・木村敏訳、みすず書房、一九六一年。

フランクルの描いた私の似顔絵

きの私の気持ちは、むしろどちらかというと当惑に近いものだった。なぜもっと素直に感動できなかったのか、それはいまだに疑問のまま残っている。フランクル氏自身はこのときの私の訪問をよく覚えていて、のちに彼が訪日して再会したときも懐かしそうにそのことを話していた。

ビンスヴァンガーとベルヴュー病院

もうひとり私が留学前に翻訳した本の著者としては、いうまでもなくルートヴィヒ・ビンスヴァンガー（一八八一～一九六六）がいる。ぜひお会いしたいという手紙を書いたら、悪筆にもほどがあるというような、ほとんど判読不能な自筆で書いた葉書（口絵参照）で、承諾の返事がきた。ドイツ人に手伝ってもらってなんとか解読し、ドイツ領のコンスタンツからスイスとの国境をすこし入った、クロイツリンゲンという町にある彼のサナトリウム・ベルヴューを訪れた。このときは家内とまり子もいっしょに連れて行ったから、一九六三年のことだったと思う。

ビンスヴァンガーさんはほんとうにいい人だった。ひどく人見知りをするまり子が、会うなり彼に抱きついてしまったのには驚いたが、天成の精神療法家だったのだろうと思う。私も、フランクル氏のときとはまるで違って、いっさい緊張したりすることなく、三日間家族でサナトリウムに泊めていただいたのだが、実に気楽に過ごすことができた。当時としてはあまりにも哲学的な彼の本や論文を読んだだけの人は、彼を臨床家というよりは理論家だと思い違いするらしいが、それはまったく違っている。

彼は最初、チューリヒ大学で数年先輩だったユングとともにフロイトの門を叩き、精神分析家として出発したのだが、若いときから自己と他者との人間関係に特別に強い関心を向けていたらしい。この人間関係を見極めるにはフロイトの方法では限界があると感じた彼は、やがてフッサール現象学に接近し、それを精神病理学に導入しようとする論文を書いたりしていたが、一九二七年に出版されたハイデガーの『存在と時間』を読み、そこに展開されている現存在、つまり人間存在の分析論こそ自分が真に求めていたものだと直感した。そこで彼は、精神分析にかえて「現存在分析」(Daseinsanalyse)を自身の方法論として確立することになる。その結実として書かれたのが、私たちが訳した『精神分裂病』だったのである。

しかし彼はハイデガーにも飽き足らなかった。ハイデガーには、彼が本当に求めていた人間関係論が稀薄だと感じたのである。そこで彼は、ハイデガーが現存在を「世界内存在」(In-der-Welt-sein)と規定したのに対して、人間の真のありかたは「愛」において自分固有の世界を乗り越えて相手の世界に参入することにあると考え、これを「世界超越存在」(Über-die-Welt-hinaussein)と言い表した。これは厳密に言えば明らかにハイデガーの超越論的な世界概念の誤解であり、これがのちに同じく現存在分析を標榜したメダルド・ボスから、そしてハイデガー自身からも激しい批判を招くことになるのだが、そのことはまたあとで書こう。しかし、このことから見ても判るように、ビンスヴァンガーという人は本質的に「愛の人」であり、自己を他人との関係のなかで見て行こうとする人だった。そしてそのことは、初対面のときから痛いほど感じとることができた。

ビンスヴァンガー夫妻と（1963 年）

5　研究生活の合間に

ヴィルヘルム・ケンプのこと

精神科病棟での鬱病患者の調査は思ったより順調に進んで、直接に面接して話を聞くことができた患者とカルテで調べた患者を合わせると、前にも書いたように百例以上に達した。日独の比較研究であるから、次は日本へ帰ってから日本人の患者について同じことをすればよい。すこし気持に余裕のできた私は、愛車の中古カブトムシに家内とまり子を乗せて、精一杯あちこちを走り回った。

ある日曜日、音研のOBで東京の銀行に勤めていた吉田茂孝君が出張でミュンヘンへやってきた。この吉田君はピアニストのヴィルヘルム・ケンプの大ファンで、ケンプがミュンヘン郊外のシュタルンベルク湖のほとりに住んでいるから、せめてそのあたりでもドライヴしてみたいという。私もケンプのピアノは大好きだったし、シュタルンベルク湖はバイエルン王ルートヴィヒ二世が主治医のグッデンとともに水死した場所で、一度は見ておきたかったから、家内と娘も連れてさっそく出かけた。近所の人にケンプの自宅を教えてもらってその前まで行ってみたところ、やはりそのまま帰る気にはどうしてもならず、勇気をふるって門のベルを押してみた。

ケンプ（中央）一家と（1963年）

運良くケンプさんは在宅で、何人かのお孫さんたちが庭で遊んでいた。日本から来たファンなのだがお目にかかれないかと尋ねたら、思いがけなく家の中へ迎え入れてくれた。ケンプさんは望遠鏡のレンズ磨きという変わった趣味をもっていて、その日もせっせとレンズを磨いておられたらしい。彼の弾くピアノの澄み切った音色と、おそらく無関係ではないだろう。私たちのためにシューマンの小曲だったかをいくつか弾いて聞かせてくださった。この大ピアニストの自宅で自分たちだけのためにピアノを聞かせてもらうという、めったに得られるはずのない幸運に恵まれたのは、忘れがたい思い出である。

ケンプは当時もう六八歳だったはずである。しかし知的な好奇心は旺盛で、私の精神病理学的な話にも熱心に耳を傾けてくれた。その後もドイツ語で論文を出したりするごとにお送りしていたが、いつもきちんと読んで感想を書いた返事をいただいていた。のちにハイデルベルクへ再度留学したときに知ったことだが、テレンバハ氏のご夫人とは旧知の間柄だったのだそうである。その後もたびたび来日して、京都でリサイタルを開いたときには楽屋で再会を喜び合ったりもした。

ハンス・ホッターとの出会い

もうひとりミュンヘンで関係のできた名演奏家に、バリトン歌手のハンス・ホッターがいる。ホッターは当時ヴァーグナー歌手として、とくに『リング』のヴォータン役で絶大な声価をえていただけでなく、フィッシャー＝ディースカウと並び称されるみごとなリート歌手でもあった。私はどちらかというと、技巧派のディースカウよりもおおらかなホッターのシューベルトのほうが好きだった。

このホッターが、私のミュンヘン在住中に日本でリサイタルを開いたのだが、そのリサイタルについての日本の新聞評を訳してくれる人を探しているということを、当時やはりミュンヘンに住んでいた日本のピアニスト、井内澄子さんから聞いた。それをお引き受けしてたくさんの新聞評をドイツ語に訳し、ミュンヘン郊外に住んでいたホッターのもとに届けた。謝礼は要らないから、彼がエリク・ヴェルバの伴奏で歌っている『冬の旅』のレコードをいただきたいと言って、署名入りの写真をつけたレコードを頂戴した。それでは少ないと思われたのか、ホッターさんはその夏のバイロイト音楽祭で自分の出演する『ヴァルキューレ』の招待券も下さった。ヴォータンとブリュンヒルデの別れの場面など、あの長大な歌唱のすみずみまでリートを歌うときとまったく同様の細やかな神経を張りめぐらせた彼の演奏は、いまでもありありと甦ってくる。ホッターさんもその後何回も来日してリサイタルを開いているが、京都へ来られたときに一度、天龍寺の平田老師のところへお連れしたこともあった。

ホッター（右端）**平田老師**（左から２人目）**と**

バイロイト音楽祭のことなど

バイロイト音楽祭は、当時からすでにチケットが入手しにくかった。それでも、ホッターさんのご招待以外に、家内とも何回か聞きに行っている。ミュンヘンから何時間か車で走ってバイロイトに入り、市内の民宿に宿をとって、豪華なドレスに着飾ったドイツ人の聴衆に混じって恥ずかしい思いをしないように、留学生としては精一杯の服装に着替えて劇場へ出かけていった。たしか『トリスタンとイゾルデ』と『ニュルンベルクのマイスタージンガー』を聞いたと思うのだが、指揮者や歌手の名前は出てこない。

当時、ミュンヘンの有名な国立劇場はまだ戦災から復興していなかった。だからミュンヘンでオペラを見るときには、中心部からすこし離れたプリンツレゲンデン劇場という古風な歌劇場まで出かける必要があった。モーツァルトなどの小さいオペラだったら、キュヴィリエ劇場という小規模なロココ風の劇場でやっていた。私はオペラというものを器楽のコンサートほど好きではないのだが、当時の日本では本格的なオペラというものはまず見られなかったから、なるべく聴きに行くようにしていた。

それ以外にも、ヘルクレスザールというホールで開かれていたオーケストラや器楽のリサイタル、ドイツ博物館でのクナッパーツブッシュとミュンヘンフィルの演奏会、それに市内各所の教会で行われる教会音楽など、ミュンヘンという街はその気になれば無尽蔵に音楽の楽しめる、家内や私にとっては天国のようなところだった。入場料も、早く並んで立ち見の当日券を買えば、そんなに高くなかった。いちばん印象に残っているのは、当時すでに八十何歳かになっていたピアニストのエリー・ナイのリサイタルだった。彼女は少女時代、ブラームスの前でピアノを弾いたこともあるらしい。

愛車を駆って

ミュンヘンは、北にニュルンベルク、ローテンベルク、ヴュルツブルク、バイロイトなどが散在するロマンティック街道、南にはチロルの山岳地帯を控えた、ドイツ有数の観光の拠点である。私たちは休日ごとに、車をフルに活用してあちこちを見てまわった。とくに、アルプスの高峰のひとつであるツークシュピッツェの麓のガルミッシュ゠パルテンキルヒェンやその近郊の名所の数々、付近に散らばっている大小さまざまの湖水などは、まだ現在のようにアウトバーンは建設されていなかったけれど、ミュンヘンから楽に日帰りのできる絶好のドライブコースだった。

ちょうどそのころミュンヘンには、のちにアドルノの研究家として名をなすことになる三光長治さんが留学していた。三光さんが一度ぜひイタリアへ行きたいというので、あるとき彼を誘ってイタリア北部の一帯を車でまわることにした。ガルミッシュ＝パルテンキルヒェンからさらに南下して、ゲーテがイタリア紀行のときに馬車で通ったという険しい峠を越すと、そこはもうオーストリア領のインスブルックである。インスブルックからさらに南へ下がってイタリア領に入り、トレント、ヴェネツィア、ラヴェンナ、ボローニャ、フィレンツェ、ジェノヴァ、ミラノとまわって、帰りはスイス経由のアルプス越えでミュンヘンに戻ってきた。

全部で二週間ぐらいだったのか、もっと短かったのか、とにかく宿泊は行き当たりばったりで、夕方に到着した街で、ホテルと書いてあるところは高いから敬遠して、イタリア語で宿屋を意味するアルベルゴと書かれた安宿を探し、その場で交渉して値段の折り合いがつけば泊まるという毎日だった。ヴェネツィアは車を入れてくれないから、郊外の駐車場に入れてゴンドラの乗合船で市内に入り、リアルト橋のたもとで見つけたアルベルゴから徒歩で名所を見てまわった。ほかの街はすべて車が使えたので、教会と美術館を中心にして、主だった観光の目玉はだいたいもれなく見ることができたと思う。ただ、私はひとりで運転していたし、宿屋探しから交渉までひとりでしていたから、若いとはいえ結構たいへんだった。

あと、家族連れで車で出かけた主なところといえば、やはりパリだろうか。現在のパリだったら、いくら若くても自分で運転して市内に乗り入れる自信はまったくない。当時でも市内を乗りまわすのはたいへんだった。エトワールの放射線状の道路で、進入する道を間違えて完全に迷子になり、シャンゼリゼでウィンドウショッピングをしていた家内とまり子からはぐれて冷や汗をかいた。結局、リュクサンブール公園のすぐそばの一つ星の安ホテルに宿をとり、車はそこに置いて、地下鉄を使ってあちこち歩き回ることにした。それでも、当時のパリは現在と違って、まだ治安もそんなに悪くなかった。その後、何回パリへ行ったか数え切れないぐらいだが、あんなのんびりしたパリにはもうお目にかかれないだろう。シャルトル、アミアン、ランスなどの華麗なカテドラルを見て、ロマネスクやゴシックの教会建築にすっかり魅せられてしまったのもこの旅行の大きな収穫だった。ただ、私の教会趣味はその後どんどん時代をさかのぼって、もっと質素な初期ロマネスクの教会に集中することになるのだが、それはもっと後のことである。

帰国

こうして私の一回目の留学は終わりを迎えた。一九六三年の九月に、私たちは二年ぶりで京都の自宅に戻った。留学前の村上先生との約束通り、九月末で京都大学の助手を退職し、一〇月からは、留学前からパート医として勤務していた大津市の滋賀里病院で常勤医としてはたらくことになった。

ミュンヘンでとってきた運転免許証を日本の免許証に書きかえ（当時はそれがごく簡単にできた）、そのころ評判だったカブトムシに似たスバルの軽自動車を買い、滋賀里病院へは比叡山麓の山中越えで通勤することになった。

第四章　精神病院での五年間

1　滋賀里病院時代

「ともに老いる」ことのない患者

二年ぶりに滋賀里病院へ戻って非常に驚いたことがひとつある。当時はまだいまのように早期退院が叫ばれていなかったから、入院していた慢性分裂病の患者はほとんど二年前のままだった。その一人が、もとの主治医である私と二年ぶりに再会して最初に口にした言葉は、「先生、退院させてください」だった。この患者にとって、二年間のブランクは何だったのだろう。彼と私という二人の人間が共有しているはずの時間、時計やカレンダーの公共的な時間とは違って、親しい二人が「お久しぶり」という言葉を交わすときにふと流れるような時間、現象学者のアルフレート・シュッツが「ともに老いる」(zusammenaltern)と表現したところの時間[1]、そういう時間をこの患者は生きていない。これは私にとって痛烈な体験だった。私はそれ以来、分裂病患者の生きている時間という問題に切実な関心を抱くことになった。時間と自己がその成立の根源を等しくしているらしいという予想は、留学前に受け持ってドイツで論文にした離人症の症例から大体ついていた。

鬱病罪責体験の日独比較

滋賀里病院時代にまず手がけたのは、いうまでもなくミュンヘンでの調査と比較する日本人鬱病患者の罪責体験の調査であった。しかし日本の精神科には、ドイツのように鬱病患者がたくさん入院してこない。これは京大のような大学病院でもそうだったし、滋賀里病院のような単科精神病院ではなおさらだった。そこで、これもミュンヘンでの調査と同じように、京大と滋賀里病院の過去のカルテを調べて、なんとかミュンヘンの患者数とほぼ同じ約百名の鬱病患者を集めることができた。ミュンヘンの患者はほとんどがカトリック信者だったのに対して、日本人患者にキリスト教徒はいなかった。

留学前から予想していたように、罪責体験の出現頻度にはほとんど違いがなかった。日本人が四二％、ドイツ人が四一・三％である。ところが、患者が自分の罪を体験する様式には大きな差異が見られた。罪責体験の重要な構造契機として、自分の罪によってどんな価値が損なわれたかということがある。それが自己の内面的な「人としてのあるべきありかた」だったり道徳だったり神だったりする場合はこれを「自己志向的罪責体験」と呼び、それが他人との関係に関わる価値である場合はこれを「他者志向的罪責体験」と呼ぶことにすると、ドイツ人では前者が後者より多く、日本人ではが逆に後者が前者より多かった。

この違いは、患者が実際に述べたことばを見てみるともっとはっきりする。ドイツ人では、一見他者志向的に見える家族や職場の同僚に対する罪責体験ですら、自分の人間的・人格的な至らなさのために他者を不幸にしたという表現をとる。これに対して日本人の圧倒的に多くでは、自分が他人に迷惑をかけているということ自体が自分の罪として述べられる。自分が悪いことをしたから迷惑をかけた、というのではなく、周囲に迷惑をかけたから自分は悪いのだという論理がそこには見られる。テレビなどでしょっちゅう目にする「みなさまにご迷惑をかけて申し訳ありません」という日本人特有の謝罪の仕方が、この傾向を端的に表しているだろう。

私はこの比較調査の結果に鬱病者の罪責体験についての考察と日独の比較文化論を加えた論文をドイツ語で書き上げて、ドイツの代表的な精神医学専門誌に投稿し、受理された[2]。そしてこれを学位論文として京大医学部に提出し、一九六四年の一二月に医学博士の学位を授与された。

この論文はドイツだけでなく世界中から大きな注目を集めた。その当時まで欧米以外の文化圏での精神医学的な調査はほとんどの場合、欧米の研究者が現地研究者の協力のもとに、ということは翻訳

(1)　A・シュッツ『社会的世界の意味構成』佐藤嘉一訳、木鐸社、一九八二年、一四二頁。
(2)　B. Kimura: Vergleichende Untersuchungen über depressive Erkrankungen in Japan und in Deutschland. Fortschr. Neurol. Psychiat, 33/4; 202-215, 1965.

を介してでなければ行われてこなかった。欧米人以外の研究者が自分ひとりの手で、つまり単一の尺度で、欧米とそれ以外の文化圏との比較研究を行ったのは非常にまれなことだったのである。私はこれに気をよくして、この日独両国民の精神構造の差異を、主として和辻哲郎の『風土』を手がかりにして現象学的・文化論的に考察した二篇のドイツ語の論文を書いた(3)。この和辻の風土論は、実証的な立場からはいろいろと批判もあるのだろうが、さまざまな自然環境における人間の生き方とそこで形成される文化形態を結びつけ、しかもそれを西欧とはまったく異なった自然環境であるモンスーン地域に生きる日本人の目から見ているという点で、私には尽きせぬ想像力の源となった。西田から受けた影響とはまったく別の意味で、私は和辻からも実に多くのことを学んでいる。

「ドイツ語圏精神病理学の回顧と現況」

さて、これと並行して、もう一つ大きな仕事が待っていた。当時みすず書房から刊行中の『異常心理学講座』に「精神病理学の潮流（一）ヨーロッパ(4)」を執筆するように村上先生から言われたのである。ミュンヘン大学精神科の図書室にこもってせっせとタイプしてきたたくさんの文献が、思いがけず日の目を見ることになった。戦前のヨーロッパ精神病理学の流れから書き起こして（この部分には多少村上先生の手が入っている）、ヤスパース、ビンスヴァンガーとともに戦後に足を踏み入れた。そして当時ドイツで活躍していたクルト・シュナイダー、ミュラー＝ズーア、コンラート、キスカー、ペトリーロヴィチ、ヤンツァーリク、ヘーフナー、パウライコフ、クーレンカンプ、テレンバハ、マトゥセク、フォン・バイヤーなど、そういった大物たちの思索を丹念に跡づけてそこに一本のプロットを作って行く作業は、もちろん手間はかかるものの、実に楽しい仕事だった。

私はそれを書きながらこんなことを考えた。世界の精神病理学を満天の星空にたとえてみよう。だれとだれの立場が近いのか遠いのかで、いくつかのまとまった星座が描ける。それぞれの星座にはひときわ大きく輝く中心的な星があるだろう。私の書いている総説論文に顔を出す精神病理学者たちは、みな一等星以上の輝きをもっている。私も将来、どんなに小さくてもいい、せめて肉眼で見える程度の星として、どこかの星座のどこか決まった場所に居場所をもちたい。星を眺めるのが好きな人たちから、キムラという名前の星はあそこにある、と言ってもらえるように……。

大学で教職について研究を続けることを、私は当時すでに考えていなかった。滋賀里病院で患者を診ながら、大学病院では本当の精神病理学はできないのではないかと考えた。京大病院のような大きな精神科でさえ、やはり研究用の選ばれた患者しか本当には診療できていない。大学病院の外に出なければ精神障害の実体に触れることはできない。私が精神科へ入局した日に村上先生から言われたこ

（3）B. Kimura: Schulderlebnis und Klima (Fuhdo). Nervenarzt 37/9: 394-400, 1966.
B. Kimura: Phänomenologie des Schulderlebnisses in einer vergleichenden psychiatrischen Sicht. Bibl. Psychiat. Neurol 133: 54-65, 1967.

（4）村上仁・木村敏「精神病理学の潮流（一）ヨーロッパ――ドイツ語圏の精神病理学を中心として」『異常心理学講座』七、みすず書房、一九六六年（「ドイツ語圏精神病理学の回顧と現況」と改題して木村敏『分裂病の現象学』弘文堂、一九七五年、『木村敏著作集』五巻、弘文堂、二〇〇一年に収録）。

と、精神病理学とは臨床のことだというその言葉を、私は思いだしていた。臨床だったら、つまり精神病理学だったら、大学の研究室にいなくてもできるのではないか。ビンスヴァンガーが早くに父を失って、父のサナトリウムを継ぐために大学病院を離れ、しかも現存在分析という大きな星座の中心に位置してあれだけ立派な仕事をしたのが、私にとってのひとつの理想だった。「ビンスヴァンガーがどこにいるにせよ、彼のいる場所がどこでも大学だった」と言った人がいる。私も、自分のなかに「大学」をもちたい、という希望を抱いていた。

「精神分裂病症状の背後にあるもの」

私はやはり精神分裂病の論文を書きたいと思った。精神科医になったときから、そして慈恵中央病院で患者と日常生活を共にしていたときから、私は自分の生涯の仕事の場を分裂病の精神病理学に見定めていた。ちょうどそのころ村上先生の開講十周年の記念論文集が編まれることになって、私もなにか書かねばならなかった。私は思いきって分裂病論を書くことにした。[5]

私はそれまでの数年間の臨床経験から、分裂病というのは、自己がほかならぬ自己として「個別化」することを可能にするような原理、いわば「個別化の原理」そのものが危機に瀕している状態であると見ていた。そしてこの個別化の原理は、ハイデガーが現存在を「死に向かってあること」として捉え、「死」とは「もっとも自己自身のものであり、他人との関係を絶していて、その先へ行くことのできない可能性」(die eigenste, unbezügliche, unüberholbare Möglichkeit) だと述べていることと、深い関係があるのではないかと考えていた。個々の人間は、自他の区別のまだ生じていない「種」の一員としての存在から、ほかならぬ自己自身の死を内に含んだ歴史的存在としての自己を自覚することによって、その個別化を達成している。そして分裂病では、この種的存在としての人間が個的存在としての自己にまで個別化する過程それ自体に危機的な問題が生じているのではないかと考えた。これはまさに、それから四十数年後の現在、私が考えていることそのものである。

個別化の原理を脅かされて、自己が自己としての十分な自覚に達しえないでいる分裂病者は、他者との自然な対人関係に安住することができず、日常の世界との交わりにおいて「自然な自明性の喪失」を感じている、と私はこの論文に書いた。ここで私が用いた「自然な自明性の喪失」という概念は、私が二回目の留学でハイデルベルクへ行ったときに識りあったヴォルフガング・ブランケンブルクが、のちにその著書 Der Verlust der natürlichen Selbstverständlichkeit(6) の題名として用いた表現そのままである。これは、二人ともビンスヴァンガーの「経験の非一貫性」の概念を踏まえていることから見て不思議なことではないのだけれども、次章以下で立ち入って述べるような彼と私の思想的同型性を如実に物語っていて興味深い。

もう一つ私がこの論文で力点を置いたのは、分裂病のいわゆる「直観診断」を可能にしている、患

(5)　木村敏「精神分裂病症状の背後にあるもの」『哲学研究』四三巻三号（四九七号）二五五〜二九二頁、一九六五年（『分裂病の現象学』弘文堂、一九七五年、『木村敏著作集』一巻、弘文堂、二〇〇一年）。

(6)　W. Blankenburg: *Der Verlust der natürlichen Selbstverständlichkeit. Ein Beitrag zur Psychopathologie symptomarmer Schizophrenien.* Enke, Stuttgart 1971.

者の人間的印象だった。これは、ビンスヴァンガーもはっきり述べているように(7)、精神科医が自分の感じに頼って（nach dem Gefühl）「主観的」に推測する診断ではなく、むしろ精神科医が積極的に自分自身の感覚を道具にして（mit dem Gefühl）患者から見て取る「まったく特定の」人間的印象、つまり精神科医の自己が患者の自己に触れたその瞬間に、両者の界面現象として成立する印象である。それを医学的な意味での診断に用いるか用いないかとは関係なく、分裂病者は自分の対面している相手にいつもこの特定の印象を与えている。つまりこれは、自他関係というすぐれて人間的な営みの根幹に関わる、人間学的・現象学的な所見なのである。この所見をはっきり見て取るためには、精神科医は自分自身の「自覚」を研ぎ澄まして、患者の「分裂病」を彼と私たちとの「あいだ」という場所の出来事として感じとらなくてはならない。私は、このような見地に立つ私自身の精神病理学を「自覚的現象学」と呼ぶことにした。

ビンスヴァンガーがハイデガーの現存在分析論を踏まえて彼自身の現存在分析を構想したように、私は自分の自覚的現象学の基礎に西田哲学をおこうと考えた。ビンスヴァンガーを翻訳するために辻村先生からハイデガー哲学を教わり、そのいわば余得として西田哲学にも目を見開かされ、ミュンヘン留学に西田全集を持参した私にとって、これはいってみればごく自然な成り行きだった。

ところがこの論文を書いていたころの私は、まだ三十代はじめの若造だった。西田へののめり込みは私の文章まで変えてしまった。そもそも西田の書くものは、小林秀雄その他の識者が指摘しているように、およそまっとうな日本語として読めたものではない奇怪な文体をもっている。私のこの論文も、いまの私が読めば思わず目を伏せてしまいそうになる、気負いに気負った文体で書かれている。しかし文体のことはともかく、私の分裂病論の処女作として書かれたこの論文には、その後半世紀にわたって私が書き連ねてきた分裂病論のすべてが、文字通りすべてが、凝縮されている。だれが言ったのだったか忘れたが、西洋哲学のすべてがプラトン哲学に対する注釈だと言えるとするなら、私のその後五十年間の著作のすべてはこの一編の論文に対する注釈だと言ってよいのではないか。

この論文は元来、村上先生の開講十周年記念論文集のために書き始めたものだった。ところがその内容があまりに哲学的になったのと、あまりに大部の論文になったのとの理由から、これは独立の論文として哲学の専門誌『哲学研究』に投稿することにした。分裂病論の処女論文を哲学の雑誌に載せたということも、私の将来を暗示しているのかも知れない。

元の誕生

一九六四（昭和三九）年も押し詰まった一二月二八日に二人目の子どもが誕生した。長男の元《げん》である。家内は実はその前にミュンヘンで一回流産をしているのでずいぶん心配したのだが、幸い順調な経過で安産だった。まり子はもう五歳になって幼稚園へ通園していたし、なにしろ自宅に隣接する家内の実家には人手が多かったので、育てるのは楽だったと思う。元の生まれる六日前に医学博士の学位をもらったばかりだったし、分裂病論もだいたい書き上げていたし、いい

---

(7)　L. Binswanger: Welche Aufgaben ergeben sich für die Psychiatrie aus den Forschritten der neueren Psychologie? (1924), In: *Ausgewählte Vorträge und Aufsätze* II, Bern 1955.

ことずくめの年末だった。

2　水口病院時代

滋賀里病院から
水口病院へ

翌一九六五年の九月に、私は非常勤と常勤を合わせて七年間勤めていた滋賀里病院から、同じ滋賀県下の水口町《みなくち》(現在の甲賀市)にある、水口病院というやはり私立の単科精神病院に、副院長として勤務することになった。それは、滋賀里病院時代にいろいろ教えていただいていた大阪医大の満田教授が水口病院の顧問もしておられて、この満田先生が村上先生に依頼された人事だったらしい。

この転勤はひとつ非常につらい思い出を伴っている。滋賀里病院で私が熱心につき合っていた若い男性患者の病状が、私の転勤がきまってから急に悪化して、私が水口病院へ移った直後に自殺してしまったのである。妄想型分裂病の病像で入退院をくりかえしていたが、人格水準の低下はほとんど見られず、絵を描くのを趣味にしていた。私が滋賀里病院を離れる日に、彼は最近描いたという大きな油絵を私にくれた。琵琶湖の北端に近い海津大崎から竹生島を眺めた風景だったが、全体に陰鬱なトーンで、それを見たときに危険を予知できなかったのが、なんとも残念で仕方がない。この絵はいまも私の手許にある。

分裂病者の自殺を予知することは非常に難しい。それは、一般に自殺というものは、自分の耐えられない人生から、つまりは自己自身の存在から逃れようとする例外的な状況下での試みだとすれば、分裂病者の自殺はそれとは逆に、自己の実現を求め続ける患者の人生そのものの、とくに例外的とはいえない投企のひとつだからということができる。さきに書いたように、死は窮極の個別化を可能にしてくれる。人間学的な精神病理学者たちがその著書で詳しく論じている分裂病者、ということはつまり彼らがそれだけ熱心につき合っていた患者に自殺例が少なくないことも、それと関係があるのに違いない。ビンスヴァンガーの症例エレン・ヴェスト、ブランケンブルクの症例アンネがその代表である。

水口病院は滋賀里病院よりもずっと大きく、四百床ほどあっただろうか。ほとんどが慢性の長期入院患者だった。しかし医師数は極端に少なくて、いちばんひどいときには医師一人の受け持ち患者数が百数十人ということすらあった。これでは医療などできるはずがない。副院長としての最初の仕事は、オーナーである院長を説得して、京大病院から若手の医師を何人か補充することだった。

若手医師に勤務してもらう以上、臨床面だけではなく勉強の面でも、彼らをきちんと指導しなくてはならない。私は医局で英独仏三ヶ国語の読書会を開くことにした。英語はサリヴァンの『対人関係の学としての精神医学』を、ドイツ語は私自身が購読していたドイツの専門誌に掲載される精神病理学関係の論文を読むことにしたのだが、問題はフランス語だった。

私自身を含めて、医局員のだれひとりとしてフランス語のできる人はいなかった。しかしその当時の京大精神科は村上先生のもとでフランス色の濃い精神医学を看板にしていたから、そこから医局員をあずかる以上、やはりフランス語も読めるようにするのが先輩医師の責任だと私は考えた。英語とドイツ語ができるのなら、同じヨーロッパの言葉であるフランス語に歯が立たないはずがない。それと私自身は、前に書いたように家内が福沢アクリヴィ先生にフランス歌曲を教わっていたときに伴奏についていって、フランス語の発音だけは「門前の小僧」よろしく身に付いていたから、フランス語とまったく縁がないわけでもなかった。私たちはアンリ・エーの『エテュード・プシキアトリク』をテキストにして、辞書と文法書の両方と首っ引きで、一語一語、暗号解読さながらに読み解いていった。

いまから考えると、この「チーチーパッパ」のフランス語読書会が私自身のフランス語読解力の上達にどんなに役に立ったか、計り知れないものがある。私はフランス語を正式に習った経験がまるでない。それなのに、いまではデリダ、ドゥルーズ、ラカン、レヴィナスといった難解をもって知られるフランス語の専門書をなんとか原語で読みこなしているし、私自身の著書が二冊、フランス語に翻訳されたときには、その翻訳者たちと逐語的に議論を交わしながら、その翻訳をオーソライズする作業もこなした。水口病院での読書会は、なによりもまず私自身の勉強に役立つ場であった。

水口への転居

水口病院への通勤には、最初は相変わらずスバルの軽自動車を使っていた。しかし京都から水口まで、その当時で何時間かかっただろうか。名神高速はまだできていなかった。大型のトラックがひしめく国道一号線の往復である。鉄道で行こうとしても、水口には駅がない。東海道線の草津で草津線に乗り換え、貴生川で下車してさらにバスに乗らなくてはならない。

一年あまり京都からの通勤を続けたあげく、私はとうとう水口に住むことを決心した。水口病院はその敷地のなかに何戸かの医員住宅をもっていた。その一軒がわが家となった。一九六六年の春、まり子の小学校入学に合わせて引っ越した。元は一歳を過ぎてもうよちよち歩きをしていた。すぐ目と鼻の先にある病棟の女子患者たちに可愛がってもらい、病棟で何時間かすごしたこともしょっちゅうだった。

非定型精神病の脳波

水口病院は多忙だったが、忙しいときほど多産になる傾向が私にはある。多忙に触発された軽躁状態だったのかもしれない。この時期に二つの大きな論文を書いている。しかも、両方とも厳密な意味での分裂病論ではない。話題がひろがるのも軽躁状態の特徴のひとつである。

そのひとつが「非定型精神病の臨床像と脳波所見の関連に関する縦断的考察」である。(8) 非定型精神病というのは、分裂病症状と躁鬱病症状が複合し、それに意識障害が加わってきわめて多彩な病像を形成する急性の精神病で、従来からその診断や疾病分類をめぐる活発な議論が絶えなかった。私の私淑していた満田先生が、臨床遺伝学的な研究から、これが分裂病・躁鬱病・癲癇《てんかん》という三つの疾患の

(8)　木村敏「非定型精神病の臨床像と脳波所見の関連に関する縦断的考察」『精神神経学雑誌』六九巻一一号、一二三七～一二五九頁、一九六七年（木村敏『直接性の病理』弘文堂、一九八六年、『木村敏著作集』五巻、弘文堂、二〇〇一年）。

交叉点に位置するという見解を出されたことについては、すでに触れた（七六頁以下）。この病気に癲癇の機制が関与しているという指摘は、世界的に見て他に例を見ない非常にユニークなものである。日本では、この病気の患者に脳波異常が高率に認められるという報告も出ていた。水口病院にはこの病気の患者がたくさんいた。この病気は遺伝傾向が高いことで有名だが、どうやら滋賀県の農村部にはこの病気をかかえる近親婚の地域がいくつかあるらしかった。

当時、水口病院には脳波の装置はあったが、それを使いこなせる検査技師はいなかった。ちょうど、私はミュンヘンでクーグラー氏から脳波を学んで、脳波というものは主治医が自分で脳波室に入って観察しなくてはいけないという教訓がまだ頭に残っていたころだった。私は自分の手で患者の頭部に電極を貼りつけ、自分で脳波計を操作して記録をとった。非定型精神病の患者は興奮が激しいから、もし技師に検査を頼んでいたとしたら、おそらく脳波は記録できなかっただろう。脳波室の中でも患者と主治医が一対一で会話を交わし、患者に安心感を与え続けることによって、ようやくかなりの数の脳波記録がえられることになった。

こうして検査を繰り返しているうちに、私はひとつの不思議な事実に気がついた。患者のなかに、重篤な精神病状態のときには脳波にあまり乱れを示さないのに、病状が落ち着いてくると激しい脳波異常が出現するような人がかなりたくさんいたのである。この異常脳波は脳の一部に限局されたものではなく、脳全体の電気活動の不安定さを示す「中心脳性」と呼ばれるタイプのものだった。つまりそれは癲癇の場合でも、外傷などに起因する後天的な癲癇でなく、当時は「真性癲癇」と呼ばれていた先天的で内因性の癲癇に特有の脳波像だった。

ちょうどそのころ外国の文献で、精神病患者に電気ショック療法をおこなって人為的に癲癇発作を起こさせた場合、発作後に明確な脳波異常が出現して、それが長く続く症例のほうが、そうでない症例よりも電気ショックの治療成績がいい、つまり精神病が速く消褪するという報告が出ているのを見つけた。この事実を私流に解釈すると次のようなことになる。ある精神病像の基盤を構成する潜在的な要因として癲癇性の機制が加わっている場合、それを電気ショックによって急激に顕在化してやると、その精神病全体がいわば癲癇へと収斂して、異常体験や行動異常は収まってしまう。表面症状を慢性の精神病から急性発作性の癲癇へと「読みかえて」やることによって、基礎的な変化を早く終わらせることができる。私の治療していた非定型精神病患者で、精神病像の寛解期に激しい脳波の乱れを示した症例は、いってみれば自然の経過の中でこの「読みかえ」が行われていたのではないか。

この解釈は、ある種の癲癇患者にときに見られる「強制正常化」の現象によって逆の方向から裏づけられる。「強制正常化」というのは、抗癲癇薬を使って癲癇患者の発作を抑え、その脳波を無理に正常化してやると、発作が収まるかわりに精神病症状が出現してくるという現象である。いわば電気ショックの場合とは逆の、癲癇から精神病への「読みかえ」が起こったのだと見ることができる。

非定型精神病の最大の特徴はその周期的な反復である。寛解期に脳波異常を来した患者が精神病を再発すると、脳波は逆に再び正常に戻る。精神病症状と脳波異常とのこの交替現象を、私はこの論文で「シーソー現象」と名づけた。

この「シーソー現象」の発見は、当時かなり大きな注目を集めた。それからしばらくのあいだ、私の書いたいろいろな論文の中でもっとも引用頻度の高かったのはこの脳波論文だった。精神病理学や分裂病論での私の仕事をまったく知らない人ですら、「シーソー現象」という名前は知っていた。ごく最近も、私の所属する日本精神神経学会が、その機関誌『精神神経学雑誌』の企画として、この雑誌に過去に掲載されて話題になった論文を何編か取り上げ、その著者にあらためて現在の立場から昔の自分の論文を振り返ったコメントを書かせるということをしているが、それに選ばれた私の論文は、数ある精神病理学論文ではなく、この「シーソー現象」の論文だった(9)。

この研究は私自身にとっても、脳波を用いた「余技」のようなものではけっしてない。いつもいうことだが、われわれが臨床的に目にする精神病の症状というものは、その精神病を引き起こしている「基礎的危機過程」とは全く別の次元にある現象である。それはいわば、耐えがたい危機過程にさらされた患者が、その身体機能を（とくに脳の機能を）活用して応急的に示している生体防衛反応のようなものだと考えることができる。精神病症状というのは、そのような応急反応としてはかなり効率の悪い、しかも現代の社会では隔離と拘束を身に招きかねない下策だといえるのではないか。それに対して癲癇は、意識の喪失と全身の激しい発作という、場合によっては致命的にもなりかねない危険と引き換えではあるけれど、ある意味でもっともラディカルな解決策と見ることができる。禅仏教がいう「大死一番乾坤新なり」を地で行くとでもいえようか。乾坤《けんこん》とは世界のことである。そういえば癲癇発作はしばしば「小さな死」にたとえられる。癲癇性の素因を遺伝的に身におびている「多症状性」の非定型精神病の患者が、癲癇素因を持たない「寡症状性」の分裂病の患者とくらべて、そのつど簡単に危機を脱出することができるのもそのためかもしれない。

家族否認症候群

もう一つの大きな仕事は、私自身がそう命名した「家族否認症候群」に関する論文である。[10] この論文を執筆したのは私自身だが、ここに記載した各症例の主治医にも共著者になってもらっているので、期せずして当時この病院に京大から派遣されていた若手医師たちが顔を揃えていることになる。

昔から、分裂病に出現しやすい誇大妄想のひとつとして「血統妄想」というものが世界中で記載されてきた。これは患者が、自分は本当は皇室や王家の生まれだったり富豪の隠し子だったりして、自分の両親とされている人物は実の親ではなく、自分を預かっているだけの育て親にすぎない、と主張する妄想である。しかし第二次世界大戦の戦後頃から、皇室、王家、財閥などの社会的地位が相対的に低下したためか、血統妄想の出現頻度は全世界的に以前より少なくなっているように思われる。

ところが日本では、血統妄想のような誇大的色彩をあまり伴わないで、単に自分の親は実の親ではないといって自分の出自を否認することだけを中心主題とする妄想が、最近になってもまだかなり頻

(9)　木村敏「シーソー現象再論」『精神神経学雑誌』一〇七巻二号、一一三～一一七頁、二〇〇五年。
(10)　木村敏・坂敬一・山村靖・浅見昜・吉川義和「家族否認症候群について」『精神神経学雑誌』七〇巻一二号、一〇八五～一一九六頁、一九六八年（『木村敏著作集』五巻、弘文堂、二〇〇一年）。

繁に見られる。症例によってはこの両親否認が二次的に誇大化して古典的な血統妄想のかたちをとるものもあるけれども、逆に自分は本当は貧困家庭や被差別部落の出身だと主張するような症例もある。また、場合によっては、学歴や現実の配偶者との結婚の事実を否定して、自己の来歴とされている事実のすべてを否認するような症例もあるし、もっと極端な場合には、自分の戸籍が改竄されたと思いこむ症例もある。

私はこのような両親否認あるいは来歴否認の妄想を抱く患者を何人か診ているうちに、それがほとんど法則的と言ってもよい仕方で、これもやはり以前から精神病理学が関心を向けてきた二つの症状、つまり「替え玉妄想」と「恋愛妄想」という二つの症状と結びついていることに気がついた。「替え玉妄想」というのは、目の前の人物がその人本人ではなく、別の人物の替え玉あるいは変装だという妄想である。これはさらに二つの、形式上反対の方向をもつ体験に区別される。そのひとつは、家族や友人といった自分の熟知している人物が、姿かたちは本人そっくりなのに実はその人ではない、いつの間にかその人と瓜二つのコピーにすり替わってしまっていると思いこむ妄想で、この症状を最初に記載した精神科医の名前を取って「カプグラの錯覚」と呼ばれる。もうひとつは、はじめて会った人が実は自分のよく識っている人物の変装だと思う妄想で、これは舞台上での早変わりを得意にしていたイタリアの俳優の名前を借りて「フレゴリの錯覚」と名づけられている。そのほか頻度はずっと少ないけれど、患者が自分自身のことを「本物の自分ではない」「どこか遠いところにいる本当の自分のコピーだ」などと言う「自己替え玉妄想」、あるいは自分の「分身」が何人もいるという「自己重複体験」が見られることもある。

家族否認妄想に、替え玉妄想とくにカプグラの錯覚がほとんど必須ともいえる重要な成分として合併していることは、簡単に理解できる。自分の家族的来歴を真実ではないとして否認するためには、自分がこれまで接してきた両親その他の家族が、場合によっては隣近所の知人や友人まで、実物ではなくて偽物だと考えるのがいちばん手っ取り早いからである。本物が偽物にすり替わるのは、もちろん患者にとって重要な人物であることが圧倒的に多い。人間にとって世界とは、なによりもまず対人関係の世界なのだから。しかしときには人物ではなくて患者の身辺の品物が「本物性」を失って、そっくりのまがい物にすり替えられることもある。自宅全体や自分の部屋が以前とどこか違うという体験も、当然出現しうる。ずっと後のことになるが、長井真理がこのような物品のすり替わり体験について報告している。(11)

家族否認妄想に合併することの多いもう一つの重要な症状は恋愛妄想である。恋愛妄想というのは、だれかが自分を愛してくれていると思いこむ妄想で、パラノイアの主要症状として独立に出現することも多い。家族否認妄想の一契機として出てくる場合には、パラノイアのときのような純粋な形を取らないことが多く、この場合には「恋愛妄想」というより「受動的な愛を主題とする妄想」とでも呼んでおいたほうがいいかもしれない。愛ではなく、高貴な身分とか富裕な生活とかが主題になる場合

(11)　長井真理「物の〈すりかわり〉体験について」『臨床精神病理』四巻、一〇九～一二四頁、一九八三年。

も当然あっていい。従来数多く記載されていて最近は減少傾向にある「血統妄想」は、家族否認にこのような願望が加味されたものと解釈できるかもしれない。いずれにしてもここで問題となるのは、願望の空想的な実現を主題とする妄想である。

家族否認妄想と替え玉妄想と願望充足妄想、この三つはこのように密接な意味連関をもって共存していることが多いので、私はその全体を「家族否認症候群」あるいは「来歴否認症候群」と名づけることを提案した。昔から、一つの「症候群」としてまとめられる病像が三つの主要症状から構成されている場合はこれを「トリアス」（三主徴）と呼ぶのだが、家族否認症候群のトリアスは、その時間的位相の観点から見ると特別な相互関係をもっていると言うことができる。つまり患者は親や家族や戸籍を否認することによって自分の過去を改変し、目の前にいる人物や物の真正さを否定することによって現在を変更し、願望の充足を信じることによって未来を変えようとしている。われわれにとって、人生は過去・現在・未来という三つの時間位相から成り立っているとするならば、この妄想症候群は、人生をその全位相にわたって読み替えようとする意図によって構築されている、と見ることができる。つまりこれは、宗教的な「回心」（メタノイア）にもくらべられるような、人生の全面的な「意味変更」（メタノイア）なのである。

人生をひとつの物語と見れば、それはさまざまに入り組んだストーリーによって構成されている。しかし物語論では、表面的な事件を時間的な前後の順に並べたストーリーとは別に、そういった事件を裏から操作してそこに意味連関を成立させているところの、それ自体は表に出ない隠されたプロットが問題になる。ストーリーを「すじ書き」とすれば、プロットは「すじ立て」だと言ってよいだろう。このplotという英語が、物語のすじ立て以外に、陰謀とか策略とかの意味を持っているのは興味深い。

家族否認症候群は、患者が自らの人生の過去、現在、未来を改変しようとして構築する妄想的なストーリーである。しかし患者にそのようなストーリーを構築させた背後にあるのは、自分にとって受け入れがたい人生の意味を根本的に変更したいという、メタノイア的な願望であるだろう。これがこの症候群のプロットである。ストーリーの観点から見れば、親や家族を否認する家族否認妄想と親しい人物の真正さを否定する替え玉妄想があくまで主役だし、実際の臨床でもこの二つの妄想症状が前景に立つ。しかしプロットの観点から見るなら、恋愛妄想の場合以外はあまりまとまった妄想症状のかたちをとらない三つ目の契機、つまり願望充足の動機こそ全体を動かしているのだと言うことができるだろう。

この症候群でもうひとつ問題になるのは、その第一の契機である純粋な（血統妄想のような誇大化を伴わない）両親否認が、日本ではこれほど数多く見られるのに、欧米ではほとんど見られないらしい点である。だからこの症候群は、私が言い出すまで、精神医学的な症候群として特定されてこなかった。その一つの説明として当然考えられるのは、日本と欧米の家族意識の違い、自己の同一性を構成する契機としての家と個人の重要性の違いだろう。日本では、結婚式のような人生で最大の行事においてすら、誰某と誰某との結婚式ではなく何家と何家の結婚式という。同じこの違いは、ファミリー・ネームとファースト・ネームにまつわる彼我の意識のずれにも見てとれるだろう。日本人は家族以外の人からファースト・ネームで呼ばれると、なんとなく目立ちすぎるような気がしてしっくりこないのである。

欧米の論文をいろいろ探索して純粋な家族否認症候群の記載が見つかったのは、たったひとつミュラー＝ズーアの論文だった。[12] このミュラー＝ズーア氏とは二回目の留学のときに親しくなって（一六三頁参照）、彼の六〇歳記念論文集にこの症候群についてのドイツ語論文「妄想的来歴否認とその文化人類学的意味」を載せている。[13] また、さらに最近のことだが、精神科医と哲学者と心理学者が集まるＰＰＰ（psychiatry, philosophy, psychology）という国際学会が二〇〇〇年にニースで開かれたときの講演「人生の意味と自己性」でも、この症候群を扱った。[14]

私が水口病院へ転任したばかりの一九六五年一〇月に、Ｖ・Ｅ・フランクルが来日した。ウィーンで彼の自宅を訪問して以来の再会である。京大精神科での講演で通訳をつとめたほか、京都の町を二日間案内した。

二回目のドイツ留学へ向けて

やはり水口病院在職中の一九六七年、当時ハイデルベルク大学の精神科にいたフーベルトゥス・テレンバハ夫妻が来日した。彼は内因性の単極鬱病、つまり彼のいう「メランコリー」の研究者として知られ、一九六一年に初版の出たその著書『メランコリー』は、いちはやくわが国にも紹介されて、大きな反響を呼んでいた。なかでも京大精神科で私の数年先輩にあたる平澤一さんがその著書のなかで、テレンバハがメランコリーの病像を生み出す独特の性格類型として取り出した「メランコリー親和型」の病前性格と、わが国の下田光造が以前に躁鬱病の病前性格として提唱した「執着気質」との類似性を指摘したことで、テレンバハ自身も日本に対して特別な親近感を持っていた。

テレンバハはこの著書以前にメランコリー性の離人症を扱った論文も書いているし、著書『メランコリー』でもっとも力点を置いているのが罪責ないし負い目の体験であったから、私がドイツの雑誌に発表した離人症論文や日独の罪責体験の比較論は当然読んでくれていた。初対面のとき、彼は私が「まるで学生のように」若いのに驚いたらしい。日本滞在中に各地で開いた彼の講演会に通訳として同伴して、すっかり親密になった。彼は私に、ぜひもう一度ドイツへ、それもハイデルベルクへ来るように、その奨学金は全部こちらで工面するから、と言ってくれた。

当時のハイデルベルク大学精神科は、ドイツにおける人間学的精神病理学の主唱者として「出会い」の概念を精神医学に導入したフォン・バイヤーが主任教授であり、その下にテレンバハをはじめ、

(12)　H. Müller-Suur: Das Gewißheitsbewußtsein beim schizophrenen und beim paranoischen Wahnerleben. Fortschr. Neurol. Psychiat. 18; 44, 1950.

(13)　B. Kimura: Über die wahnhafte Herkunftsablehnung und deren kulturanthropologische Bedeutung. In: *Die Wirklichkeit des Unverständlichen*. Nijhoff, Den Haag 1974.

(14)　B. Kimura: Sens de la vie et ipséité. Etude phénoménologique du déni de l'histoire de la vie. Dans: *Phénoménologie de l'identité humaine et schizophrénie*. Collection Phéno, Puteaux 2001.

分裂病論ではキスカーやヘーフナーなど、当時の錚々たる精神病理学の論客がそろっていた。彼らの仕事は私にとってすでにミュンヘン時代から親しいものなっていて、帰国後に書いたドイツ語圏精神病理学の展望論文でも、とくに力を入れて紹介したものばかりだった。

それともうひとつ、私にとってハイデルベルクが魅力的だったのは、そこの神経科にはヴァイツゼカーから直接に教えを受けた癲癇学者のディーター・ヤンツがいることだった。従来の教科書には、癲癇患者の性格として、粘着性が強く回りくどい、しかもときどき爆発的な攻撃性を示す、いわゆる「類癲癇性格」が記載されているだけだった。ところがヤンツは、それとは正反対の、人なつっこくて天真爛漫な、子どものまま大人になったような性格を記載し、発作回数の少ない内因性の真性癲癇（彼のいう「覚醒癲癇」）には、むしろこの性格のほうが多いことを見出していた。

テレンバハ

私が水口病院で「シーソー現象」を確認した非定型精神病の患者たちは、例外なくこのヤンツの見出した性格特徴を持っていた。私は、従来から「類癲癇性格」として記載されてきたものは、頻回の癲癇発作を起こした患者が後天的に獲得する二次的な産物ではないか、臨床的な発作を起こさないで遺伝的に癲癇素因だけをもっている非定型精神病患者の性格としては、ヤンツが発作回数の少ない覚醒癲癇患者で見出したような、子どもっぽく愛くるしい特徴のほうが一般的なのではないかと考えていた。

私はフンボルト財団の「講師奨学金」を出願することになった。形式的に出願書類を整えただけのフリーパスで、月額一七五〇マルク（約一七万円）というかなり高額の奨学金をもらえることになった。

二度目の留学が本決まりになったのは一九六八年の秋ごろである。そのころ日本各地の大学は、その年の五月にパリで始まった反体制的学生運動、いわゆる五月革命と連動するかたちで、大荒れに荒れていた。東大の安田講堂占拠事件をはじめとする全学連闘争はすぐに京大にも波及し、六九年の一月には時計台での激しい攻防戦が繰りひろげられることになる。

それと同時的に、精神病者を「狂人」として社会から隔離してきた従来の精神医学に対する異議申し立てが、哲学者のフーコーや精神科医のレイン、クーパーらに先導されて、欧米諸国で「反精神医学」の嵐を巻き起こしていた。これもたちまち日本に波及した。ことに日本では、戦前からの精神保健行政の貧困さが災いして、多くの民間精神病院はひたすら精神病者を隔離拘束する収容所となり、大学病院の精神科は少数の選ばれた患者だけを研究対象として観察する実験施設に化していた。しかも大学病院での研究は、当時すでに巨大産業となっていた製薬会社から金銭的援助を受けて、清貧の志を捨て去ってしまっていた。東大と京大をはじめとして全国の大学病院の若手医師たちは、封建的な医局講座制に対する不満とこの反精神医学運動、反産学協同運動をリンクさせ、状勢は一触即発の緊張をはらんでいた。

私がハイデルベルクへ旅立ったのは、このような嵐をはらんだ状況下であった。六九年一月末、あと半月で三八歳というときのことである。とりあえず私一人が出かけて、住む場所が見つかったらすぐに家内と子ども二人を呼び寄せるということにした。前回ミュンヘンへ行ったときは京大の助手の身分のままだったので、留守中の家族の生活はその給料でまかなうことができた。今回は水口病院を退職して、完全に無職となって行かねばならない。最初から家族全員でドイツに住む以外に生活のめどが立たなかったのである。一応はやはり二年間の予定だったが、帰国後どうするかも皆目わからなかった。しかし家内も私も元来が楽天家だからなのだろう、とくに大きな不安は感じなかった。

大学には戻らないという、ミュンヘンから帰国したときに固めた決心はそのままだった。私は村上教授に、こんど帰国したらどこか公立の病院に勤務したいという希望を伝えておいた。私立の精神病院はもうやめにしたいという気持が強かった。

第五章　二回目のドイツ留学

1　ハイデルベルク大学精神科

アルトルスハイムの寓居

フンボルト財団の講師奨学金は一般の奨学金よりやや多かったとはいうものの、二人の子どもをかかえた一家の生活費としては十分でなかった。それに、ハイデルベルクはドイツでも家賃が高いことで知られていた。私たちは市内に住むことを最初から諦めて、車で通勤できる近郊で住居を探した。そして、ハイデルベルクから西へ向かって音楽祭で有名なシュヴェツィンゲン宮殿の前を通り、さらに西へ進んでライン川のすぐ手前に位置するアルトルスハイムという小さな町に恰好の住居を見つけることができた。その町からライン川をはさんだ対岸には、シュパイアーという比較的大きな街がある。そこの大寺院は、歴代の神聖ローマ帝国皇帝が眠っていることで名高い、ドイツ有数のロマネスク式教会である。

アルトルスハイムは、町というより村といった方がいいような、ごく小さな田舎町である。私たちが借りたのは、老夫婦が住む一戸建ちの家の二階全部で、道路に面したかなり広いリヴィングルーム、夫婦の寝室、子ども部屋、それに浴室と台所がついた、私たちの身分としては上等の住居だった。大学に通うには車が不可欠だったし、前回のミュンヘンでも車があったおかげで留学生としてはずいぶん贅沢な旅行を楽しむことができたので、今回も最初から車をもつことにして、ドイツ・フォードのタウヌスという乗用車の中古を買った。車で大学まで約二〇分だった。

まり子は小学校三年だった。ミュンヘンで幼稚園に通った経験はあったが、ドイツ語はすっかり忘れていたから、最初は一年生のクラスに入れ、すこし慣れてから三年生のクラスに移してもらった。まり子のドイツ語の習得力はめざましかった。向こうでも耳で聞いた単語を文字に書く、書き取りのテストがあって、それにはいつもトップの成績を取っていた。ドイツ語にはdとかgとか、濁音でも清音でも発音する子音がいくつかあったり、子音がたくさん複合していたりして、大人でもスペルを間違いやすいのに、それをちゃんと書き取っているのには驚いた。

元は幼稚園に通わせた。やはりドイツ語はすぐに覚えた。毎日どんどん新しい言葉を拾い集めてくる、という感じだった。言葉はコミュニケーションのために不可欠な道具であって、頭で覚えるものではないということをあらためて実感させてくれた。だから子どもは言葉を身につけるのが早いかわりに、いったん必要がなくなると忘れるのも早いのだろう。二年間暮らしているうちに、まり子も元も、言葉ではほとんど不自由しないようになっていた。

ハイデルベルク大学の精神科

ハイデルベルク大学の精神科はミュンヘンの精神科同様、あるいはそれ以上に伝統と格式を誇る精神医学教室である。歴代の主任教授には、クレペリーン、ブムケ、クルト・シュナイダーなどが名を連ねているし、のちに哲学者になったカール・ヤスパースも若いときはここで助手をしていて、その間に有名な『精神病理学総論』を書いた。私がいた当時の主任教授は、ドイツ人間学派の中心人物の一人だったフォン・バイヤー（一九〇四～八七）で、オーバーアルツトにはいずれも教授の称号を持ったテレンバハとヘーフナーがいて、そこへ私よりしばらく前にブランケンブルクも加わっていた。ミュンヘンと違ってここの精神科は以前から神経科と分離して、純粋に精神医学だけをやっていた。神経科の主任教授はヴァイツゼカー門下だったパウル・クリスツィアーンで、その下に癲癇学のヤンツがいたが、このヤンツはテレンバハと深い親交をもっていた。また、これもヴァイツゼカーの影響の濃い独立の心身医学部門があって、やはり人間学派のブロイティガムが主任教授をしていた。

フォン・バイヤー

精神科には私よりひとあし先に東京医科歯科大学から宮本忠雄さんが、やはりテレンバハに招かれて留学していた。ビンスヴァンガーの『精神分裂病』の共訳者である。私はハイデルベルクに着いた最初の二週間、住居が見つかって家族と同居できるまでのあいだ、宮本さんの住まいに居候させてもらった。宮本さんと私の二人は、当時はまだ助手のアルフレート・クラウス氏が病棟医長を務める病棟に配属された。クラウス氏はテレンバハの愛弟子で、鬱病の発病状況論に独自の役割理論を導入した人である。

病棟に配属されたといっても、宮本さんや私のように講師奨学金をもらっている留学生は客員講師という身分で扱われたから、ミュンヘン時代のように入院患者を直接に診療することはなかった。週一回のテレンバハの回診と、ほぼ隔週のフォン・バイヤー教授の回診に同席して、病棟の医師たちと意見を交換することだけが定期的な仕事だった。それ以外は、フォン・バイヤーやテレンバハの講義をときどき代講したり、教室内で定期的に開かれる「ハウスゼミナール」で発表したりするぐらいの仕事しかなかった。

テレンバハさんのこと

宮本さんと私をハイデルベルクへ呼んでくださったテレンバハ教授（一九一四～九四）は、日本では内因性単極鬱病の病前性格としての「メランコリー親和型」（Typus melancholicus）を記載した人として知られているし、事実それが彼の代表的な業績であることは確かだが、それ以外にも離人症の臨床哲学的な研究、癲癇の発作と精神症状の関係についての考察、『味と雰囲気』をめぐる人間学的・感覚論的な著書[1]（これは宮本さんと上田宣子さんの手で邦訳されている）などが重要である。

主著の『メランコリー』[2]について一言すると、これはもちろん日本でも知られているように、秩序を愛好する几帳面な（「メランコリー親和型」の）人が、自分自身の秩序志向性の中に閉じこめられ（インクルデンツ）、つねに自己自身に後れをとって（レマネンツ）、いわば自身の要求水準に対する「負い目」から抑鬱的になってゆくという、内因性鬱病の発病状況論についての研究である。しかしそれだけではなく、この本には、従来から精神病の心理的原因を意味する「心因」と脳器質性の原因を意味する「外因」と並んで「原因不明」の意味のまま残されてきた、「内因」（endogen）という概念についての深い考察が展開されている。「内因性」とは「内」（Endon）に由来するということであって、このエンドンというのは、「根源から発してこの内因性の諸事象の中で自らを展開し、しかもそれらの中にとどまっている「自然」のこと」だ、とテレンバハはいう。彼は「おのずからしかある」自発性としての日本的な自然概念に大きな関心を示し、私との共著というかたちで西洋と日本の自然概念についての論文[3]も書いている。

（1）H. Tellenbach: *Geschmack und Atmosphäre. Medien menschlichen Elementarkontaktes.* Müller, Salzburg 1968（宮本忠雄・上田宣子訳『味と雰囲気』みすず書房、一九八〇年）。

（2）H. Tellenbach: *Melancholie. Problemgeschichte, Endogenität, Typologie, Pathogenese, Klinik.* Springer, Berlin-Göttingen-Heidelberg. 1. Aufl. 1961. 3. erw. Aufl. 1976（木村敏訳『メランコリー』みすず書房、一九七八年）, 4. erw. Aufl. 1983（木村敏訳『メランコリー』改訂増補版、みすず書房、一九八五年）。

（3）H. Tellenbach, B. Kimura: Über einige Bdedeutungen von „Natur" in der europäischen Alltagssprache und ihre Entsprechungen im Japanischen. In: K.-H. Bender et al (Hrsg.), *Imago Linguae. Beiträge zu Sprache, Deutung und Übersetzen.* Fink, München 1977.

テレンバハさんは、ドイツの教養人・文化人の見本のような人だった。哲学の学位ももっていて、彼の自宅へ夕食などに招かれると、当時のハイデルベルクを代表する知識人たちと知己になることができた。それはたとえば哲学者のガーダマーやトイニセンであり、医学史家のシッパーゲスであった。

反体制運動

当時のドイツの大学、とくに精神医学をめぐる状況は、日本と同様、あるいはそれ以上に緊迫していた。テレンバハの受け持ち病棟にフーバーという若い助手がいて、この人は「不安」をテーマにしたいい勉強をしていたのだが、彼が「社会主義的患者集団」という過激なグループを組織し、ドイツ赤軍と連絡を取って武装蜂起するという大きな事件があった。テレンバハやフォン・バイヤーの講義にも過激な若い医師たちが押しかけ、学生たちといっしょに講義を「粉砕」してしまうことは日常茶飯事だった。

ある日、私がフォン・バイヤーの代講で講義をしていたときのことである。ヴァイツゼカーの弟子に、ヴァイツゼカーと共著の本も出しているヴィルヘルム・キューテマイヤーという人がいたのだが、その人の娘さんがそのころ神経科の助手をしていた。そのキューテマイヤー嬢が私の講義に突然現れ、学生たちに向かって、「こんな講義を聞いているよりヴァイツゼカーを読め、彼が現代の腐敗した医学と資本主義がどんなに深く結びついているかを考察しているのを勉強しろ」というアジ演説を始めた。

私の講義はそれでつぶされてしまったのだが、この事件には二つの対蹠的な後日談がある。そのひとつは、ずっと後に私がヤンツといっしょにこのキューテマイヤー嬢に会ったとき、彼女が私に向かって「あのときは失礼しました。先生がヴァイツゼカーを訳していらっしゃることなんか知らなかったものですから」といって謝ってくれたことである。もう一つは、彼女がその後、ヴァイツゼカーとナチスとの関係を取り上げて、逆にヴァイツゼカーを批判する立場でものをいうようになったことである。ヴァイツゼカーとナチスという問題は、私自身にとっても後々までとげになっていることなのだが、この点に関してはずっと先でまた触れる機会があるだろう。

ブランケンブルクとの出会い

ハイデルベルクに到着してまだ間もないころだった。教室のハウスゼミナールでヴォルフガング・ブランケンブルクの着任講演があるというので、聞きに行った。ブランケンブルクという名前は日本にいるときからもちろん知っていたし、彼がその一〇年以上も前に『スイス神経精神学雑誌』のまるまる一冊全部、約百頁を費やして発表した長大な論文「妄想型分裂病の一例についての現存在分析的研究(4)」は、私たちが訳したビンスヴァンガーの『精神分裂病』の「序論」に、「現存在分析の模範的な研究」として紹介されていた。そんなことで私は、ブランケンブルクという人はもうかなりの大家で、いまさら新任教授としてハイデルベルク大学へやってくるのは意外だと思っていた。

ところがこの着任講演で彼の姿を見た私は驚いた。実際のブランケンブルク（一九二八～二〇〇二）

(4) W. Blankenburg: Daseinsanalytische Studie über einen Fall paranoider Schizophrenie. Schweiz. Arch. Neurol. Psychiat. 81; 9-105, 1958.

は、私とそれほど年齢の違わない、しかも大家というイメージにはほど遠い純朴で小柄な人物だった。あとで聞いてみると、この「妄想型分裂病」の論文は、まだ学生時代に書いたものだそうである。

ブランケンブルク

さらに驚いたことには、このときの講演「共通感覚（コモン・センス）の精神病理学序説」(5)の内容は、私がこの間しきりに構想していた共通感覚の病としての分裂病という考えとぴったり合致するものだった。共通感覚の障害という点で、分裂病と離人症の病理はしばらく共通の道を歩む。彼は私がドイツ語で書いた離人症論文を読んでくれていた。そして自分がいま執筆中の『自然な自明性の喪失』(6)という著書の中にも引用したと言っていた。この「自然な自明性の喪失」という表現は、私が自分の論文「精神分裂病症状の背後にあるもの」で用いたものでもあった（本書一二九頁参照）。私は彼の中に、ドイツにおける私自身の学問的な双子の兄弟を見出した、と感じた。そしてこの感想は、その後も最後まで変わらなかった。この『自然な自明性の喪失』は私が帰国してから出版され、私はこれを当然のこととして翻訳することになった。(7)

2　教室外での活動

自宅で

大学病院での義務はほとんどなかったので、私は週に一、二回精神科へ顔を出すだけで、あとはほとんど自宅にこもって自分の仕事をしていた。書斎というような贅沢なものはもてなかったから、リヴィングルームを時間的に子どもたちと棲み分けるより仕方がなかった。自然、夜遅く仕事をして、子どもが家にいるときは寝ているという生活パターンが身についてしまった。あるとき家内が幼稚園の保母さんから、「ご主人は病気ですか」と訊かれたらしい。保母さんが息子の元に「お父さんは何をしているの」と尋ねたら、「いつも寝ている」と答えたのだという。

当時の自宅での仕事としては、日本を出る前に紀伊國屋書店から依頼され、留学中に書くという約束になっていた著書の執筆と、すでに一九六七年に荻野恒一さん、宮本忠雄さんとの共訳で第一巻の

（5）W. Blankenburg: Ansätze zu einer Psychopathologie des „common sense". Confin. Psychiat. 12; 144-163, 1969.

（6）W. Blankenburg: *Der Verlust der natürlichen Selbstverständlichkeit. Ein Beitrag zur Psychopathologie symptomarmer Schizophrenien.* Enke, Stuttgart 1971.

（7）ブランケンブルク『自明性の喪失』木村敏・岡本進・島弘嗣訳、みすず書房、一九七九年。

ヤンツァーリク
（ハイデルベルク大学教授時代）

邦訳を出版し(8)、続けて第二巻も出すはずになっていた、ビンスヴァンガーの『講演・論文集』の分担分の翻訳（これは残念なことに出版されていない）、それからこれも前から手をつけていたヴァイツゼカーの『ゲシュタルトクライス』の翻訳があった。私はハイデルベルクに到着したときから、この三つの仕事を同時並行的に進めていた。紀伊國屋の本と『ゲシュタルトクライス』については後にあらためて書くことにする。

精神病理学者たちとの出会い

私にとって予想外だったのは、ドイツやスイスの各大学から講演の依頼が次々に舞い込んできたことだった。ドイツ語圏の精神病理学に突然顔を見せた日本の研究者ということで、かなり好奇心をもって見られていたのだろう。できるかぎり依頼に応じることにしたが、ドイツ語原稿を作る労力は決して小さいものではなかった。講演に出かけた主な大学は、マインツ、テュービンゲン、ハノーファー、ミュンスター、ゲッティンゲンなど、スイスではチューリヒとバーゼルである。講演に行ったそれぞれの街の観光ができたのもよかったが、なによりも嬉しかったのは、それまで名前だけを知っていた重要な精神病理学者たちと親交を結べたことだった。

ヤンツァーリクとペトリーロヴィチ（マインツ）

マインツには、ヴェルナー・ヤンツァーリクとニコラウス・ペトリーロヴィチという、日本でもよく知られた二人の精神病理学者がいた。

マインツはハイデルベルクからごく近いので、この二人とは私が講演に出かけたときだけでなく、それ以前も以後も頻繁に行き来して、個人的にも非常に親しくしていた。最初に行ったのは宮本さんといっしょで、当時東京からマインツへ来ていた宇野昌人さんも加えた五人で歓談した。ヤンツァーリクはそのとき四八歳、罪責妄想、貧困妄想、心気妄想という鬱病の「三大妄想主題」を患者の病前性格構造から論じた初期の三部作で注目を集めていたし、その当時は、性格構造とそれを貫く活力的な力動とを組み合わせた独自の構造力動論を構想している最中だった。のちにフォン・バイヤーの後任としてハイデルベルクの主任教授に就任し、精神病理学の伝統の火を灯し続けることになる。

ヤンツァーリクは、種々の精神病を構造力動論という一元的な観点から論じようとする点でどちらかといえば「単一精神病」論に親近性を有していたのに対して、ペトリーロヴィチはそれとは対極的に、レオンハルトの多様な疾病分類論に近い立場をとっていた。しかし一見正反対に見える考え方のこの二人は、個人的には非常に仲がよく、私が会うときもたいてい二人いっしょだった。ペトリーロヴィチは満田先生や私のいう非定型精神病に非常に大きな関心を示してくれたが、その病像形成因子に癲癇が関与している可能性は残念ながら彼の理解を越えたものらしかった。

このペトリーロヴィチは、私が留学中の一九七〇年七月二九日に患者にピストルで撃たれて、四四

---

(8) ビンスワンガー『現象学的人間学——講演と論文一』荻野恒一・宮本忠雄・木村敏訳、みすず書房、一九六七年。

歳の若さで衝撃的な死を遂げた。人格障害のこの患者をどこへ入院させるかをめぐってのトラブルが原因だったらしい。非定型精神病の問題についてもっといろいろ議論をしたいと思っていた矢先のことだった。

ペトリーロヴィチの自宅を訪問したとき、彼の愛用していたリクライニング・チェアに坐らせてもらって非常に気に入っていた。帰国してから、たまたま名古屋でそれと全く同じ型のリクライニング・チェアを見つけてそれを購入し、現在でもリヴィングルームでの私の定席になっている。この椅子に坐るたびに、ペトリーロヴィチのことを想い出す。

テュービンゲン大学　テュービンゲンでは、主任教授のヴァルター・シュルテさんには会えなかったが、のちにその後任となるテレさんと、児童精神科医で幼児自閉症を研究し、自閉症と大人の分裂病との関係について一家言をもっているレンプさんに親切に迎えてもらった。レンプさんがそのとき私に向かって言った「自閉症は子どもの分裂病ではないかもしれないが、分裂病は大人の自閉症だ」という言葉は、いまでも私の脳裏に焼き付いている。

キスカー（ハノーファー）　ハノーファーではカール・ペーター・キスカーに迎えられた。彼は分裂病を「自我症」（エゴパティー）として捉えていて、その切れ味の鋭い論文に私は以前からあこがれていた。ハイデルベルクの精神科の出身で、私は日本を出発する前、彼がハイデルベルクにいるものとばかり思っていた。しかし、彼は少し前にハノーファー大学に移っていて、ヴェトナム帰りの文化精神医学者エーリヒ・ヴルフと協力して、ハノーファー市にかなり革新的な精神保健行政を実現しようとしていた。彼の自宅の書斎には、部屋と不釣り合いなほど大きな書架が二個置いてあり、蔵書でいっぱいになっていたが、これは以前ハイデルベルク大学精神科の教授だったクルト・シュナイダーが退官したとき、教授室で使っていた書架をもらってきたのだと言っていた。

パウライコフ（ミュンスター）

ミュンスターへ私を招いてくれたのはベルンハルト・パウライコフである。彼はヤスパースのいう了解と説明の概念を批判的に検討したり、精神症状の内容と形式の問題や、状況と性格構造の関係を論じたりして、精神病理学の基本概念を見直す作業を重ねてきた人だった。また、彼がガウプの「軽症パラノイア」やクレチュマーの「敏感関係妄想」を発展させてまとめた「三〇歳代の妄想幻覚精神病」は、パラノイアの症状論、分裂病との鑑別点などで大きな問題を提起した。彼とはその後も長年にわたって親交が続いた。

キスカー

ヨアヒム＝エルンスト・マイヤーとミュラー＝ズーア（ゲッティンゲン）

ゲッティンゲンには私の敬愛する二人の精神科医がいた。そのひとりは、私がミュンヘン留学中に言葉につくせないほどお世話になったヨアヒム＝エルンス

パウライコフと

ト・マイヤーさんである。マイヤーさんは、私が日本へ帰っているあいだに、コンラートの後任としてゲッティンゲンの主任教授に就任していた。彼は人間学派に属していないし、いってみればアカデミックな精神医学を代表するひとりなのだが、その彼が私に、「フロイトをしっかり読んだほうがいい。フロイトは天才だ」という意外な言葉を語りかけた。実をいうとそれまでフロイトは私の視野の中心には入っていなかった。帰国後、私は名古屋で若い諸君とかなり徹底的にフロイトを読むことになるのだが、最初に私にその道を示してくれたのは、学風としては人間学からも精神分析からも遠く離れたマイヤー教授だったと思っている。

ゲッティンゲンで私が知り合ったもう一人の巨匠はヘンモ・ミュラー＝ズーアだった。彼の論文の、この上なく臨床的現実に密着していながら、しかも哲学的に厳密な論理操作を崩さない、特異な、といっても差し支えないような議論の展開に、私は以前から畏敬の念に近いものを感じていた。ミュンヘンの図書室で読み溜めをした論文にも彼のものが多かったし、そのあと帰国後に書いた「ドイツ語圏精神病理学」の展望でも、「精神分裂病症状の背後にあるもの」でも、分裂病者の人間的印象に関する彼の考察をいつも大きく扱っていた。彼は教授の称号はもっていたが大学の組織には属さず、市内の大きな精神病院でひたすら患者の診療に明け暮れる生活を送っていた。これが私自身の理想としていた精神病理学者の生き方であることは、先にも書いたとおりである。マイヤー教授も、彼にはこころから尊敬の念を抱いていたようだった。

ミュラー＝ズーアと

ミュラー＝ズーアさんは、小柄な初老の人だったが、しゃべり出すと夢中になって止まらない、まるで幼い子どものように天真爛漫な人柄だった。私が識りあったドイツ人の中で、人間的にはひょっとすると彼にいちばん好感を抱いたかもしれない。この時のゲッティンゲン大学での講演題目は「日本における精神医学的な独特の問題」で、例の家族否認症候群の話もしたのだが、前にも書いたように、ドイツでこの症候群が記載されている、私の知るかぎり唯一の症例がミュラー＝ズーアさんのものだったので、のちに彼の六〇歳記念論文集にこの症候群についてのドイツ語論文を寄稿することになった。

ブルクヘルツリとバーゼルでの講演会

チューリヒ大学では、ブロイラー父子以来世界的に有名になっている大学付属精神科病院のブルクヘルツリで、「比較文化的観点から見た対人関係の問題」について講演したのだが、これはなかなか大変だった。というのは、招待してくれたアングスト教授以下チューリヒ大学精神科のスタッフのほかに、メダルト・ボスや、ユング研究所のヤコービ夫人、それに名前は聞きそびれたがソンディ派の精神科医も聴きに来ていて、講演者である私との討論はそこそこにして、あとは百家争鳴、それぞれ立場の違う聴衆同士の激しい論争の場になってしまった。これは、さすがに力動精神医学の各派が乱立しているチューリヒならではの、ちょっとしたスペクタクルだった。

バーゼルでは、集団精神療法のバテガイ教授が私を招いてくれた。単純型分裂病のいい論文を書いていたフォン・オレリも聞きに来てくれた。バテガイさんはこのときの私の話がかなり気に入ったらしく、ずっと後の一九八九年、私がすでに京大精神科に戻っていたときにも、私をもう一度わざわざ京都からバーゼルに招待して、しかもそのときは大学の大講堂を使って講演会を開いてくれたことがある。

はじめての著書
『自覚の精神病理』

日本を出る前に紀伊國屋書店の山崎弘之さんから、当時刊行されはじめていた紀伊國屋新書を一冊書かないかとのお誘いをいただいた。まだ著書というものを一冊も書いていない、しかも大学の研究者ではなくて精神病院の勤務医だった私に、どうして本を書かせようと思われたのか、それはいまでもわからない。それに、私はいわゆる啓蒙書のたぐいの分かりやすい内容の本を作る自信がまったくなかった。

ともかくもお引き受けしてドイツへ渡り、この本の「あとがき」に書いたように「ありあまる時間を与えられて」、自宅で毎日こつこつと書き進めていった。三章立てにして、第一章は離人症、第二章は家族否認症候群という、どちらもすでにある程度書き慣れたものになっている題材に当て、第三章で分裂病における個別化の危機のことを書くという、全体の構成も決めていた。

最初の離人症の章では、以前にドイツ語の離人症論文（本書九八頁参照）にも紹介した私自身の症例と、フォン・ゲープザッテルの有名な離人症論文に書かれている症例 Br. L. を取り上げた。この二人に代表されるような典型的な離人症患者は、「自分がなくなった」「いろいろなものの現実感がなくなった」「時間の流れや空間の広がりが感じられなくなった」などという体験をもっている。私は、われわれがふだん「自分」として感じているもの、離人症患者が「なくなった」と感じているもの、それは実は自分という「もの」ではなく、私が現にいまここで、何かを見たり聞いたり考えたりしているという「事実」、つまり「こと」を指しているのだと考えていたのだが、この章では、私がそれまでずっと暖めていたこの考えを、はじめて日本語の文章に表現してみた。そして、そのようにわれわれの感覚や思考を通じて世界が世界として現れ出ることが、自分があるという「こと」を成立させる場所として自己の存在を照らし出してくれるのだという、道元から西田へと受け継がれた見方を――これは以前のドイツ語の離人症論文で主眼点になっていた見方なのだが――はっきり打ち出した。ドイツ語の論文ですでに書いていたことなのだが、やはり日本語であらためて書くと、思考にゆとりが出て筆がよく動いた。これがその後四〇年間ずっと私の考え方を導き続けてきた主要動機、ライトモティーフである。

時間の連続性や空間の広がりについては、すでにその当時のヨーロッパの精神病理学者たち、たとえばミンコフスキ、ゲープザッテル、エルヴィン・シュトラウス、テレンバハなどによって、体験超越的・客観的な時間空間と、体験内在的・主観的な時間空間との違いがしきりに論じられていた。私は、「体験内在的」な時間空間の基礎には、「自分ということ」が「自分がつねに自分であること」という連続性と同一性をもって成立しているという根源的事実が、いわゆる「体験超越的」な時間空間の「超越性」とはまったく別の意味での超越的な場所として拡がっているものと考えた。そしてこの場所は、右に「自分があるということ」を成立させている場所と書いたのと、同じ場所であると考えた。

第二章の家族否認症候群は、すでに日本語で長文の雑誌論文を書いたあとだったから、それを一般向けにすこし書き直すだけでよかった。前にも書いたように、この症候群で患者の改変しようとしている人生のプロットは、恋愛妄想をその典型例とする願望充足の動機に集約されるのだが、私はこの本ではそれを「受動的自己愛」として論じている。

最後の分裂病の章は書きにくかった。以前に書いた「精神分裂病症状の背後にあるもの」は一般の読者にとってあまりにも哲学的すぎると思ったので、これを下敷きにすることはできなかった。分裂病は自己が自己として個別化する原理の障害であるという、私の根本的な命題はもちろん正面から打ち出した。そしてそれを説明するためにいくつかの新しい概念装置を持ちだした。そのひとつは、「人と人との間」を指す言葉が個々の人物の意味に転用された日本語独特の「人間」の概念についての考察である。これは、後に私の著書のなかでは最も広く読まれることになる『人と人との間』[9]へと展開することになる最初の萌芽である。もうひとつは、個別化の原理としての死の可能性を含む個人の身体とは違い、人と人、人と宇宙のあいだにひろく遍在していて、各自がそれを「分有」することを通じてそれぞれの「気分」的なありかたを見出すところの、「気」の概念である。これもその後の私にとって重要な概念のひとつになった。

この本は留学一年目の年末に脱稿し、翌年の三月、私がまだドイツにいるあいだに出版された[10]。

『ゲシュタルトクライス』の翻訳

もうひとつそのころの日課になっていた仕事は、ヴァイツゼカーの理論面での主著『ゲシュタルトクライス』[11]の翻訳である。京大精神科の読書会でその一端に触れて感銘を受けていたことは、すでに書いた（本書七五〜七六頁）。そのとき以来、これを自分の手で翻訳したいという気持ちはずっとあったのだが、なにしろこの本は、神経内科医で心身医学の臨床家であったヴァイツゼカーが、彼のもうひとつの研究分野である神経生理学の領域で自分自身考案したさまざまな実験を駆使して、理論面と臨床面の双方にわたる基礎を固める

（9）木村敏『人と人との間』弘文堂、一九七二年。
（10）木村敏『自覚の精神病理——自分ということ』紀伊國屋書店、一九七〇年。
（11）V. von Weizsäcker: *Der Gestaltkreis. Theorie der Einheit von Wahrnehmen und Bewegen.* Thieme, Stuttgart 1940.

ために書いたものである。精神医学の臨床経験しかもたない私ひとりの手に負えるものではなかった。そこで私は、かつての音研会員でもあって気心が知れており、精神科では大橋博司先生の薫陶を受けて神経心理学を専攻していた濱中淑彦君をかたらって、二人の共訳というかたちを取ることにした。

濱中君は実はドイツ語も私のあとに佐野えんね先生に教わっており、えんね先生がいつか私に「濱中さんほど文法的な間違いをしない人を見たことがありません」と言っておられた通り、抜群に正確なドイツ語の語学力をもっていた。私がミュンヘンから帰国したのと入れ違いに、やはりＤＡＡＤの奨学金をもらってフライブルク大学へ留学し、ずっと後には、私が名古屋市大から京大の教授に移ったとき、私の後を受けて名古屋市大の教授に就任した人である。

それにしてもこの本には、人間が一個の「主体」として周囲の世界と関わりながら生きて行くときに、周囲からの情報を受け入れる知覚面と、周囲に向かって行動する運動面とが、けっして切り離すことのできない一体のものとして働いている事実が、われわれの日常生活の諸経験や彼の考案した簡単な実験を通じて実に印象深く書かれている。周囲の世界とのこのような感覚的運動的な交わりなしには、人間だけでなく、いかなる生きものもその主体としてのあり方を維持することができない。しかもこの主体としてのあり方、つまり生きものの「主体性」とは、人間をも含めた生きものが、「生きる」という根源的な営みに参加し、「生命」という、それ自体は対象的に「もの」として認識することのできない「生きる」という「こと」の根拠に関わっている、彼が「根拠関係」と名づけた基本的なあり方のことに他ならない。

私にとってこのヴァイツゼカーの「主体」や「主体性」の概念は、ハイデガーが、「ある」あるいは「存在する」という「こと」と、「ある」ところの「もの」あるいは「存在者」とのあいだの「存在論的差異」を彼の基本的な存在論の出発点にしたのに匹敵する、この上なく重要な哲学思想であるように思えた。そしてこれは、私が自分の自己論において「自分ということ」と「自分というもの」とのあいだに考えている差異と、けっして無関係ではないという確信を持っていた。

しかしこの本の翻訳は大仕事だった。まるまる二年間の留学期間を費やしても、遂に完成することができなかった。この邦訳が日の目を見たのは、帰国後四年あまりたった一九七五年のことだった。(12)

3　ハイデガーとの出会い

ハイデガーの八〇歳祝賀会

留学一年目の一九六九年九月二六日のことである。ハイデガー（一八八九〜一九七六）の生まれ故郷であるメスキルヒで、この哲学者の八〇歳の祝賀会が催され、日本から辻村公一先生が祝賀講演をするために参加された。その前日に辻村先生から電話があって、思いがけなく私もその祝賀会に列席させていただけることになった。講演会のあとのレセプションにも

(12)　ヴァイツゼッカー『ゲシュタルトクライス』木村敏・濱中淑彦訳、みすず書房、一九七五年。

出席し、さらにその翌日にはハイデガーや辻村先生といっしょにドナウ河畔のボイロンやヴァルトシュタインの古城を観光することができた。

メスキルヒでハイデガーと散策しながら二人で会話を交わす機会もあったが、このときは世紀の大哲学者を前にしてこちらがこちこちになっていたのだろう、どんな話題で話をしたのか皆目覚えていない。ただひとつ、付近の畑で農作業をしていたお百姓が、おそらくハイデガーの幼友達だったのだろう、この哲学者に向かって懐かしそうに「マルティン！」と声をかけ、ハイデガーも嬉しそうにそれに答えていたのが印象的だった。

ハイデガーの自宅で

それから一ヶ月後の一〇月二七日、今回のドイツ滞在の最大のハイライトといってもよい出来事がおとずれた。辻村先生に誘っていただいて、フライブルクにあるハイデガーの自宅を訪問することができたのである。当時ミュンヘン大学に留学中の哲学の大橋良介氏もいっしょだった。大橋さんはその後、辻村先生のお嬢さんと結婚されて娘婿となり、奥さんともども現在に至るまで親しくしていただいている。

ハイデガーと出会うのも二回目ということで、このときにはすこしは緊張も解けていたし、訪問者はこの三人だけだったから、ゆっくり時間をかけてこの哲学者と話し合うことができた。前もって離人症についての私のドイツ語論文を送っておいたので、話題は離人症のことが中心で、すこしばかり分裂病のことにも及んだと記憶している。

しかし、と書かなくてはいけないのが非常に残念なのだが、このときの対話はけっして満足感の得られるものではなかった。ハイデガーは精神病者の生きかたを、基本的に「非本来的」で「頽落」したありかたと見ていて、それをむしろ患者が本来的な実存を求める絶望的な努力の現れと見ようとする私の意見には容易に賛成してくれなかったからである。精神病者、とくに分裂病者の自己存在のありかたは、ハイデガーが「本来的」な「実存」と見なしている現存在の「世界内存在」の仕方から遠く離れている。そのかぎりではこれを「非本来的」とみることはできるかもしれない。しかしこの「非本来性」は、ハイデガーが「ひと」(das Man) と呼んでいる日常的一般人の無自覚な頽落の仕方とは全然違う。「本来的」(eigentlich) とは、自己固有という意味である。自己を失い、自己の個別性を達成できないでいる患者たちは、一般の健常者には想像もつかない必死の努力で自己の固有性を、ということはその本来性を回復しようとして悪戦苦闘している。このことを私は彼に伝えたかったのだが、やはり言葉の壁は厚かった。

ハイデガー

　この訪問に際して、ハイデガーは私たちの一人ひとりに、ニーマイヤー社からその年に上梓されたばかりの著作『思索の事柄へ[13]』を手渡してくれた。これはそれまでになされたいくつかの講演を集めたものだが、その第一論文「時間と存在」は以前にそれだけ単独で出版されており、京大精神

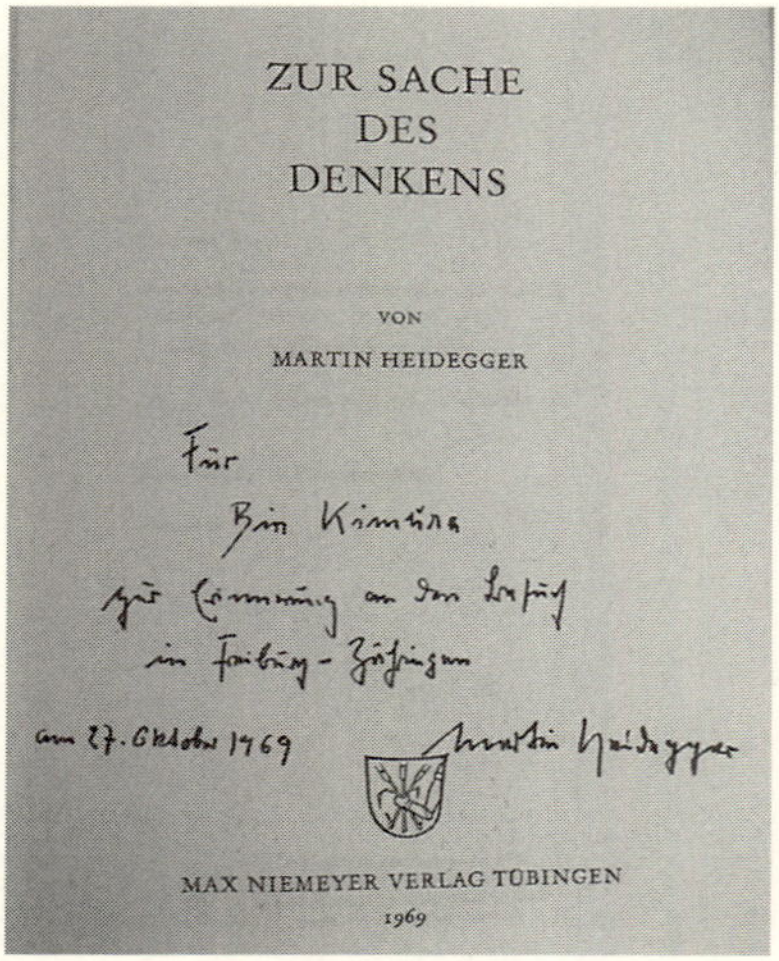

ハイデガー自筆の献辞

科での辻村先生の『存在と時間』セミナーの最後に付録として読んだものである（七一頁参照）。ここには、時間も、存在つまり「あること」も、それが「存在する」と言うことはできず、非人称の「なにか」（ドイツ語の「エス」）がそれをわれわれに「与える」（es gibt）という仕方でのみ経験されるということが書かれている。この「エス」とは何か、それはわれわれ精神科医にとって親しいものであるフロイトの「エス」とどう違い、またどういう共通点をもっているのか、それらの問題について、私はずっと後に一編の論文を書いたことがある。(14)

このときハイデガーから頂戴したこの本には、右の写真にみられるように「木村敏へ。フライブルク＝ツューリンゲンへの訪問の思い出に。一九六九年一〇月二七日。マルティン・ハイデガー」という献辞が書き込まれている。こういうときに相手の名前に肩書きや尊称をつけず「呼び捨て」にするのは、相手を自分と同等の「一人前」の存在とみなす敬意の表現らしいが、この分不相応な献辞の書き込まれた宝物のような本を、私はその後アルトルスハイムの自宅で熟読することにより、かなり汚してしまった。愛書家が聞いたら、きっと憤慨するだろう。

4　家族旅行あれこれ

古城の廃墟を求めて

息子の元《げん》は、ひとつ非常に不思議な習性をもっていた。ドイツでは各地に見られる古い城郭や教会などの廃墟に、ひとかたではない強い愛着を示したことである。みなが知っているように、ハイデルベルク市の旧市街の上には見事な城の廃墟が残っている。ここをはじめて訪れたとき、元の顔は紅潮し、声はうわずって、ただならぬ興奮を示していた。それがどの廃墟へ行っても繰り返されるので、そのうちにとうとう家族旅行といえば廃墟めぐりとすらいえるほどになってしまった。

それともうひとつ、元の特技は一度見た建物をそっくりそのまま記憶に残す能力だった。たとえばどこかの街へ旅行して、そこの特徴的な教会を見たとする。家へ帰って画用紙を与えると、彼はすぐさま、一瞬のよどみもなく、記憶に残っている教会を、そのごく細部にいたるまで正確に復元してく

---

(13)　M. Heidegger: *Zur Sache des Denkens.* Niemeyer, Tübingen 1969（『思索の事柄へ』辻村公一・ハルトムート・ブフナー訳、筑摩書房、一九七三年）。

(14)　木村敏「エスについて——フロイト・グロデック・ブーバー・ハイデッガー・ヴァイツゼッカー」『思想』八五二号、一九九五年（木村敏『分裂病の詩と真実』河合文化教育研究所、一九九八年、『木村敏著作集』七巻、弘文堂、二〇〇一年）。

れた。これは感覚的な記憶が、観念化されることなく感覚のまま再表象される、いわゆる「直観像」の能力である。この能力の保有者が幼児に多いということは知識としては知っていたが、自分の子どもでそれをまのあたりにするのはちょっとした驚きだった。

元，4歳のときの直観像による描画

元のこの二つの特徴が、たがいにどのような関係にあったのか、それはいまでも判らない。ニーチェは古代ギリシアのアッティカ悲劇を、美しい形態と秩序の神であるアポロンと、破壊と混沌の神であるディオニューソスとの束の間の和解だと見ているが、元の直観像はアポロン的だし、廃墟への愛着はディオニューソス的だと言えるかもしれない。私は最近、アポロン的な形態によって整えられた個別的生命（ビオス）と、ディオニューソス的な混沌のうちにある個別以前の生命（ゾーエー）とのあいだに、両者の関係そのものとして「自己」が成立するのではないか、という考えを出しているが、当時まだ四歳で自己成立の途上にあった元の内部には、この二柱の神がまだ無媒介のまま並び立っていたのかもしれない。

親孝行旅行

アルトルスハイムに住んでいたときも、ミュンヘン時代と同様、ずいぶんあちこちをドライブしてまわった。日帰りのことも多かったが、数泊の予定でドイツ国外へ出かけたことも何回かある。しかし最大の遠出は、留学二年目の夏に日本からやって来た私の両親を伴っての何回かの旅行だった。

一九七〇年の四月に、両親はまずアメリカへ渡って、アイオワ大学で神経学の研究をしていた弟一家のところに二ヶ月あまり滞在し、七月にヨーロッパへやってきた。高山にある父の医院は弟の同級生たちに代診を依頼して、半年間の長旅だった。父はそのとき六九歳、母は六二歳。父が高山に医院を開業したのは五〇歳頃だっただろうか。二〇年のあいだ町医者としてはたらいてきた父だったが、その数年前から気力体力ともにもひとつすぐれなかった。

両親はアメリカからまずコペンハーゲンに到着し、私たちといっしょにノルウェイを旅行してからドイツに落ち着くという段取りになった。私たちは両親と落ち合う三日前にアルトルスハイムを車で出発し、途中、「笛吹き男」の民話で名高いハーメルンに立ち寄ったり、ちょうどそのころドイツへ来ていた芦津丈夫君夫妻とハンブルクのホテルで会ったりしたあとでコペンハーゲンに入り、空港で両親と再会した。

スカンディナヴィア諸国の旅行は、素晴らしかったけれどもたいへんだった。子ども二人と両親は列車に乗せて目的地に向かわせ、家内と私の二人が車でそれを追いかけるという移動方法で、万一事故にでも遭ったらどうなっていたか、いま考えるとぞっとする。最初の日にコペンハーゲンからオスロまで行ったときなど、スウェーデンの海岸沿いの国道をまっすぐ北へ、一〇〇〇キロもある道のりを一〇時間かけてぶっ通しで走り、午後一〇時過ぎにようやくオスロに到着した。夜はいつまでたっても暗くならなかったからよかったようなものの、よく体力が続いたものだと思う。しかしフィヨルドではフェリーに車を積み込んでのんびりと景色を楽しむことができたし、荒涼とした山岳地帯を全員が狭い車に乗り込んで走ったときの風景も忘れられない。このときは十日あまりの大旅行だった。

あと、両親との自動車旅行としては、ザルツブルク近郊の湖水地帯を中心としたものと、ストラスブールからフランスに入り、ヴェズレーの教会やロワール河畔のいくつかの宮殿を見たあとパリをゆっくり見物した、それぞれ一週間あまりの旅がある。ヴェズレーの教会は、父が朝日新聞の連載小説で井上靖の「化石」を読んでいて、ぜひ見たいというので行ってみたのだが、その見事なロマネスク建築には完全に圧倒された。私はいつ頃からかロマネスク建築に不思議な魅力を感じるようになっていて、留学から帰国して日本に定住するようになってからでも、ヨーロッパへ来る機会があるごとに各地のロマネスクを訪ね歩くのが趣味になったのだが、ヴェズレーはその中でもやはり飛び抜けたもののひとつである。

5　「チューリヒ会議」誕生前後

フィッシャー＝バルニコル氏

二回目の留学でどうしても書いておかなくてはならないのは、ハド・フィッシャー＝バルニコルという人物との出会いと、のちに「チューリヒ会議」という名称で私の人生に大きな位置を占めることになる集まりの、最初期の動きのことだろう。

フィッシャー＝バルニコルという人物が何者であるのか、それはいまでもわからない。たぶん私よりすこし年上だったと思う。ひと言でいえば在野の哲学者ということになるだろうか。とにかく人脈を作る傑出した能力を持っていて、第一級の哲学者、思想家、文化人たちと親しくしていた。作曲家のブーレーズや歌手のフィッシャー＝ディースカウなども友人だったらしい。だからその趣味はけっして悪くなく、ヨーロッパでは大学の外にもこんな教養人がいるのかと、感心されられることも多かった。私が彼といつ頃からどうやって親しくなったのか、それははっきり思い出せないのだが、テレンバハさんとその友人だった医学史家のシッパーゲス教授を通じてだったように思う。

やはりそのころハイデルベルクには、ニーチェ研究者でもあり仏教学者でもある大河内了義氏がフンボルト留学生として滞在していて、私たち一家とも親しくしていた。この大河内さんも別のルートからフィッシャー＝バルニコル氏と仲良くなっていて、その三人でたびたび議論をしたことがある。私がのちに出版した『人と人との間』の冒頭に、「われわれ日本人」という言葉遣いをめぐってドイツ人と議論した話が書いてあるが、そのときの話し相手が、実はこのフィッシャー＝バルニコル氏と大河内さんである。

「象徴研究会議」から「チューリヒ会議」へ

留学二年目の九月に大河内さんといっしょにチューリヒへ行って、フィッシャー＝バルニコル氏が開催した「象徴研究会議」というのに参加し、「気」や「人間」についての短い報告をした。この会にはフランスから哲学者のガブリエル・マルセル氏、地元チューリヒに住むユダヤ教の神学者フリートリヒ・ヴァインレプ氏も出席していた。

この会議は、その後いろいろと名前を変えたが、最終的には「チューリヒ会議」という名称に落ち着いた。デュッセルドルフの大富豪ヴィクトーア・ランゲン氏が私費を投じてスポンサーとなり、一九七三年の会議（このときが第一回ということで、まだ「国際文化研究所シンポジウム」と呼んでいた）以降、ほぼ毎年春と秋にチューリヒかデュッセルドルフかで開催され、ずっと後にはランゲン氏の別荘のある、スイスはラゴ・マジョーレ湖畔の景勝の地アスコーナで開かれることになった。日米欧の哲学者、宗教家、神学者、精神科医などが、毎回二五人程度、二泊三日の日程で集まって、ドイツ語で議論を交わす集まりだった。チューリヒでの会場はフォン・カステルベルク夫人という女性の私邸だったが、この家にはかつて一九世紀末にニーチェと深い関係をもっていたルー・アンドレーアス・ザーロメーが住んでいたことがあるらしい。広大な庭に鬱蒼と大木が生い茂り、家の前の道路とはまったく別世界の空間が開けていた。フォン・カステルベルク夫人自身は、メダルド・ボスの研究所で現存在分析の心理療法を学んでいた。

これは私がすでに帰国して、名古屋市立大学に勤めてからのことになるのだが、この第一回の前、一九七三年の六月にデュッセルドルフのランゲン氏宅で集会があり、ちょうどその直前にオスロで開催された第九回国際精神療法学会への出席と併せて出張を取って出かけた。この会にはテレンバハやメダルド・ボスも出席していて、旧交を温めることができた。大河内さんも参加していた。

同じ七三年九月の第一回チューリヒ会議は、フォン・カステルベルク夫人宅で開かれ、日本からそれだけのために出かけたのだが、マルセルのほか哲学者のガーダマーとヘルマン・シュミッツ、カトリック神学のカール・ラーナー、それにボスといった人たちが参加し、日本からは西谷啓治先生とその子息の裕作さん、宗教学の武藤一雄さん、以前ミュンヘンで親しくしていた天竜寺の平田精耕老師、大河内さん、竹市明弘氏、それに私という顔ぶれだった。

たまたま休憩時間にマルセルさんと二人きりで広い庭の芝生に寝そべって、「あいだ」ということについて話をする機会があった。彼はもちろんフランス人なのだが、ドイツ語が達者だった。そのとき私は、私が「あいだ」と呼んでいるのは二人の人が出会ったときにはじめてそこに開かれる人間関係のようなものではなく、二人の人間どうしの出会いということを、それがはじめて可能にするような、だから厳密にいうと「あいだ以前」(Vor-zwischen) であるような、そんな原理のことなのだ、という話をしたと思う。マルセルさんはそれを非常に面白がってくれて、自分にとってこの「あいだ以前」というのはたいへん重要な概念になるだろう、と言ってくれた。ところがマルセルさんは、その僅か一ヶ月後に不帰の客となってしまった。

第1回チューリヒ会議
(1973年，左よりマルセル，大河内氏，西谷啓治先生，私)

ボス夫妻と

中心人物のマルセルを失ったチューリヒ会議は、その後しばらく低調で、四年後の七七年にようやく二回目が開かれた。有名な生物学者のヤーコプ・フォン・ユクスキュルの子息で、心身医学者のトゥーレ・フォン・ユクスキュルが、しばらくのあいだ中心人物になっていたが、やがてミュンヘン在住のイタリア人哲学者エルネスト・グラッシが指導的な役割を演ずることになった。グラッシはイタリア人文主義やヴィーコの研究者として知られていたようだが、私はそのころ、客観的で正確な認識に基づく判断としての「クリティカ」と、共通感覚と構想力に基づいた大局的な把握を特徴とする「トピカ」という、ヴィーコの立てた区別に興味をもっていたので、その点についていろいろと教わることができた。

この会議は七七年以降きちんと毎年二回開催され、私はほとんど出席していた。毎回ビジネスクラスの往復旅費を出してもらえて、その機会にヨーロッパ各地をまわることができたし、なによりも三日間合宿のドイツ語の会議だったので、ドイツ語の会話力をリフレッシュできるのがありがたかった。しかし、いつからだったか、創始者のフィッシャー＝バルニコル氏とスポンサーのランゲン氏の関係が疎遠となり、フィッシャー＝バルニコル氏は会議の運営から追い出されてしまった。やがてランゲン氏自身も亡くなって、その夫人が夫の遺志を継いで会議を続けていたが、八七年以降は年一回になり、九一年にはグラッシ氏も亡くなって、二〇〇〇年の第三二回会議を最後にして招待状が来なくなった。

6　帰国へ向けて

名古屋市立大学への就職

何回も書いたように、私は今回の留学に出発する前、帰国しても大学には戻らないという意志を固めていた。そして村上先生に、どこかの公立病院にポストを見つけていただくようにお願いしていた。ちょうどある県の県立精神病院の院長が辞職して、その後任に私をどうかという話が出てきた。私にもちろん異存はなかった。ただこの病院は不便な場所にあり、子どもたちの教育のことだけが問題だった。そのことを聞いた県側は、院長住宅を県庁所在地の市内に新築すると申し出てくれた。それで私は百パーセントこの病院へ就職することに決めていた。

情勢が一変したのは学園紛争のためである。当時、京大精神科の大橋博司先生が名古屋市立大学精神科の教授に選ばれて着任しておられた。助教授も退職されたので、新しく助教授を選考しなくてはならなかった。学園紛争以来、名市大では教室人事を民主的に選挙で決めるというルールができていて、投票が行われたところ、私が一位で、二位は東京の反体制派の同僚だった。大橋先生からドイツの私のところへ、ぜひ助教授に就任してほしいという強い希望が寄せられてきた。もし私がそれを断れば、反体制派の助教授が誕生してしまう。村上先生からも荻野恒一先生や笠原嘉先生からも、名市大へ赴任するようにとの意向が伝えられた。実はこの東京の反体制派の同僚は私も十分に評価していた旧知の人であり、その人を押しのけて、しかも自分で立てた節を折って名市大という大学の助教授に就任することに、私はおおいに悩んだが、結局はそれを受け入れることになった。

ローマとアテネ

一九七〇年一〇月二四日にバート・ナウハイムで開かれたドイツ精神神経学会に出席し、比較文化精神医学のシンポジウムで「対人恐怖症に照らした日本人の自己意識の構造」について報告をしたのを最終日として、二年間の留学生活に別れを告げた。

その翌日はアルトルスハイムの仮寓を出て車でアムステルダムに入り、運送会社で愛車を日本へ送る手続きを済ませて空港に向かい、空路ローマに到着した。翌日はレンタカーを借りて、ナポリを越えて南下し、ポンペイの遺跡と、南イタリアの古代ギリシアの植民地ペストゥムに残る壮大なギリシア神殿を見、次の日はローマ市内でフォロ・ロマーノやコロッセオ、市外に出てアッピア街道などを観光した。

次の日の午後は空路アテネへ向かい、翌日はアクロポリスやゼウスの神殿などの遺跡を散策した。こうして今回の留学の最後に西洋古代文明の二源泉を直接に見ることができたのは、締めくくりとして申し分ないものだったと思う。廃墟見物に明け暮れた息子の元にとっても、これ以上のフィナーレはなかっただろう。そして私たちはその夜、カラチ経由の飛行機に乗って帰国の途に着いた。

第六章　名古屋時代

1　名古屋市立大学に着任

一九七〇（昭和四五）年の一一月から、名古屋市千種区にある家内の親戚にしばらく下宿して、名古屋での単身生活が始まる。名古屋市立大学医学部に助教授として勤務しながら、八事病院という民間の単科精神病院へ非常勤の顧問として出かけることになった。市大病院の精神科はベッド数が少ないので十分に臨床ができず、この八事病院がその後の私の臨床研究活動の拠点となる。家族はしばらく高山の両親のもとで暮らすことになり、まり子は私の母校だった南小学校へ、元は幼稚園へ通い始めた。

当時名市大の教授だった大橋博司先生は、やがて村上先生の後任として京大の精神科へ移られるこ

八事のマンションで（1970年代前半）

とになり、私がその後任に選ばれて、七四年一一月に精神科の教授に就任した。私はその後八六年に京大へ転任するまで、一六年間も名市大に籍を置いていたことになる。

名古屋というところは、京都とくらべると、もちろん伝統的な文化に恵まれない商工業中心の都市なのだが、住みやすさという点では格段に上かもしれない。物価もずっと安い。とくに私のような音楽好きの人間にとっては、京都だと上質の音楽会はほとんど大阪まで出かけなくてはならないのに、名古屋は東京と大阪の中間点にあるためか、すぐれた外人演奏家のコンサートが数多く開かれていた。

もうひとつぜひ書いておきたいことがある。私は京大の学生時代から、中日ドラゴンズのかなり熱心なファンだった。なんといっても関西で幅を利かせているのは阪神ファンである。巨人ファンは全国的にたくさんいる。つむじ曲がりかもしれないが、私はそれになびきたくなかった。一九五四年にフォークボールの杉下茂が三二勝をあげて日本一になったときから、私はもう五〇年以上も中日ファンを続けている。名古屋市大からの話があったとき、正直に言うと、ドラゴンズの試合を見られるというのがこの話を受諾するひとつの大きな動機になっていた。

七一年三月に昭和区八事の新築マンション隼人苑に入居し、五ヶ月ぶりに家庭生活が再開された。

四月には元が八事小学校に入学、まり子は同じ学校の六年生に転校した。私は四〇歳になっていた。もっと後になってのことだが、名市大精神科の諸君と一緒に読んだドイツ精神病理学の名論文を集めて一冊の本に編集したとき、(1) そのほとんどの論文が著者の四〇歳代に書かれていることに気がついて、研究生活における四〇代の重要性を痛感したことがある。いま振り返ってみると、私自身の精神病理学もこの時期にその最も大きな山を越したのではないかと思う。だからこの章では、思い切って私の理論の展開ということに記述をしぼってしまおうと思う。ただその前に、私の思索を駆動してくれたいくつかの周辺的な事情について回顧しておく必要があるだろう。

2　国内・国外の研究環境

ワークショップ「分裂病の精神病理」

一九七二年の二月、東大の臺弘教授と土居健郎教授の発案で、熱海の温泉宿に泊まりこんで分裂病の精神病理を論じるワークショップが開かれた。この出席者十数名の小さな研究会は、その後も参加者を少しずつ変えながら、十六年間にわたって毎年ほぼ同じ時期に同じ場所で続けられ、発表演題は東大出版会から『分裂病の精神病理』シリーズとして出版

(1)　木村敏編・監訳（鈴木茂・長井真理・小山内実・岡本進訳）『分裂病の人間学——ドイツ精神病理学アンソロジー』医学書院、一九八二年。

中井久夫氏と

された。

当時は、六九年に始まった学園紛争が全国を吹き荒れ、とくに精神医学ではそれが反精神医学思想と結びついて、東大や京大などの主要な精神医学教室では研究がストップしていたし、学会でも怒号が飛び交うだけで、まともな研究発表は不可能な状況だった。私自身はこの反精神医学思想にむしろ共感していて、そのことは七三年に出した『異常の構造』[2]にも書いているのだが、やはり静かな討論の中で思索を深めるのが精神病理学の熟成にとってはなにより重要なことだと思ってもいた。このワークショップにはほとんど毎回出席していくつかの論文を発表しており、それを抜きにして私の理論の発展は語れないのではないかと思う。

当時東大分院にいた中井久夫氏とはじめて会ったのもこの会である。分裂病の臨床経過についての彼の発表は、私に大きなインパクトを与えた。私が名市大の教授に就任したとき、なんとしても彼に助教授になってほしかった。彼が七五年に名市大へ来てくれることになったのも、熱海の温泉で湯につかりながら交わした私との精神病理学談義がいい印象を残していたからなのだろう。中井君が八〇年に神戸大学の教授になるまでの約五年間、私は彼から実に多くのことを学んだと思う。

フィッシャー＝バルニコル氏が設立した「チューリヒ会議」のことは前章ですでに書いた。この会議はその後も続けられ、会議自体から得たものも大きかったが、それに毎回招待してもらうことで毎年二回ドイツへ「里帰り」して、旧知の学者たちとの親交をリフレッシュできたのも嬉しいことだった。七四年にはこの会議が一度京都のパレスサイドホテルで開かれ、テレンバハ氏とボス氏が参加、哲学・神学の分野からはカール・ラーナー、イヴァン・イリチといった人も参加していた。

国際学会など

それ以外、精神医学関係の国際学会にも事情が許すかぎり出席していたが、外国人学者との交流という点でとくに記憶に残っているものだけをいくつか挙げておこう。

七一年の一一月にメキシコ市で開かれた第五回世界精神医学会では「間文化的精神医学の基本問題」について発表した。「間文化的」（transcultural）というのは「文化超越的」ということでもある。私がドイツで調査したような精神症状の文化的変異を研究することも大切だが、文化的差異を超えて人間一般について語れるような精神病理学を考えることも重要ではないか、という趣旨だった。それを聞いてくれた人の中にカナダのエランベルジェ（Ellenberger）氏がいて、このときが初対面だったが、すでにそのときまでにお互いの論文を通じて存在を認め合っていて、旧知のような感触だった。同氏から『無意識の発見』の原著を頂戴し、これはぜひ自分で翻訳したいと考えた。しかし他にも

（2）木村敏『異常の構造』講談社現代新書、一九七三年（『木村敏著作集』六巻、弘文堂、二〇〇一年）。

いくつか翻訳を抱えていたので手をつけられずにいたところ、七五年に中井君が来てくれて話は急に進んだ。医局員の諸君に各章を分担してもらい、それを中井君と私とで監修するということで作業が始まったのだが、彼も私も凝り性で細かい部分まで手を入れたので、出版にこぎ着けたのは一九八〇年のことだった。(3) 原著者はフランス語圏のカナダで活躍していて、自分では「エランベルジェ」と名乗っていたが、中井君がご本人と相談した結果、祖先の出であるドイツ語圏スイスでの発音で「エレンベルガー」と表記することになった。この本は力動精神医学についての、めずらしく一党一派に偏しない、しかもそれぞれの学説が生まれる土壌となった社会的文化的な背景を生き生きと再現した、深層心理学史のバイブルともいうべき名著である。エランベルジェ氏には七九年に名市大でロールシャハについての講演をしていただいた。

一九七七年にはドイツ精神神経学会の korrespondierendes Mitglied に選ばれた。これは直訳すると「連絡会員」ということになるが、ドイツ国外の著名な精神科医の中から選ばれる名誉会員で、日本で私以外には当時東大の名誉教授だった秋元波留夫先生だけだった。さらに七九年には、同学会の機関誌で私もいくつか論文を投稿している『ネルフェンアルット』の編集顧問にも推された。毎号、表紙の次のページに大きく名前が載る。私は、精神医学の星空でどこかの星座の一隅に自分の位置を占めたいという昔からの願望が、意外に早く叶えられたと思った。

一九八一年、こんどはドイツ政府から第三回ジーボルト賞を受賞することになった。これは日独の文化学術の交流に功績のあった若い学者に贈られる賞で、副賞は十ヶ月間のドイツ滞在だった。しかし医学部の教授として、十ヶ月間大学を空けるというのは事実上不可能なことである。やむをえず三ヶ月間だけの短期滞在で我慢することにして、この年の一〇月から年内いっぱい、もう一度ハイデルベルクで過ごすことにした。今回は大学が快適なゲストハウスを用意してくれ、そこを基点にしてドイツ国内の各大学、フランス、スイスなどをまわって歩いた。とくにパリでは、ペリシエさんという現象学的な精神科医の主催するシンポジウムに招かれ、この頃から活動範囲が次第にドイツ以外の国々にも拡がるようになった。

八一年にはスペインの『精神病理学』(Psicopatologia)誌の編集同人になり、八三年にはスイスでメダルド・ボスが出している『現存在分析』(Daseinsanalyse)誌の編集顧問に迎えられた。

フランスで名前が知られるようになったことで、一九八五年にはアンリ・マルディネ門下の若い哲学者ジョエル・ブーデルリク君が私のところへ留学してきた。マルディネは精神医学に深い関心を持つ哲学者で、自身若いときにビンスヴァンガーのもとへ留学していたことがある。ブーデルリク君はその後私の転勤に伴って京都に移り、私の論文をフランス語に訳して『現象学的精神病理学著作集』という一冊の本にまとめ、PUFから出版している。[4] この本はフランスでかなりよく読まれ、その後イタリア語にも翻訳されている。[5]

(3) エレンベルガー『無意識の発見』上下、木村敏・中井久夫監訳、弘文堂、一九八〇年(H. Ellenberger: *The Discovery of the Unconscious.* Basic Books, New York 1970)。

ペリシエと

エグネール賞受賞
（1985年，右よりテレンバハ，エグネール女史，私，ディーター・ヴュス）

一九八五年に私はもうひとつ国際的な賞を受賞した。チューリヒ在住の心理学者マルグリット・エグネール女史が人間学的精神病理学の業績を表彰するという趣旨で設立した、「エグネール賞」の第一回の受賞である。テレンバハ、ディーター・ヴュス両氏と同時受賞だった。一一月にチューリヒ大学の大講堂で行われた授賞式には、当時ユング研究所に留学していた山中康裕君の奥さんに着付けをしてもらって羽織袴で出席したのだが、当日は季節外れの大雪で外を歩くのが大変だった。山中君は名市大で児童精神医学を指導してもらっていたが、この数年前に河合隼雄さんに乞われて京大教育学部の助教授になっていた。

もうひとつ書いておきたいことがある。八三年の一一月に、フランスの哲学者ジャック・デリダを囲むコロキウムが東大の坂部恵さんの肝いりで開催されて、参加を要請された。ちょうど名市大や八事病院での読書会でデリダの『声と現象』を読み、その「差延」概念や「脱構築」の手法に大いに啓蒙されていたところだったので、喜んでお引き受けして「差異の病理としての分裂病」について話した。[6] デリダに聞かせるだけのフランス語を書く自信はなかったので、坂部さんに相談したところ、院生に一人よくできる人がいるからその人に仏訳してもらうということになった。そのとき見事な訳文を作ってくださったのが、高橋哲哉さんである。高橋さんはその後名古屋の南山大学へ赴任され、私たちが八事病院で読んでいたヘーゲルの『精神現象学』の読書会にも顔を出されたことがある。

（4）Kimura, Bin: *Ecrits de psychopathologie phénoménologique*. Trad. Joël Bouderlique, Presses Universitaires de France, Paris 1992.

（5）Kimura, Bin: *Scritti di psicopatologia fenomenologica*. Trad. Arnaldo Ballerini, Giovanni Fioriti, Roma 2005.

（6）B. Kimura: La schizophrenie comme une pathologie de la différence. Table ronde avec J. Derrida. 1983.

3 「木村精神病理学」の構築

名市大在職中の一九七〇年代は、私自身の独自の精神病理学理論を構築してゆく上で、最も脂ののりきった時期だったと思う。まず七〇年、名市大着任の直前に、ハイデルベルク留学中にアルトルスハイムで書いた最初の著書『自覚の精神病理』(7)が紀伊國屋書店から出版されたのだが、この本についてはすでに前章で述べた。

『人と人との間』

七二年には、それに続く第二の著書として、『人と人との間』が弘文堂から上梓された。この本では、ミュンヘン時代におこなった日独の鬱病患者における罪責体験の比較をはじめて日本語で紹介し、それを中心にして文化の風土的な差異と人間の生きかた、とくに対人関係のもちかたとの関係を話題にした。後半の第四章「日本語と日本人の人間性」では、欧米諸国語と比べて非常に複雑であると同時に、容易に省略される日本語の人称代名詞についての考察、その当時非常に関心を持たれていた土居健郎氏の「甘え」概念に対する批判、日本語において多くの熟語や言い回しを形成し、それなしには日本人の心情の動きを十分に記述することのできない「気」の概念についての論考をおこなった。また第五章の「日本人の精神病理」では、日本人特有の精神病像として「対人恐怖症」と「貰い子妄想」を取り上げ、その文化的風土的な背景について考えた。この本での私の思索はまだ非常に未熟で、現在の私にとっては読むに耐えないものであるけれど、日本語を大切にしながら精神病理学的な問題を考えようとする姿勢や、人間の行動や考え方を根本から規定している風土ないし自然についての着眼など、その後の私の思索が辿った方向を予告する観点も随所に認められる。この本は思いがけずロングセラーになり、すでに三〇刷りを重ねている。そしてその間、一九九五年にエルマー・ヴァインマイア氏の手によってドイツ語訳も出版された。[8]

『異常の構造』

一九七三年には、これもすでに少し触れたが、反精神医学運動に対する私の立場表明のようなかたちで三冊目の書き下ろし『異常の構造』[9]が講談社現代新書として出版された。

正常と異常の概念はさまざまな意味を持っているが、精神医学的な意味の「異常」は決して単純な量的異常にも質的異常にも還元できない。精神病者の「異常」な言動は、とりあえずは「非常識」と読み替えることができる。しかしこの「常識」というのは、例えば『大言海』がいう「世の常に通じたる道理をわきまえて知り居ること」というような意味に収まるものではない。「常識」に相当する

(7)　木村敏『自覚の精神病理――自分ということ』紀伊國屋書店、一九七〇年、『木村敏著作集』一巻、弘文堂、二〇〇一年。

(8)　Kimura, Bin: *Zwischen Mensch und Mensch. Strukturen japanischer Subjektivität.* Übers. von E. Weinmayr, Wissenschaftliche Buchgesellschaft, Darmstadt 1995（木村敏『人と人との間――精神病理学的日本論』弘文堂、一九七二年、『木村敏著作集』三巻、弘文堂、二〇〇一年）。

(9)　木村敏『異常の構造』講談社現代新書、一九七三年、『木村敏著作集』六巻、弘文堂、二〇〇一年。

英語は「コモン・センス」であって、これは「共通感覚」を意味するラテン語の sensus communis から来ている。つまりそれは元来、「わきまえて知り居ること」のような分別知ではなく、われわれの諸感覚の根底にあって世界に向かってのわれわれの行動を統一的に制御している、一種の感覚なのである。だから「常識」とは、人々の相互了解の場における実践的感覚がある種の規範化をこうむったものと理解することができる。

われわれの人間関係は、この常識＝共通感覚に導かれているかぎり、自然な自明性を失うことがない。分裂病ではそれが深刻な解体の危機に陥る。ブランケンブルクが『自然な自明性の喪失』で分析した症例アンネは、「だれでも、どうふるまうかを知っているはずです。そこにはすべて、きまりがあります。私には、そのきまりがまだはっきりわからないのです。基本が欠けているのです」「私に欠けているのはほんのちょっとしたこと、大切なこと、それがなければ生きていけないようなこと……」「どんな子どもにでもわかることなんです。ふつうならあたりまえのこととして身につけていること、それを私はいうことができません」という言葉で、この「常識＝共通感覚」の喪失を訴えている。これと同じことを私自身の診察したある患者は、「周囲の人たちがふつうに自然にやっていることの意味がわからない。皆も自分と同じ人間なんだということが実感としてわからない。なにもかも、すこし違っているみたいな感じ」だという。

常識的日常性の世界を支配している原理は、それぞれのものが一つしかないということ、つまり「個物の個物性」であり、その一つのものがさまざまに性状を変えてもそれ自身であるということ、つまり「個物の同一性」であり、この世界とは別の世界などというものは存在しないということ、つまり「世界の単一性」である。この三つの原理は、1＝1という「世界公式」にまとめることができる。この世界公式は、いっさいの合理的思考の前提となるものであって、それ自体を数学的に証明することは不可能である。それが成立するためには、「私がある」こと、「私が私である」ことが必須の前提となる。分裂病の世界ではこの前提に疑問が生じるために、ある人が同時に他の人に入れ替わったり、一人の人物が何人もいたり、「表の世界」と「裏の世界」が混じり合ったりするということになる。いわゆる合理的な判断は、自己が自己として生きているという生の個別化の原理に深く根ざしている。

個別主題的な専門論文

個別的な主題に関する臨床的な専門論文としては、分裂病と鬱病ないし躁鬱病、それに非定型精神病を加えたいわゆる内因性精神病、それと、これも私の中では内因性の疾患である癲癇についての臨床精神病理学的な論文を、この時期にそれこそ立て続けに書いた。精神医学の専門雑誌と共同執筆のハンドブックへの寄稿だけに限ってみても、七〇年代の一〇年間だけで二二編の専門論文を執筆している。ちなみに、次の八〇年代の一〇年間に同じ主題群で書いた専門論文は一五編だった。またドイツ語を主とする外国語での専門論文は、七〇年代に一〇編、八〇年代には一四編書いている。これらの日本語の論文は、ある程度の数がまとまるごとに単行本の論文集にして出版していたので、ここではそれぞれの論文集ごとに私の思索の展開を跡づけてみたい。

『分裂病の現象学』

最初に出した論文集は『分裂病の現象学』（一九七五）[10]である。この本には、私が精神病理学について書き始めたときからの論文を集めたので、当然名古屋時代以前のものも含まれている。第一章の「序論」はこの本のための書き下ろしで、その当時までの私の思索の自伝のようなものである。第二章の「ドイツ語圏精神病理学の回顧と現況」は、ミュンヘン大学精神科の図書室で筆写した文献を資料にして村上先生との共著のかたちで書いた「精神病理学の潮流（一）ヨーロッパ——ドイツ語圏の精神病理学を中心として」（一九六六）に、「ブランケンブルクの『自然な自明性の喪失』について」（一九七二）を添えた構成になっている。前者については第三章と第四章ですでに触れておいた。後者はそれ以降のドイツで最も注目すべきブランケンブルクの著書についての紹介論文であるが、ここで私は、ブランケンブルクが「現象学は成因論的な問題に関わり合わない」という立場をとっていることに対して、批判的な意見をはっきり書いている。私自身は、当時から現在まで一貫して、分裂病の現象学が追究すべきなのは静的な「状態」ではなく、間主観的な「あいだ」の潜勢態から「自」と「他」が現勢化してくる自覚の動きそのものだと考えているから、現象学はそのまま成因論でなくてはならないのである。このような現象学の捉えかたを、私はこの本で「自覚的現象学」と呼んでおいた。

第三章の「精神分裂病の自覚的現象学」には、そのような姿勢で書き進められた私自身の分裂病論を執筆順に集めてある。

最初の「精神分裂病症状の背後にあるもの」（一九六五）についてはすでに触れた（一二八頁以下）。

分裂病に関するこの処女論文で、私は自分の立場を全面的に西田哲学に基づけようとした。「私が私の自己の中に絶対の他を見るといふことは、逆に私が絶対の他を見ることによって私が私自身を見るといふことを意味し、かかる意味に於て我々の個人的自覚といふものが成立するのである」という西田の言葉が、それ以来変わることなく私の自覚的現象学のマニフェストでありつづけている。

このマニフェストが次の論文「プレコックスゲフュールに関する自覚論的考察」（一九六七）を生んだ。当時注目を集めていたオランダの精神科医リュムケの「プレコックスゲフュール」[11]をテーマとする学会シンポジウムがあり、そこでの提題を論文化したものである。プレコックスゲフュールというのは、いっさいの医学的診断に先立って診察者が患者から感じとる分裂病独特の人間的雰囲気のことで、リュムケはこれを「分裂病者との出会いに際して診察者の心中にある奇妙な不安感とよそよそしさの感じが生じ、これは普通に二人の人が出会ったときに生ずる疏通路が欠如しているという事態と関連している」と記述している。要するにここでは診察者が、患者の側に生じている分裂病という事態を自分自身の完全に主観的な感覚として経験しているわけで、「自覚的現象学」の文字通りの範例だということになる。

（10）木村敏『分裂病の現象学』弘文堂、一九七五年、『木村敏著作集』一、五、八巻、弘文堂、二〇〇一年。

（11）H.C. Rümke: Signification de la phénoménologie dans l'étude clinique des délirants. *Congrès international de psychiatrie* I. Paris 1950.

先にも述べたように、精神医学における「病気」と「症状」の関係はそれ自体大きな問題をはらんでいる。だからこそ我々は分裂病症状の「背後」にある分裂病の基礎障害を、症状とは別の次元で探求しなければならないわけである。しかしだからといって、症状がまるで無意味だということにはならない。そういう問題を考えていたときに、医学書院から分担執筆のハンドブック『精神分裂病』（一九七五）に「症状論」の章の執筆を依頼された。「分裂病の症状論」はそのために書かれた論文である。この論文で私が分裂病の特異的症状として挙げたのは、プレコックスゲフュールとして感じとられるような「原発的自閉」、自己の自己性が根本的に他有化される「無媒介的な妄想的自覚」、ブランケンブルクが見事に分析した「自然な自明性の喪失」、それと安永浩さんがウォーコップを援用して当時活発に展開していた「自他の相対的関係の逆転」という考えを、西田哲学に依拠して脱構築した「自他の逆対応」の四つである。

これに続く三つの論文は、先に述べたように七二年以来毎年開かれていた『分裂病の精神病理』のワークショップ・シリーズで発表したものである。

「精神分裂病論への成因論的現象学の寄与」（一九七二）は、右に述べたようにブランケンブルクが現象学から成因論を排除していることに対する疑義として、自己の成因論を内に含む自覚的現象学の可能性を論じたものである。「われわれは自己というものを所有しているのではなくて、絶えずそのつど自己自身にならねばならぬ。自己ということは自己になるということである」（同書二五二頁）。これが私の一貫した考え方であった。次の「身体と自己——分裂病的身体経験をめぐって」（一九七四）では、ノエシス的生成的な自覚としての自己と、自己が自らを世界に向かってノエマ的に表現する場所としての身体との関係が、分裂病者の経験においてどのように乖離しているかを論じた。「妄想的他者のトポロジイ」（一九七四）は、右に述べた分裂病性の自他の逆対応を、パラノイア患者に見られる外部からの妄想的他者の侵入と対比させ、内部からのクーデター的な主権簒奪として特徴づけたものである。

この『分裂病の現象学』にはこれ以外に、岡山大学で行った講演「分裂病の現象学」（一九七四）や、『思想の科学』誌に載せた「医者と患者——病気と狂気の意味をめぐって」（一九七二）、「メメント・モリ」（一九七三）、「人類の異常と個人の異常」（一九七四）の三編を収録してある。そのうち「メメント・モリ」は、私が治療していて自殺を防げなかったある分裂病患者の死に触れて、死と生と自己の問題についてあらためて考え直してみようとしたものである。この問題はその後も長らく私の念頭から離れていない。

『自己・あいだ・時間』

名古屋時代にまとめた二冊目の論文集は『自己・あいだ・時間——現象学的精神病理学』（一九八一）[12]である。この本には『分裂病の現象学』に続く分裂病論のほか、鬱病や離人症の精神病理学、比較文化精神医学などに関するそれまでの論文が集め

(12) 木村敏『自己・あいだ・時間——現象学的精神病理学』弘文堂、一九八一年、『木村敏著作集』二、三、五巻、弘文堂、二〇〇一年、ちくま学芸文庫、二〇〇六年。

られている。

最初の三編は鬱病ないし躁鬱病に関するもので、まず「鬱病と罪責体験」(一九六八)はハイデルベルク留学以前に書いたものだが、本書の中心的主題となった内因性精神病の時間論の、いわば嚆矢となった考察として、その歴史的意味は小さくない。テレンバハのいうように「メランコリーが罪責主題を動かしていると考えるのは正しくなく、むしろ罪責主題のほうがメランコリーという舞台を獲得する」のであって、そういった罪責鬱病者の病前性格は「取り返しのつかない事態を恐れる、現状維持への活動的執着」という公式にまとめることができる。次の「躁鬱病の病前性格と発病状況」(一九七二)は、医学書院から出版された『躁うつ病』の「性格と状況」の章として書いたもので、現状維持を望む保守的なタイプの人が取り返しのつかぬ事態に直面して発病するという性格・状況の複合的な成因論を、教科書に記載されているその他の病前性格論や成因論と対比して論じた。

そのようなタイプの病前性格の持ち主は、自他の人間関係という観点から見ると、ある意味で分裂病者以上に「自閉的」である。他人との関係は社会秩序の構成要素としての表面的な役割関係に限定されてしまっている。次の「いわゆる「鬱病性自閉」をめぐって」(一九七六)は、クランツが提唱したこの「鬱病性自閉」の概念を展開して、鬱病論においても当然問題にしなくてはならない間主観性のあり方を論じたものである。この論文において私ははじめて、鬱病親和者が取り返しのつかない事態を恐れるあり方を、ラテン語で「あとのまつり」を意味する「ポスト・フェストゥム」の語で形容し、一方つねに不確定な未来に向かって開かれている分裂病親和者のあり方に、「祭りの前」ないし

「前夜祭」と訳せる「アンテ・フェストゥム」の語を当ててみた。これに癲癇親和者の「イントラ・フェストゥム」を加えた三つ揃いは、それ以後国内だけでなく国際的にも「木村精神病理学」を代表する概念となるのだが、それが最初に顔を見せたのがこの論文である。

この論文集の第四論文「離人症の精神病理」(一九七六)は、中山書店から刊行が続けられていた膨大な『現代精神医学大系』の一分冊に、「離人症」の原題で執筆したものである。これまでにも書いてきたように、離人症は分裂病と並んで私の自覚的現象学の中核的なレパートリーだった。それだけに私は離人症について非常に個性的な独自の考えをもっていた。しかしこの独特の精神症状については、一九世紀後半にそれがはじめて報告されて以来、列挙にいとまのない多数の精神病理学的理論が提出されている。そういった文献の山に埋もれてこの論文を書く作業は、非常に大変だが充実した時間を与えてくれた。

次の二編の分裂病論「分裂病の時間論」(一九七六)と「時間と自己・差異と同一性」(一九七九)は、ともに上述のワークショップ『分裂病の精神病理』シリーズに含まれる連続論文で、ここでは「鬱病性自閉」の論文で芽を出したばかりの「ポスト・フェストゥム」と「アンテ・フェストゥム」の両概念が、一気に主題的に展開されている。ということは、私がそれまで「自己の病理」として構想してきた分裂病の精神病理を、「時間の生き方の病理」として再構想し始めたということである。それは同時に、「自己」という現象と「時間」という現象の本質的な等根源性に着目して、この共通の根源のところに分裂病の病理を見定めるということでもあった。

まず最初の「分裂病の時間論」では、パラノイアに代表されるような非分裂病性の妄想体験がメランコリー親和型の鬱病と同型の事後的・負い目的なポスト・フェストゥム構造をもつのに対して、分裂病者の体験は純粋に事前的・先駆的・未来志向的なアンテ・フェストゥム構造を示すことを、それぞれ臨床例を挙げて提示し、これをハイデガーが『存在と時間』で示した超越論的現存在分析論の文脈に即して考察している。第二論文の「時間と自己・差異と同一性」では、キルケゴールがその『死に至る病』の冒頭で述べた「自己は関係が関係それ自身に関係するという関係のうちにある」という命題から「自己自身との差異としての自己」という概念を取り出し、これを純粋な自発性としてのノエシス的自己とそこから差異化されたノエマ的自己との「不平等な差異」と解釈した上で、そのような差異を生み出す源泉として「受容性と自発性との根源的な統一」であるところの「超越論的構想力」（カント／ハイデガー）にほかならない「根源的時間」に考え及んでいる。この二つの論文は、現在の私自身から見ても自分の作品とは思えないほどの完成度をもった臨床哲学論文であって、私の現象学的精神病理学の真髄を知りたいという人があったら、なにをおいてもこの二つを読んでほしいと思っている。ひとこと付言すれば、「アンテ・フェストゥム」「ポスト・フェストゥム」と並ぶ第三の「イントラ・フェストゥム」概念は、この第一論文の末尾に暗示されているだけでまだその姿を現していない。この概念が明示的に登場するのはその後に集中的に書かれた癲癇論においてであって、これは四番目の論文集『直接性の病理』（一九八五）の話題になる。

論文集『自己・あいだ・時間』に話を戻そう。その第七章「精神医学と現象学」（一九八〇）は、哲学としての現象学の講座（『講座・現象学』）からの依頼で書かれたものである。哲学としての現象学が第一次的には思索者自身の問題を問うのに対して、精神医学的な現象学が問題にするのは精神科医にとっては他者である患者のあり方である。精神医学的現象学が哲学的現象学の単なる応用に終わったり、患者自身による自己省察のいわば現象学的「代執行」に過ぎないものとなってしまったりしないためには、医者と患者という自他の「あいだ」が、医者にとっての現象学的な「自覚」の成就する場所として見出されなくてはならない。分裂病についての前述の「プレコックスゲフュール」ないし「直観診断」の可能性は、厳密な意味での精神医学的現象学が可能であることを示すものであると同時に、分裂病という事態の「現象学親和性」を如実に物語っている。

「分裂病の診断をめぐって」（一九八二）は、先の「離人症の精神病理」と同じ全書の『精神分裂病』の一分冊に、「診断」という原題で書いた、完全に専門家向けの総説である。しかしここでも主として病像の面からの分裂病診断に関わる諸家の見解を文献的に紹介するだけでなく、現象学的な直観診断の問題にも類書には例を見ないかなりのページ数を割いた。

『自分ということ』　分裂病の直観診断が、患者の示す独特の不自然さを手引きにして、患者の自己の成立不全を診察者とのあいだという場所で見定めるものである以上、「自然さ」と「自己」、「あいだ」と「自己」の本質的な関係についての考察は不可欠である。七〇年代後半に、ある総合誌からの依頼を受けて書いた「「自然」について」「自己とはなにか」「「あいだ」と「ま」」の三部作はこのようにして生まれた。

古来の日本語では自然さのことを「おのずから」といい、自己のことを「みずから」という。この二つの語に含まれている「から」は、期せずして漢語の「自然」と「自己」が共有する「自」と同じく、ある自然発生的な起源を意味している。これに対応して西洋中世にも「産み出す自然」(natura naturans)という概念があった。これは以前ハイデルベルクでテレンバハと共著で発表した「自然」論文にも書いたことだし、ブランケンブルクが『自然な自明性の喪失』で論じた「ひとりでに」(von selbst)の自明性と「みずから」(selbst)の自立性との「弁証法的」な関係にも関わっている。私にとってその後大きなテーマとなった「おのずから」と「みずから」の概念対を最初に立ち入って論じたのが、この三部作においてである。

この三編にそれと関連した一般向けの講演「「間」と個人」(一九八一)を添え、さらにこれに他のいくつかの機会に書いた分裂病論を加えて一冊にしたものが、第三論文集『自分ということ』(一九八三)[13]である。

そのうち「思春期病理における自己と身体」(一九七八)では、分裂病、境界例、離人症、対人恐怖症、神経性無食欲症など、自己の自己性に関わる病理の好発年齢である思春期に、身体がどのように生きられているのかを論じた。身体とはいうまでもなく物質的な「もの」である。それに対して自己とは、自己という「もの」ではなくて「自己である」という「こと」である。しかし自己は、このようにそれ自身と異質な存在性格を持つ身体を「所有」することによってしか、自己として現実に「存在」することができない。この一事があらゆる内因性病態の、そして特に尖鋭的な姿で思春期病理の根源を形成している。

「存在論的差異と精神病」（一九七八）は、ハイデガーのいう「存在論的差異」と、私が「内的差異」として考えている自己存在との関係について哲学雑誌『理想』に書いたもので、「差異」をめぐる私の臨床哲学的思索の一つの原点ともいうべき論文である。また最後の「ハイデッガーと精神医学」（一九七九）は、ハイデガー哲学の受容をめぐってのビンスヴァンガーとボスの論争をめぐって、やはり哲学雑誌『現代思想』に書いた論文である。ビンスヴァンガーはいうまでもなく私の現象学的精神病理学の出発点となった人だし、一方ボスとは「チューリヒ会議」で毎年二回数日間を過ごして、個人的には非常に親しくなっていた。しかしこの二人の激しい対立では、私はどうしてもビンスヴァンガーの肩を持つ。それは、精神病院で多数の分裂病者を治療してきたビンスヴァンガーと違って、ボスにはそれほどの分裂病治療経験がなく、ただひたすらハイデガー理論に忠実であることだけを大切にしてきた人だからである。

『直接性の病理』

私の第四論文集は『直接性の病理』（一九八五）[14]という。このやや唐突な書名をもつ本の中核部分をなすのは、私が名市大在任中に内因性精神病の研究と並んで力

（13）　木村敏『自分ということ』第三文明社レグルス文庫、一九八三年、ちくま学芸文庫、二〇〇八年、『木村敏著作集』二、三、七巻、弘文堂、二〇〇一年。

（14）　木村敏『直接性の病理』弘文堂、一九八五年、『木村敏著作集』四、五巻、弘文堂、二〇〇一年。

を入れていた癲癇《てんかん》の人間学的考察である。そしてそれへの導入として、ハイデルベルク以前に水口病院で書いた「非定型精神病の臨床像と脳波所見との関連に関する縦断的考察」(一九六七)と、全体の文脈から見るとやや異質だが、躁鬱病像を呈しながら定型的な躁鬱病とは異なった人間学的特徴を持つ症例について専門誌に書いた「躁鬱病の「非定型」病像」(一九七三)の二編を置いている。前者については、すでに第四章(一三五頁以下)で立ち入って述べておいた。

私は自分の論文集を編むとき、そこに集めた論文の全体をかなり詳しく展望した文章を、「まえがき」とか「序章」とかの形で最初に置く習慣を持っている。これは西田幾多郎が、彼のそれぞれの論文集の冒頭に独立論文としても重要な価値をもつ「序」をつけていたのを、どこか真似ていたのではないかと思う。特に私のこの『直接性の病理』への「序章」は、言語による媒介を必要とする「間接性の病理」ないし「差異の病理」としての分裂病論やメランコリー論以外に、なぜ無媒介の「直接性」そのものの病理が問題となるのか、いいかえると理想への先駆的な希求が独走する「アンテ・フェストゥム」的病態や、過去の秩序からの逸脱を怖れる「ポスト・フェストゥム」的病態と並んで、祝祭そのもののエクスタシーにもてあそばれる「イントラ・フェストゥム」、すなわち文字通り「祭りのさなか」と形容せざるをえない病態がなぜ問題となるのかを論じたもので、私は自分自身、この「序章」を一編の完成した独立論文だと思っている。事実この序章は、先に述べたブーデルリク君が翻訳編集した私のフランス語論文集では、独立した論文として扱われていて、フランスの同僚たちからも高い評価を得ている。

「アンテ・フェストゥム」と「ポスト・フェストゥム」は互いに本性上異なった相互排除的な規定であって、誤解を恐れずに簡略化して言ってしまえば、前者は未来を、後者は過去をそれぞれ志向している。これに対して「イントラ・フェストゥム」は、この両者といわば垂直に交わる独立の量的契機で、したがってこの両者のそれぞれと両立可能である。時間的な表現を用いるなら、これは現在あるいは「永遠の瞬間」に対応する。精神医学においてそのような現在中心的な時間性がもっとも完全に具現するのは、ほかならぬ癲癇の発作においてである。

「通常の時間の流れにとってまったくの異物であるこの絶対的な現在の瞬間において、癲癇者がいかなる世界を生き、なにを体験しているかは、発作中の完全な意識喪失のために、一般にはまったく知ることができない。しかしそれが通常の覚醒時において生きられている世界とは全然別の、異次元の世界であろうことは、容易に考えられる。そもそも、癲癇者が発作中に意識を失うということそれ自体が、単純に脳活動の停止ということでもって説明しつくされるものではない。……つまり一般に「意識障害」という名称でまとめられている各種の状態像のなかでも、癲癇の意識障害は単なる量的な機能低下の現れではなくて、癲癇発作の間に生きられる世界が、人間の意識活動という（個別化の原理によって限定された）特殊な構造のもとでのみ開示されうる通常の世界とはまるで次元を異にしているために、この世界のなかに「収まりきらず」、意識がいわば過剰に対する適応不能に陥って機能を停止した状態と考えられる（「なぜ癲癇患者は意識を失うか」という基本的な疑問は、不思議なことに、私の知るかぎりこれまで提出されたことがない）[15]」。「癲癇発作における時間の断絶と意識の消失は、この純

ディーター・ヤンツ

粋現在的な直接性の世界が唐突に露出して、日常の間接性がこの過剰に対応できないという、差し迫った危機の様相を示している(16)」。ちなみに現代イタリアの著名な哲学者ジョルジョ・アガンベンは、その『アウシュヴィッツの残りのもの——アルシーヴと証人』(17)の中で、私の名を挙げてこの問題に言及している。これはもちろん、前述のブーデルリク君の仏訳に依拠したものである。

この論文集に収めた一連の癲癇論は、私がハイデルベルクで親交を結んだ、ヴァイツゼカー門下の癲癇学者ディーター・ヤンツの研究(18)に負うところが多い。ヤンツは全身痙攣発作を伴う大発作癲癇を、発作が睡眠中に起こりやすい「睡眠癲癇」、覚醒直後に起こりやすい「覚醒癲癇」、時間を問わずに発作を起こす「不定刻癲癇」の三種類に分類する。そのほとんどが脳器質性障害に起因する不定刻癲癇は別として、他の二型にはそれぞれ独特の病前性格が対応している。「睡眠癲癇」特有の病前性格が従来から「癲癇気質」として記載されてきた粘着的・固執的性格像であるのに対し、「覚醒癲癇」のそれはまったく正反対で、情動的不安定、ルーズ、幼児的・依存的な外向性などの特徴を持つ。言い換えれば前者はそのつどの現在に密着して離れられないのに対して、後者は刹那から刹那へと移り歩くという意味で、これまた現在中心的な生き方を示す。

癲癇発作それ自体の突発的な時間的性格も、この病前性格と等根源的なものであるに違いない。ドイツ語では発作のことを「クリーゼ」(Krise) とも呼ぶが、日本語で「危機」ないし「転機」と訳しうるこの語は、ある連続した経過が「のるかそるか」の分岐点にさしかかって重大な選択を迫られる、非連続の瞬間を意味している。ヴァイツゼカーは個人の自己の主体性について、それがつねに消滅の危機を経験して新たに蘇生する「非連続の連続」を、この「クリーゼ」の概念で表現した(19)。自身癲癇患者であったドストエフスキーが自らの発作体験について、それは地上の姿のままの人間には耐えきれない、肉体的に変化するか、でなければ死んでしまうしかない、と書いている(『悪霊』)のを受けて、ヴァイツゼカー門下の神経科医パウル・フォーゲルは、「この事態が人間存在の根柢まで貫徹するとしたら、ただごとではない出来事が生じるだろう。それは自然な人間の神への変容(Transfigura-

---

(15) 木村敏、同書二三頁以下。
(16) 同書三三頁。
(17) ジョルジョ・アガンベン『アウシュヴィッツの残りのもの——アルシーヴと証人』上村忠男・廣石正和訳、月曜社、二〇〇一年、一七二頁。
(18) D. Janz: *Die Epilepsien. Spezielle Pathologie und Therapie.* Thieme, Stuttgart 1968.
(19) V. von Weizsäcker: *Der Gestaltkreis. Theorie der Einheit von Wahrnehmen und Bewegen.* GS 4 (木村敏・濱中淑彦訳『ゲシュタルトクライス』みすず書房、一九七五年、二七三頁以下)。

tion, Verklärung）であり、その決定的な消滅としての死（Auflösung）であろう」と述べている。[20] 同じくヴァイツゼカー門下の内科医であるヘルベルト・プリュッゲも、クリーゼとしての発作は破滅と創造が同時に生起する場所であり、「生成に内在する死」であるという。[21] こうして、イントラ・フェストゥム的な永遠の瞬間の体験を通じて、「死」のテーマが表面化してくる。そしてこのテーマは、現在における私にとっての大きな課題となっている。

この『直接性の病理』に癲癇論以外で収録した論文としては、先に挙げた非定型精神病の脳波に関する論文と非定型躁鬱病の論文のほかに、「鬱病と躁鬱病の関係についての人間学的・時間論的考察」（一九八二）と「非定型精神病の人間学的分類の試み——人間学的診断の臨床的意義」（一九八三）の二編がある。両方ともワークショップでの提題を論文化したものだが、前者では躁病像について、後者では非定型精神病像について、それぞれそのイントラ・フェストゥム的性格を取り上げ、そこに癲癇との人間学的な共属性を見出そうとしている。先にも述べたようにイントラ・フェストゥムの構造は、アンテ・フェストゥム、ポスト・フェストゥムのいずれとも合併しうる量的契機であって、おおざっぱに言えばそれがアンテ・フェストゥムと重なれば非定型精神病の、ポスト・フェストゥムと重なれば躁鬱病の病像が現出することになる。こうして、あくまで臨床的病像に着目する教科書的な疾病分類に代わって、比較的純粋なアンテ・フェストゥム疾患としての分裂病、比較的純粋なポスト・フェストゥム疾患としてのメランコリー型鬱病とパラノイア、そしてイントラ・フェストゥムの契機が大きな役割を演じている癲癇、躁病像および非定型精神病という、人間学的な存在様式の類型化の可能性が生まれることになる。

『時間と自己』

この可能性の着想が、私に『時間と自己』（一九八二）[22]を書き下ろさせることになった。名古屋時代も終わりに近い八二年の夏休みに、それこそ一気に書き上げられたこの本は、思いがけず江湖に迎えられて、二〇〇九年現在で二六版、部数は一〇万を越えている。それ以来、多くの若い同僚からこの本を読んで精神科医になることを決めたという言葉を聞いて、著者冥利に尽きる思いのすることが何回もあった。

さまざまな精神病を時間の生きかたの違いで人間学的に分類しようという場合、やはりまずもって「時間」とは人間にとって何であるかを見極めておかなくてはならない。ふつうわれわれは時計でもって測っているもののことを時間と呼んでいる。そのようにして客観的対象的に見てとられる時間は、空間を満たしていてやはり対象的に見ることのできるさまざまな「もの」と変わることのない、「時間というもの」にほかならない。しかしわれわれが自分の生きている現場を虚心に眺めてみたとき、そこに時間のもうひとつの顔が、つまり時間と呼ばれることになる何かが、音もなく過ぎ去って行くという「こと」、つづめていえば「時間ということ」が見えてこないだろうか。

（20）P. Vogel: Von der Selbstwahrnehmung der Epilepsie. Der Fall Dostojewski. Nervenarzt 32; 438–441, 1961.

（21）H. Plügge: Über Anfälle und Krisen. Psyche 2; 401–415, 1948–49.

（22）木村敏『時間と自己』中公新書、一九八二年。

日本語は「もの」と「こと」というユニークな一対の表現をもっている。「もの」のほうは、「もののしい」とか「もののあはれ」とかのような特別な用法は別として、日常語としては thing の意味だと考えてよい。つまりそれは私の外部あるいは内部の空間にあって、対象的に「見る」ことができ、名詞で言い表すことのできる「実体」である。これに対して日本語で「こと」といわれるのは、本来どのようにしても実体的に対象化できない「出来事」であり、「動向」である。「何々というもの」と「何々ということ」のそれぞれの「何々」の部分に単語を当てはめてみるといい。前者の「もの」のほうの「何々」のところに来るのはかならず名詞であるのに対して、後者の「こと」のほうの「何々」は、原則として動詞、助動詞、形容動詞などを含んだ、文章の述語部分であることがわかる。「時間ということ」として捉えられている時間は、いちおう名詞的に「時間」とは書かれてはいるものの、「時間というもの」といわれる実体化された時間とはまるで違って、存在ではなく生成の性格を帯びている。

「もの」と「こと」とのあいだにある同じこの「存在論的差異」が、「自己」についてもいえる。「自己というもの」が対象化され実体化された自己、意識に映し出された自己を指しているのに対して、「自己が自己であるということ」という場合にそこで言おうとしているのは、まだ対象化されていない、非実体的な動きとしての「述語的自己」である。そしてこの「述語的」性格という点で、「自己」ということと「時間」ということはほとんど同義の事態を指している。だから離人症患者は、「自己が感じられない」ということと「時間が感じられない」ということを、同じひとつの事態として述べるのである。

『自己・あいだ・時間』と『直接性の病理』で定式化した「アンテ・フェストゥム」「ポスト・フェストゥム」「イントラ・フェストゥム」の時間論を、私はこの『時間と自己』で「自己の精神病理」として体系化してみようと思った。そしてここで用いた「フェストゥム」すなわち「祝祭」の背後に、「生の祝祭」の真の執行者である「死」の姿があることに気づき始めていた。これが私のその後の生命論につながることになる。この本の「あとがき」から一節を引用しておこう。「私たちは自分自身の人生を自分の手で生きていると思っている。しかし実のところは、私たちが自分の人生と思っているものは、だれかによって見られている夢ではないのだろうか。夢を見ている人が夢の中でときどきわれに返るように、私たちも人生の真只中で、ときとしてふとこの「だれか」に返ることができるのではないか。……そしてこの「だれか」が夢から覚めるとき、私の人生はどこかへ消え失せているのだろう。この夢の主は、死という名をもっているのではないのか」（同書一九一～一九二頁）。

（23）B. Kimura: Schizophrenie als Geschehen des Zwischenseins. Nervenarzt 48/8, 434-439, 1975.
（24）B. Kimura: Mitmenschlichkeit in der Psychiatrie. Z. klin. Psychol. Psychother. 19/1, 3-13, 1971.
（25）B. Kimura: Phänomenologie des Zwischen. Zum Problem der Grundstörung der Schizophrenie. Z. klin. Psychol. Psychother. 28/1, 34-42, 1980.
（26）B. Kimura: Zeit und Angst. Z. klin. Psychol. Psychopath. Psychother. 33; 41-50, 1985.

外国語論文

名古屋時代には、英独仏の外国語でも一八編の論文を書いている。そのいくつかを挙げると、『ネルフェンアルット』誌に載せた「あいだの出来事としての分裂病」[23]、一九六九年から編集同人をしているドイツ語の『臨床心理学・精神療法雑誌』に載せた「精神医学における人間関係」[24]、「あいだの現象学——分裂病の基礎障害問題に寄せて」[25]、「時間と不安」[26]の三編、やはり一九八三年から編集同人をしているドイツ語の『現存在分析』(これはボス派の現存在分析雑誌である)に載せた「人間学的観点から見た癲癇」[27]、ペリシエの編纂した『空間と精神病理学』にフランス語で寄稿した「内主観的空間性と分裂病」[28]、先にも触れたミュラー＝ズーアの六〇歳記念論文集のために書いた「妄想的来歴否認とその文化人間学的意義」[29]、ヤンツァーリクが編纂した『基礎科学としての精神病理学』に寄稿した「ハイデルベルク大学精神科と日本の精神医学」[30]、クラウスの編纂した『身体・精神・歴史』に寄稿した「間文化的精神医学と精神病の文化超越性」[31]などがある。

4　名古屋での生活

名市大精神科の活気

このようにして、名古屋時代は私にとってもっとも充実した時期であった。しかしそれは私自身の生産性だけによるものではない。私が名古屋市大へ着任するきっかけを作った全国規模での反講座医局制・反精神医学運動は、各大学で医局員が研究に専念する自由を奪い、医局内での指導者と若い医局員との縦の関係が希薄になった。東大、京大、東北大をはじめとする全国の有名大学から、一地方大学に過ぎない名古屋市立大学へ、指導者を求める若い精神科医がどんどん転入するという現象が起こった。そのころ名古屋は、私が教授に就任して中井久夫君を助教授に迎え、同じ名古屋にある名古屋大学の精神科に京大で私の先輩だった笠原嘉先生が教授として着任されていたこともあって、「精神病理学のメッカ」と呼ばれるようになっていた。精神病理学を勉強するためにわざわざ名古屋市大の医学部を受験して入学し、卒業してから精神科に入ってくる人たちもいた。いちいち名前は挙げないが、そういった若い同僚たちは名市大の医局を非常に活性化してくれて、そこでの勉強会は私自身にとってもこの上なく刺激的なものであった。

私は、自分が若いとき京大精神科で精神病理学を勉強したのと同じ方式で、つまり外国文献を逐語

---

(27) B. Kimura: Epilepsie in anthropologischer Sicht. Daseinsanalyse 1; 192-202, 1984.

(28) B. Kimura: La spatialité intersubjective et la schizophrénie. In: Y. Pelicier (éd.), Espace et psychopathologie. Economica, Paris 1983.

(29) B. Kimura: Über die wahnhafte Herkunftsablehnung und deren kulturanthropologische Bedeutung. In: J.M. Broekman, G. Hofer (Hrsg.), *Die Wirklichkeit des Unverständlichen*. Nijhof, Den Haag 1974.

(30) B. Kimura: Heidelberger Psychiatrische Klinik und japanische Psychiatrie. In: W. Janzarik (Hrsg.), *Psychopathologie als Grundlagenwissenschaft*. Enke, Stuttgart 1979.

(31) B. Kimura: Transkulturelle Psychiatrie und Kulturtranszendenz der Psychosen. In: A. Kraus (Hrsg.), *Leib, Geist, Geschichte*. Hütig, Heidelberg 1977.

訳しながら著者の思想を学ぶという読書会形式で医局員を指導することにした。一人が論文を読んできてそれを紹介するという「抄読会」方式は、時間の経済にはなるけれども、著者の本当に言いたいこと、場合によってはそこに書かれた言葉の背後に隠れているかもしれない著者の思想を探り出すのには向いていない。精神病理学で重要なのは、結論として何が言われているかであるよりも、その結論が導き出される思索の過程である。それを知るためには、著者が書いた一語一語についてその辞書的な意味の背後を「読む」ことによって、その思索に「同行」しなければならない。これは、精神科で患者を診るときに、患者の症状からその表面的な意味の底にある深い動きを読み取る心がけともつながっている。この逐語訳的な読書会は、私がその後京都へ移ってからも、京大を退官した現在でも、ずっと続けてやっている。

テキストとしては、ドイツの精神病理学者が書いた雑誌論文（その一部をまとめてアンソロジーにして出版したことはこの章の始めに触れた）、ヤンツの『癲癇』という大著の一部のほか、フロイトの著作を（とくにメタ心理学関係のものを中心にして）しっかり読んだ。フロイトはドイツ語の原文で読まなければだめだということをラカンもいっているようだが、私もまったく同感である。日本語の翻訳で読んだり、英語版で読んだりしてフロイトを論じているのは、それこそ論外だと思う。それにフロイトのドイツ語は、ゲーテ賞を受賞しただけあって非常に名文である。そのドイツ語の見事な書き手であるフロイトが、たとえば「快原則の彼岸」などであちこち言い淀んだり不明瞭な書き方をしたりしている箇所にこそ、彼が本当に言いたくて十分に表現しきれていない重大な意味がひそんでいる。それを掘り出す喜びは、ドイツ語の原文からでなければ味わえない。
精神医学論文以外に、哲学書ももちろんたくさん読んだ。ハイデガーの『存在と時間』、『現象学の根本問題』、ヘーゲルの『精神現象学』などをじっくり読んだし、フランス語ではドゥルーズの『ベルクソニスム』、デリダの『声と現象』、レヴィナスの『時間と他者』などを、それぞれ全部読み切ったと思う。これは私自身のフランス語の学習にも役立った。ただ、毎回の予習が私にとってもたいへんだった。

この読書会とその副産物である翻訳を通じて、名市大の精神科にはドイツ語やフランス語に堪能な若手の医師が育ってきた。私は彼らを次々にブランケンブルクのところへ留学させた。当時ブランケンブルクはいったんハイデルベルク大学を辞めて故郷のブレーメンの市立病院に就職し、数年後に再びマールブルクで大学生活に戻ることになるのだが、彼のもとにはいつもだれか名市大からの留学生がいるという状況が続いていた。チューリヒ会議で毎年二回ヨーロッパへ行くごとにその人たちを訪ねるというのが、私にとって楽しい習慣になっていた。

その当時、医局の諸君といっしょに出した翻訳としては、先ほど触れたドイツ精神病理学のアンソロジーのほか、岡本進君、島弘嗣君と共訳したブランケンブルクの『自然な自明制の喪失』[32]、これも

(32)　ブランケンブルク『自明性の喪失——分裂病の現象学』木村敏・岡本進・島弘嗣訳、みすず書房、一九七八年。

すでに述べたが中井久夫君と二人で監訳したエレンベルガーの『無意識の発見』上下二巻、[33] テレンバハが編纂した精神科治療の歴史的展望を、長井真理、高橋潔君と訳したもの[34]などがある。

この読書会を通じて頭角を現したのが、長井真理さんである。彼女の読みは群を抜いていた。私自身、彼女に教えられたことが何度あったかわからない。彼女は一九八五年から東京都精神医学総合研究所に勤務して、哲学者たちとの現象学の研究会にも参加していたが、八九年に豊橋市民病院の精神科で臨床に復帰した。しかしその直後に膵臓癌が発見されて、九〇年の一月に三七歳の若さで世を去った。没後、私は彼女の書いたすべての論文を一冊にまとめて岩波書店から出版した。[35]

名市大時代の研究活動で追加して書いておきたいこととして、一九七八年に「精神病理懇話会」が創立され、その後毎年一回、全国各地で開催されて、名市大の私のグループからも毎回何人かが演題を出してこの懇話会を盛り上げていたということがある。私自身も何回か発表をおこなった。この学会はその後「日本精神病理学会」に発展し、私がその初代理事長を務めることになるのだが、これは京大時代のことである。今ひとつは、七四年頃から名古屋大学の笠原嘉先生と二人で鬱病の人間学的な臨床分類の共同研究を始め、その成果が笠原先生の手で七五年に論文化されたことである。[36] これはその後一般に「笠原木村分類」と呼ばれるようになった。

しかし、名市大時代の後半には、いま回想するのもつらいような、嬉しくないこともいくつかあった。まず一九七八年の一月ごろから、一人の女性患者の治療をめぐって名市大の精神科がある患者団体の攻撃目標となり、矢面に立った中井久夫君は健康を害して寝込んでしまい、私に対してもはっきりした殺意の表明のようなものもあったりして、万一の事態を考えざるをえなくなっていた。当時の日記には「死」についての所感のような文章が書かれている。

中井君はその後まもなく神戸大学の精神科教授として名古屋を離れることになり、その後任の助教授としては大阪大学から清水将之君をお願いして、一九八〇年の九月に着任していただいた。清水君は、私がドイツでお世話になったマイヤー教授のところへ留学していた青年期精神医学の専門家で、離人症のよい論文を書いている人である。

名市大時代のもうひとつの不愉快な思い出は、私たちの研究グループから疎外されたと感じていた一部の医局員が、私に対する中傷の怪文書をマスコミや教授会をはじめ各方面に流し、その後私が京都大学の教授選に立候補すると、京大医学部の教授たちにまで送りつけたりしたことである。その首謀者の一人はドイツ語がある程度できて、私が推薦してドイツへ留学もさせている人だが、教室の図

---

(33)　エレンベルガー『無意識の発見』上・下、木村敏・中井久夫監訳、弘文堂、一九八〇年。
(34)　テレンバッハ編『精神医学治療批判——古代健康訓から現代医療まで』(H. Tellenbach, Hrsg.: *Psychiatrische Therapie heute. Antike Diaita und moderne Therapeutik.* Enke, Stuttgart 1982) 木村敏・長井真理・高橋潔訳、創造出版、一九八五年。
(35)　長井真理『内省の構造——精神病理学的考察』木村敏編、岩波書店、一九九一年。
(36)　笠原嘉・木村敏「うつ病の臨床的分類に関する研究」『精神神経学雑誌』七七巻、七一五〜七三五頁、一九七五年。

書や私個人の蔵書から入手困難な書物や雑誌を勝手に持ち出して返却しない常習者でもあった。

一九八五年、名市大で私の前任者であり、その後京大精神科の教授になっておられた大橋博司先生が京大を停年となり、私もその後任に立候補するよう京大の教授会から要請があった。名市大の研究生活は快適だったから、右に書いたような不愉快な事件さえなければ、その要請は断って名古屋に残っていたかもしれない。しかし結局立候補することに決め、八六年の一月に教授会で次期教授に選出されて、五月一日に着任することになった。もう一度、大橋先生の後を継いだわけである。当時はすでに、精神病理学専攻の教授は全国的に見てもめずらしい時代に入っていた。

父の死

私が名市大の教授になった七〇年代の前半ごろ、高山の父の健康がすぐれなくなっていた。以前からあった鬱状態が悪化して名市大へ入院したり、眼底出血で視力が低下したり、前立腺癌が疑われたりしていたが、一九七六年の夏には二十数年間の開業医生活に終止符を打って名古屋へ移ってきて、私が住んでいたマンションのすぐ上の階に住むことになった。名市大病院で検査してもらったところ、巨大な腹部大動脈瘤が発見された。そして七六歳の誕生日の二週間後の七七（昭和五二）年の二月一日、昼寝をしている間に大動脈瘤が破裂して、なんの苦しみもなく世を去った。墓は父が愛していた高山の、国分寺という真言宗の名刹に建て、父の出身地である高野山に分骨した。

同じ年の五月には、弟の淳がアイオワ大学神経科の教授に就任した。父が元来研究者志向をもっていたことは前にも書いたが、二人の子どもがともに医学部の教職についたことは父にとって嬉しいことだったに違いない。ただ、父はつねづね「本学の教授」という言い方を好んでいた。「本学」というのは、父の場合には京大のことである。私は八六年に京大の教授になったし、弟も八九年に京大神経内科の教授に着任した。父が生きていたらきっと喜んでくれただろうと思う。父が死んでから、高山の家がまだ残っていたので、母は冬場だけ名古屋で暮らし、夏は住み慣れた高山で過ごすという二重生活を始めた。

七九年になってこの高山の家は、母が生活するための離れを残して、私が幼年時代を過ごした母屋（それはそのまま父の診療所になっていた）を売却し、それで名古屋市天白区の表山に一戸建ちの自宅を購入した。娘のまり子は八三年にお茶の水女子大学の仏文科を卒業して名古屋に戻り、息子の元は同じその年に上智大学に入学して哲学を勉強することになった。

第七章　京大に戻って

1　京大精神科に着任

京大精神科の当時の情勢

京大の精神科は京大病院のもっとも西の端、鴨川に面した一画にある。一万坪という広大な敷地に木造二階建ての外来棟兼研究棟と六つの病棟が散在し、池やテニスコート、散策路をかこんで巨木がたくさん立っていた。全体がコンクリートの壁に囲まれ、外来棟の入り口は鴨川沿いの川端通に面していた。

教授室は外来棟の二階にあった。一九八六年の五月から、私はその部屋の五代目の住人になった。若いときには、教授室に出入りするのは特別な用件のあるときに限られていたし、だいたいは緊張して小さくなって入って行ったからだろう、ずいぶん広い部屋だったように記憶していた。自分の部屋になってみると、全然広くない。机も椅子も、書架も書類棚も時代物の木製で、使い勝手の悪いものだった。

全国各地で反医局講座制の闘争が激しかったときからもう十五年以上経っているというのに、京大では東大と並んでまだ「戦時下」の態勢が続いていた。「医局」という呼称に代わって、医者たちは「評議会」という組織を作っていた。これは完全に「反教授会権力」の組織だったから、とくに人事に関して教授と対立することが多いのは当然として、教授が研究上の指導をするのもいっさい認めないという姿勢をかたくなに貫いていた。学位という制度も認めなかったから、大学院の存在も拒否していた。医学部の教授会は医学部全体に騒ぎが波及することを怖れて、積極的に介入しようとはしなかった。

名市大のときも京大でも私の前任者ということになった大橋博司先生は、京大を退官されたあと国立京都病院の院長をしておられたが、私が着任した年の九月に喘息発作のために突然亡くなった。助教授の濱中淑彦君は京大音楽研究会のかつてのメンバーでもあり、私といっしょにヴァイツゼカーの『ゲシュタルトクライス』を訳した人だが、八七年に私の後任として名市大の教授に選ばれた。その一報が入ったときに評議会が拍手喝采したのは彼の教授就任を祝ってのことではなく、彼が京大からいなくなることを歓迎する意思表示だった。大橋先生の退官後、彼は評議会にとって最大の難物だったのである。

そんな難局で私を救ってくれたのは、ちょうどそのころ始まった精神科改築計画だった。男女別、開放度別に六つの小さいパヴィヨンに分かれていた精神科の病棟配置では、患者数に対して人件費が見合わない。百年の歴史のある古い建物だから当然居住性も悪い。これを全部まとめて単一病棟にしようというのが当時の文部省と大学当局の構想だった。

研究より治療を、患者の人権を配慮した快適な入院環境を、というのが評議会の掲げる基本的な姿勢だったし、その点では私と評議会は意見が違わなかった。連日図面を引きながらああでもないこうでもないと設計を相談しているうちに、たてまえはともかく、本音の部分では不思議な連帯感のようなものが生まれた。私の人間学的精神病理学が反精神医学思想とも重なり合うものであって、研究より臨床を重視しているということが次第に理解されてきて、以前のようなとげとげしい対立は次第に薄れてきた。

外来棟も、それに伴って教授室も新しくなった。他の科の教授室との釣り合いもあって、旧教授室よりもかなり広くなった。京大精神科自慢の図書室も教授室の隣に移して、実験的な研究をしない私としては申し分のない研究環境が整った。

読書会「アポリア」

いちばん困ったのは、名市大時代以来、あるいはその前から、私が若い諸君のために精神病理学の教育に使っていた読書会方式が受け入れられないことだった。外国語の読書会をやると、教える側と教えられる側という上下関係がどうしてもつく。評議会の若手の諸君は、研究を排除したそれまでの運動で、外国語文献を読むという習慣をまったく身につけていなかった。

八八年の夏頃、一部の評議会員やその年に研修を始めた数名の諸君と相談して、大学の外で完全に私的なドイツ語とフランス語の読書会セミナーを作ろうということになった。最初に読んだのはブランケンブルクの論文「人間学的精神医学とは何か」である。便宜上このセミナーには「アポリア」という名前をつけたが、どうしてこの名前を選んだのか、さっぱり思い出せない。当時大学で真の意味での人間学的精神医学を勉強する努力が直面していた、さまざまな難問をこの名称に託したのかもしれない。

場所を見つけるのに苦労して、最初はあちこちの会場を転々としていたが、やがて東山の名刹真如堂の宿泊施設に閑静な部屋を定期的に借りることができるようになった。文字通り寺子屋である。以来、今日までですでに二十年以上におよんでいる。二〇〇八年の秋から会場を別のお寺に移した。毎月一回第三日曜日の朝から晩まで、昼食をはさんで七時間あまりの強行軍だが、まだ一回も休んだことがない。

ついでに書いておくと、名古屋時代に名市大と八事病院で開いていたやはりドイツ語とフランス語の読書会は、京大へ移ってからも名古屋での私の個人的な読書会として続けていた。最初は私が京都で単身生活をしていて頻繁に名古屋の自宅へ戻っていたこともあって、月二回のペースでフロイトなどを読んでいたのだが、私が京都に定住してから三ヶ月に一回ということになった。後に述べるように私が停年後河合文化教育研究所に勤めるようになってからは、やはり三ヶ月に一回、土曜の午後から日曜の午前中という二日間の日程で、この研究所の活動として行っている。かつての名市大時代から通算すると、これはかれこれ四十年も続いていることになる。名古屋の諸君は、だから年季が入っていて外国語が達者である。停年後はずっとヴァイツゼカーが晩年に書いた大きな本を読んでいて、その一冊目の『病む人間』（邦訳名『病いと人――医学的人間学入門』）[1]と二冊目の『パトゾフィー』[2]は、すでに私が翻訳をまとめて出版している。

ドイツ語とフランス語の読書会を若手医師の教育に用いていたことには、もうひとつの理由がある。当時はすでに日本の精神医学もほぼ完全にアメリカナイズされ、自然科学的・客観主義的な研究が幅をきかせていたが、ヨーロッパ、とくにドイツとフランスにはまだ古き良き時代の精神病理学の伝統が残っていた。私は、患者との人間的な医療関係を深めるためにも、若手の諸君にぜひ私と同じようにヨーロッパへ留学してほしいと思っていた。そのためにはドイツ語かフランス語、できればその両方の語学力が必要である。語学力さえ身につけてもらえば、私が個人的に親しくなった向こうの学者たちに依頼して、快適な留学生活を送ってもらえるだろう、というのが私の一つの狙いであった。

そんなわけで、名古屋の読書会からは岡本進、島弘嗣、鈴木茂、生田孝、渡邊俊之の諸君がいずれ

（1）ヴァイツゼッカー『病いと人――医学的人間学入門』（V. von Weizsäcker: *Der kranke Mensch. Eine Einführung in die Medizinische Anthropologie.* Koehler, Stuttgart 1951, GS 9, Suhrkamp, Frankfurt 1988）木村敏訳、新曜社、二〇〇〇年。

（2）ヴァイツゼカー『パトゾフィー』（V. von Weizsäcker: *Pathosophie.* GS 10. Suhrkamp, Frankfurt 2000）木村敏訳、みすず書房、二〇一〇年。

もマールブルクのブランケンブルクのところへ、保科正章君がパリのジャック＝アラン・ミレールのところへ、伊藤淳君がマルセーユのタトシアンのところへ、平山太日子《ひろひこ》君がケルンのペータースのところへ、草野美穂子さんがウルムのケッヘレのところへ留学した。また哲学では北野孝志君がボッフムのヴァルデンフェルスのところへ留学している。

京都の「アポリア」からは、濱崎由起子さんがパリのペリシエのところ、野間俊一君がヴュルツブルクのラングのところ（彼は私がハイデルベルクにいたときに親しくしていたラカニアンである）、深尾憲二朗君がチューリヒ大学神経内科の脳波・癲癇学部門、和田信君がミュンヘン技術大学精神科のラウターのところ（彼は私がミュンヘンに留学していたときの病棟医長だった）、芝伸太郎君と岡一太郎君がハイデルベルク大学精神科、佐々木徹君がウルム大学精神科、小田博史君と伊原千晶さんがハイデルベルク大学心理療法・医学心理学講座のヴェレスのところへそれぞれ留学し、高月玲子さんは毎年夏休みにミュンヘン（後にはベルリン）へ出かけてユング派の心理療法家ギーゲリヒの教育分析を受けている。私は名古屋時代以来、学会やチューリヒ会議などでヨーロッパへ出かけるたびに、そのとき留学している諸君を訪ねて向こうでの様子を聞くのを非常に楽しみにしていた。

ついでに書いておくと、これは私の読書会出身ではないけれども、哲学の小林敏明氏も私のつてでハイデルベルクの精神科に籍を置き、その後ブランケンブルクとも親しくなって、彼がベルリン自由大学に学位論文を提出したときにはブランケンブルクがその審査員の一人になっている。また、「アポリア」以外に京都でもう一つ私が参加している「パトソフィア」というヴァイツゼカー読書会の主宰者で、最近は名古屋の読書会にも参加している哲学の丸橋裕氏は、現在ハイデルベルク大学哲学部の古典文献学研究科へ留学中である。

外国人留学生の諸君

名古屋で私のところへ留学していたジョエル・ブーデルリク君は、私の転任に伴ってやはり京都へ引っ越してきた。ただし名古屋時代のように診療に関与してもらうわけには行かなくなって、もっぱら個人的な関係をもちながら、私の論文を仏訳する仕事をしてもらっていた。その成果が『現象学的精神病理学著作集』[3]としてＰＵＦから出版されたことはすでに書いた。このブーデルリク君は、その後筑波大学に職を得、さらにそこから島根大学へ移っていたが、数年前からフランスに戻っている。

九〇年の一一月には、やはりフランスからクレール・ヴァンサンというラカン派の女性心理学者が私のところへ留学してきた。しかし彼女はやがて、教養部でラカン派のゼミを持っている新宮一成氏のところへ移った。当時の京大精神科で留学生を処遇することは非常に困難であった。しかし、彼女はのちに私の著書『あいだ』を仏訳してくれることになる[4]。

（3）Kimura, Bin: *Ecrits de psychopathologie phénoménologique*. Trad. par Joël Bouderlique. Presses Universitaires de France, Paris 1992.

（4）Kimura, Bin: *L'Entre. Une approche phénoménologique de la schizophrénie*. Trad. par Claire Vincent, Jérôme Millon, Grenoble 2000.

フランスからの留学生は、九二年にもう一人やってきた。しかも今度は音楽学者でピアニストである。この君はリシャール・デルリュー君といって、最初は熱心に私の『時間と自己』をフランス語に訳していたが、やがて神戸大学にフランス語教師の職を得て私から離れていった。

もう一人、これは私のところへの留学生ではなく、当時京都工芸繊維大学で哲学を教えていた大橋良介氏のもとへ来ていたドイツ人哲学者のエルマー・ヴァインマイア君のことをぜひ書いておきたい。彼はハイデガーの哲学をやっていて、大橋さんの紹介で親しくなったのだが、前述の私の著書『人と人との間』をドイツ語に翻訳したいということで、九〇年の秋からその作業を始めた。この本は九五年にドイツの有名な「学術書出版会」WBGから出版され(5)、その後現在に至るまで多くの読者を得ている。

私の本のフランス語への翻訳のときもドイツ語への翻訳のときも、私はいつも訳者といっしょに仕事をして、訳文や個々の訳語を検討することにしている。この作業は私自身にとっても、ときに思いがけない発見をもたらしてくれるいい勉強になった。その一例を挙げると、私は自分が日本語で書く自己論に「自我」という表現をほとんど使わない。「自我」というのはドイツ語の Ich、フランス語の moi、英語の ego などの翻訳語であって、日本語の日常用語には含まれていない、というのがその理由である。日本語でものを考えるときには、純粋な日本語を使わなくてはならない。「自我」という用語を書いたとたんに、その思索は西洋的思索の圏内に引きずり込まれてしまう。これに対して「自己」というのは、中国から仏教を通じて古くから伝わって、すでに完全に日常語になっている由緒正しい日本語とみなすことができる。

ところが、私が自分の書いたもので「自己」と表現しているところを、これらの翻訳者はみな、Ich や moi を使って訳してくる。あなたが「自己」と書いているところは、われわれの言葉にすれば「自我」なのだ、と言ってゆずらない。ドイツ語で「自己」というのは Selbst である。しかしこの語には元来、一人称的な「私」の意味はない。英語の self でもフランス語の soi でも同じことである。それはせいぜい、「それ自身」の意味にしかならない。これに対して日本語の「自己」は、一人称的な意味を強く備えている。この違いをはっきり認識したのは、自分の本の外国語への翻訳を通じてだった。西洋との思想交流というものは、小さな言葉一つにこれほどまでに強く縛られている。

精神科の外での活動

一九八九年度には、文学部の哲学科から非常勤講師を依嘱され、「精神病理学の諸問題」と題して毎週一こまの講義をすることになった。私の精神病理学は最初から哲学色の濃いものではあったが、その全体を哲学とくに現象学の諸問題と明確に関連させて論じたのは、私にとっていい経験になった。この研究方向を、私はのちに「臨床哲学」と名づけることにした。

九〇年度には教育学部から非常勤講師として原書講読を依頼された。テキストにはヴァイツゼカー

（5） Kimura, Bin: *Zwischen Mensch und Mensch. Strukturen japanischer Subjektivität.* Übers. von Elmar Weinmayr, Wissenschaftliche Buchgesellschaft, Darmstadt 1995.

の『ゲシュタルトと時間』[6]を使い、これの翻訳はのちに同じくヴァイツゼカーの『アノニュマ』[7]の翻訳と合わせて『生命と主体』[8]という書名で出版した（この訳書の初版本では、Anonymaを「アノニューマ」と表記しているが、「ニュ」にアクセントを置いたこの表記はまちがいで、正しくは「ノ」にアクセントがあるので、二刷では「アノニュマ」に改めた）。

教育学部との関係はそれ以外にも、臨床心理学を専攻している大学院生の実習を引き受けて、数名の院生に毎週私の新患外来を見学してもらい、そのあと一緒に昼食を取りながら意見を交換するという指導も行っていた。少し脱線させてもらうと、八九年の春には高月玲子さんという女性の院生がこの実習にやってきたが、彼女は実は私の幼友達だったピアノの上手な「知ちゃん」こと高月（旧姓松本）知子さんのお嬢さんだった。高月さんはその後私の読書会「アポリア」や名古屋の読書会にも参加して、現在でもまだお付き合いが続いている。

京都には「日独文化研究所」という施設があって、京大と密接な関係をもってドイツとの文化交流を行っており、私はなかば当然のようにその理事に就任した。現在の理事長・所長は元京都大学総長の岡本道雄先生である。以前からの友人である芦津丈夫君と、辻村公一先生の女婿でハイデガーの自宅をいっしょに訪問したことのある大橋良介さんがやはり理事になっていて、私を含めた三人で、一九九一年から毎年一回の公開シンポジウムを企画することになった。一回目は「西洋と東洋を越えて」と題して、上田閑照先生とドイツからはハルトムート・ブーフナー氏を招いて講演していただいたが、このブーフナー氏は、私がミュンヘンに留学した当初たいへんお世話になったブーフナー家のご子息である。この公開シンポジウムはその後現在まで続いており、数回ずつのテーマ群にまとめて人文書院から出版されている。九三年にはブランケンブルク氏を招き、彼と私の二人が講演して「自然さと不自然さ」についての公開シンポジウムをもった(9)。このときには、ヴァイツゼカーの甥で理論物理学者のカール・フリートリヒ・フォン・ヴァイツゼカー氏が折良く来日中で、コメンテータとして参加していただいた。

それ以外の公職としては、一九九〇年に、それまで村上仁先生が会長をしておられた京都精神保健協会の会長を引き受けることになった。精神保健活動の社会的な普及ということも、精神医学の指導者に課せられた大きな仕事である。また一九九二年には、それまでの精神病理懇話会が日本精神病理学会へと発展して、その初代理事長に選ばれた。この学会は懇話会時代から、私や私の周囲の若い人たちにとって最良の舞台を提供し続けていた。その初代理事長に推されたことはとても名誉なこと

(6) V. von Weizsäcker: *Gestalt und Zeit*. Vandenhoeck & Ruprecht, Göttingen 1960, GS 4, Suhrkamp, Frankfurt 1997.
(7) V. von Weizsäcker: *Anonyma*. Francke, Bern 1946, GS 7, Suhrkamp, Frankfurt 1987.
(8) ヴァイツゼッカー『生命と主体――ゲシュタルトと時間／アノニュマ』木村敏訳・注解、人文書院、一九九五年。
(9) 芦津丈夫・木村敏・大橋良介編『文化における〈自然〉――日独文化研究所シンポジウム』人文書院、一九九六年。

だった。

2 京都への定住

母の死

ここで当時のプライベートな生活のことも書いておこう。父が死んでから、母は名古屋と高山の二重生活をしていたことはすでに書いた。その間、白内障の手術をして目がよく見えるようになったこともあって非常に元気で、アイオワの淳のところを訪問したり、自分の二人の妹を連れてエジプト、ギリシア、トルコへ旅行したりして老後を楽しんでいたが、八五年の秋に急に体調を崩して、名市大病院で悪性リンパ腫の診断を受けた。私が京大精神科へ転任したころは小康状態で退院していたが、その年の七月に再び悪化して入院し、八月一五日に七七年の人生を閉じて、父の眠る高山の国分寺へ帰った。

「父が死んだとき、これからは自分の方針に自分で責任をもたねばならないと思ったし、母が死んだときには、これで自分の出発点を自分で引き受けねばならないという気持ちをもった。父という存在は未来への出立に方向を与え、母という存在は過去からの出自の地盤を固めてくれるものらしい」、これは私が八七年に読売新聞に書いたコラムの一節である(10)。

自宅の建築

母が名市大病院に入院していたために、家内はしばらく名古屋の家を離れることができなかった。私は京大病院にほど近い熊野神社の少し東にワンルームマンションを借りて、単身生活を始めた。週末ごとに母の見舞いをかねて名古屋までマイカーのアウディで往復し、家内がときどき掃除や衣類の整理に京都まで来てくれた。マンションにはたくさんのゴキブリが住んでいて、私は生来の生きもの好きだから、それを駆除するという気にならず、ゴキブリは自由自在に部屋中を飛び回っていた。家内が悲鳴を上げたのはいうまでもない。

家内といっしょに京都市内のあちこちで住宅の物件を見てまわった。家内は声楽をやるし私はピアノを弾くので、やはり一戸建ちの家がほしかった。しかしやはり京都は住宅が高い。どうしても手頃な物件が見つからずに困っていたところ、弟の友人で福祉関係の仕事をしている杉本一義さんという人が、嵐山にいる知人が不動産屋を通さずに土地を売りたがっているという話をもってきてくれて、話が急にまとまった。嵐山といっても渡月橋より西の山際で、比較的閑静な場所である。そこに自宅を新築することにした。高山の家を半分売って名古屋に住宅を購入したときに面積はその半分になったが、名古屋の住宅を売って京都に家を建てたら、面積がまたその半分になった。子どものときに住んでいた家全体からすると、八分の一の狭さである。念願だったグランドピアノを置くためにリヴィングルームに面積をとったら、まともな書斎が作れなくなってしまった。狭い部屋に天井まで作りつけの書架を設け、机もやはり作りつけで広くしてもらったのだが、コンピュータと複写機を置いたらスペースが足りなくなった。以前からの習慣である近所の喫茶店で本を読むという生活を続ける以外

(10)　木村敏『形なきものの形』弘文堂、一九九一年、一七八頁。

なくなってしまった。

嵐山に住んでいるというと、いいところにお住まいですねと羨ましがられるけれど、春秋の観光シーズンにはたまったものではない。ドイツでの生活以来、私も家内も移動には車を使うくせがついてしまっていて、シーズンの最中や連休などに市内から渡月橋を渡って自宅にたどり着くのはたいへんである。しかし周囲の環境がいいことは間違いなく、自宅の近辺までは観光客も来ないので、騒がしいということはないし、阪急電車の嵐山駅から徒歩でわずか五分だから、車が使えなければ電車で市内に出ればいいわけで、結局はいい場所に住んだということになるだろう。

嵐山へ来て、天龍寺がすぐ近所になった。一回目のミュンヘン留学のときに懇意になった平田精耕老師が、その間に天龍寺の管長になっておられた。京大音楽研究会以来の友人で、ドイツでもやはり平田和尚と親しくしていた芦津丈夫君も、その間に京大教養部の教授になっていて、いっしょにときどき顔をあわせて旧交を温めていた。

私は長男なので、家には仏壇がある。新築の自宅にも一間だけ畳敷きの仏間を作った。ところが京都では、父と母の祥月命日にお経を上げてくれる真言宗のお寺を知らない。平田老師に相談したところ、宗派なんかどうでもいいからといって、天龍寺の僧堂から雲水をよこしてくれることになった。私も禅には特別な親近感を持っているから、ご厚意に甘えて年に二回、父の死んだ二月と母の死んだ八月に天龍寺のお世話になっている。老師は残念なことに二〇〇八年に遷化されたが、私たち夫婦の墓も天龍寺山内にある老師のお寺に建てることにして、その土地もわけていただいている。

まり子，元と（1987年）

まり子の結婚と元の就職

嵐山の新居には八七年の二月から住むことになったが、この年の三月に娘のまり子が住友電工の社員で芦屋出身の山田直樹君と結婚した。直樹君の父君は有力な財界人で、学者の家庭に育ったまり子は価値観の違いになかなか馴染めず、後々まで苦労したようである。しかし八九年には女児麻以《まい》が誕生し、私たちにとっての初孫となった。そして九七年には、直樹君の任地であるロンドンで二人目の孫娘彩栄《さえ》が生まれた。

息子の元は八八年に上智大学を卒業し、音楽之友社の編集部に就職した。音楽之友社というのは、以前私が翻訳したゲオルギアーデスの『音楽と言語』を出版してくれた会社で多少のコネはあるのだが、就職は元がまったく一人で決めてきた。九一年の四月に元は同級生で静岡出身の村松和美さんと結婚し、こちらには九六年に女の子文香《あやか》が、二〇〇二年に男の子祐介《ゆうすけ》が生まれている。子ども二人が結婚し就職して、それぞれ二人ずつの孫を生んでくれたことで、親としてのつとめは果たせたのではないかと思う。

嵐山での生活は家内のまさとの二人きり

になったが、二人とも当時は健康に恵まれていて、毎年春秋のチューリヒ会議をはじめ、外国への学会出張もいっしょに行くことが多かった。家内は声楽をずっと続けていて、当時教育学部の教授だった河合隼雄さんが音頭をとって毎年恒例の行事になっていた教育学部のホームコンサートでは、家内の歌に私が伴奏をつけて毎回出演していた。

3　京大時代の仕事

京大へ移ってからも、何冊かの書き下ろしのほか、年平均六、七編の邦文論文と三、四篇の欧文論文を書き、邦文のほうは逐次まとめて論文集にして出版している。その一部を回顧しておこう。

『あいだ』　この本は一九八八年に「弘文堂思想選書」の一冊として書き下ろしたものである[11]。すでに私にとってもっとも基本的な概念になっていた「あいだ」について、これを生命論的な視点から基礎づけてみようとする試みを行った。最初に私は自分の生命論の基本的な立場を、こんなふうにまとめている。「生命は、それが生命として現象するためには個々の「生きもの」に「宿る」必要があるけれども、その結果成立した生命現象だけが生命のすべてではない……。生命とは、個々の生命物質より以上のものであるだけでなく、そこに示される生命現象より以上のものである。……生命そのものは、物質や現象のように形をもたず、個別的な認識の対象にならない。それはいわば、個々の生きものやその「生命」のなかに「含まれ」ながら、しかもそれを超えている「生命一般」としか言いようのないものである。」

ヴァイツゼカーは、われわれがこの認識不可能な「生命そのもの」を宿すことによって能動的ノエシス的に行為しているあり方を「主体性」と呼び、一方われわれ各個人がそのつどの世界と関係をもっているあり方を「主体」と呼ぶのだが、この主体と主体性との関係を説明するために、私はこの本で合奏音楽における個々の演奏者どうしの関係と、個々の演奏者がそこに流れている音楽そのものに対してもつ関わりとについて、かなり詳しい分析を行った。言うまでもなく、これは私自身が学生時代にもった合奏体験に基づいたものである。

各演奏者はそれぞれ自分のノエシス的な自発性によって各自の音楽を演奏する。しかしそれが一つの合奏音楽としてまとまるためには、それぞれのノエシス的行為を単一の方向に集約する、「ノエシスのノエシス」ともいうべき力が働いていなければならない。この力のことを、私はこの本で「メタノエシス」と呼んだ。メタノエシスとは、各個体が各自の自発性によって世界とのノエシス的・主体的な関係を維持しながら、なおかつ他の個体たちとの協調を保っていくという場合にはたらいている、集団主体性ともいうべき原理である。私が前著『人と人との間』で書こうとした「あいだ」とは、実はこのメタノエシス的原理のことだった。

社会生活を営んでいる各個人間の対人関係は、つねに、そしてかならず、このメタノエシス的な

---

(11) 木村敏『あいだ』弘文堂、一九八八年、ちくま学芸文庫、二〇〇五年。

「あいだ」の原理によって貫かれ、それによって維持されている。分裂病をはじめとする対人関係の病理は、すべてこの意味での「あいだ」の病理、つまり個別主体性と集団主体性との関係の病理にほかならない。

先ほども書いたように、この本は私のところへ留学していたヴァンサン・クレールさんの手でフランス語に翻訳された。向こうでもよく読まれているらしい。しかし、私自身としてはこの翻訳に十分満足はしていない。例によって訳者と私の共同作業だったのだが、どうもクレールさんのかなり強引な読みに私が引きずられて、ついつい妥協をしてしまった箇所も少なくない。

『分裂病と他者』

私の第五論文集であるこの本[12]には、名市大時代の後半から京大時代の前半にかけて発表した十一編の論文が集めてある。例によってかなり長大な書き下ろしである「序」には、これらの諸論文が「他者」を主題的に扱って、結果的に本書が『分裂病と他者』と題されるようになったいきさつが書いてある。『自己・あいだ・時間』に集めた初期の諸論文や『時間と自己』での私の思索は、自己を垂直に掘り下げてそこに時間との等根源性を見出し、他者との水平的な関係もそれに吸収し尽くそうという方向で動いていたと思う。名市大の医局でも、当時から境界例の精神病理を熱心に追求していた鈴木茂君などから、私の分裂病論には他者論が欠けているという批判の声が聞かれた。境界例患者を治療して患者に振り回される経験をもった精神科医から見ると、自他関係は「自・自関係」として自己の内面的差異に還元することを許さない重大な問題なのである。私にもそのことは十分にわかっていた。しかし、他者に振り回されるというのも結局は自己の一つのあり方ではないのか、そういう開き直りも一方にはあった。

「あいだと時間の病理としての分裂病」（一九八二）は八一年の精神病理懇話会での報告で、分裂病のいわゆる「家族因説」に触れ、家族環境のなんらかの歪みが分裂病を作り出すのではないこと、分裂病者がそこで育ってきた家族は全体として、その成員に自己の個別性についての自明性を与えにくい特徴を持つ「あいだ」に支配されていること、そしてこれが他者の未知性に敏感でつねに先手で相手の出方を読もうとするアンテ・フェストゥム的な行動特徴を作り出したと考えられることなどを述べている。

「他者の主体性の問題」（一九八三）は『分裂病の精神病理』シリーズへの寄稿で、ここで私は他者との「あいだ」（あるいはこの「あいだ」は自他関係のそのつどの現在であるから、この論文では「あいだ＝いま」という表現を多用している）を、そのつど「自己」として限定している主体的自己にとって、同じ「あいだ＝いま」を分有している他者の主体性はどう考えればよいのかを論じた。この論文とそれに続く「自己と他者」（一九八三）は、名古屋時代の私の自他論の一つの到達点を示すものだが、ソシュール言語論の「能記＝意味するもの」と「所記＝意味されること」を、私が従来から使用している「ノエマ＝思考されたもの」と「ノエシス＝思考すること」に（能動と受動を逆転させて）読み替えるというアクロバティックな試みなども用いて悪戦苦闘しているのに、十分その成果が得られたとは

(12)　木村敏『分裂病と他者』弘文堂、一九九〇年、ちくま学芸文庫、二〇〇七年。

言い難い。

この二つの論文では、私自身が昔からしばしば経験する一つの奇妙な体験が考察の材料に用いられている。これは前述の著書『あいだ』にも書いた体験なのだが、それが誰にでも普通に見られる体験なのか、それとも私の身にとくに頻繁に起こる「異常」な現象なのか、私にもよくわからない。少なくとも、それと同じ体験の報告にはこれまで出会ったことがない。だから「自伝」という本書の性格上、それをここでもう一度紹介しておいてもいいだろう。

旅行先で小さな駅に停まった列車の窓から、なにげなく一軒の民家に目をとめる。庭先の洗濯物、外から見える室内の様子、玄関先のスクーター、それらを眺めるともなく眺めていると、ふと、ここに生活がある、私の会ったこともない人たちがここに生きている、という思いが私の中に広がる。そのとたん、私にとって外界の単なる客体に過ぎなかったその民家が、私の内面で突然ある種の「奥行き」と実体感を帯びてくる。周囲の中でその家だけが、奇妙に懐かしい親近感を伴った場所となり、私自身の歴史の一部がそこへ流れ込んだような、あるいはその場所が私の歴史の一こまとして入り込んできたような、そんな錯覚が生まれる。その家が、周囲の客体世界の中で、にわかに「主体的」に浮かび上がってくる。よく言われる既視感（デジャ・ヴュ）とは違って、それが初めて見る風景だということはよくわかっている。だのにその「懐かしさ」と「自己帰属感」の錯覚だけはどうしても払いのけることができない。

この自己帰属感には、それに普通なら伴うはずの既知性が欠如している。私はその民家に、私の存在の場所である「あいだ＝いま」を投げ入れた。私の経験の各瞬間の「いま」ではなくて、個々の「いま」を「いま」として成立させている場所としての、「いま」と「いま」の「あいだ」としての「あいだ＝いま」である。しかしこの「あいだ」が「いま」と呼ばれるのは、そこに成立している個々の「いま」に即してでしかない。私がその家に投げ入れた「あいだ＝いま」は、本来私自身の歴史の中でなら成立してくるはずの、個々の現象としての「いま」をまったく伴っていない。私がそこの住人を熟知している近所の家だったら、私はきっとそこで生きられている「個々のいま」を空想あるいは想像することができるだろう。「隣の娘さんはいま学校から帰って勉強しているところだ」とか「いまみんなでテレビの野球中継を見ているだろう」とかである。この場合にはその家の親近感、その風景の自己帰属感は内実を伴っている。ところが旅先で見る一軒の民家の場合、その「懐かしさ」は完全に宙に浮いて、それに代わってその場所を支配するのは「主体的な未知性」としての「親密な欠如」である。

先に挙げた二つの論文で、私は人間的他者つまり他人の知覚においてもこれと同じことが起こっているのではないかと考えた。現象学者のアルフレート・シュッツによれば、私は目の前にいる他人と同じ時間を「共に老いて」いる。これは「あいだ＝いま」の投げ入れと同じことを指している。シュッツはその際、他人の未知性のことを考えていないが、他人の主体性とはその内面の個々の「いま」が私には与えられていないということである。私が他人の未知性に脅威を感じたり魅力を感じたりするのは、私が彼を客体としてでなく主体として、主観的に感じているときに限られる。しかしこのモデルを他者の他者性の理解に用いようとする私の試みは、悪戦苦闘の末、結局は成功しなかった。「精神医学における現象学の意味」(一九八五)と「直観的現象学と差異の問題」(一九八六)では、その後の私自身の思索にとって重要な意味をもつことになるハイデガーの「存在論的差異」の概念が、初めて主題的に論じられている。存在論的差異とは、「存在」(Sein) すなわち「ある」という「こと」と、「存在者」(Seiendes) すなわち「ある」ところの「もの」との違いのことなのだが、これについてハイデガーは、われわれにとって極めて重大な次にような文章を書いている。「現存在の特筆すべき特徴が、存在するということを理解しながら存在者とかかわる点にあるとするならば、存在論的差異を事実的に成立させている「差異化しうる」ということは、そのこと自身の可能性の根源を、現存在の本質の根拠のうちに確保しているのでなくてはならない。存在論的差異のこの根拠を、われわれは先取り的に、現存在の超越と名づける[13]」。「超越において、現存在ははじめて、みずからそれであるところの存在者に、つまり自己「自身」としての現存在に到達する。超越が自己性を構成する[14]」。自己の自己性の病理である分裂病を現象学的に論じようとすれば、それは存在論的差異の問題としてしか見えてこない。言い換えればそれは「自己というもの」と「自己が自己であるということ」との「あいだ」の問題としてしか見えてこないのである。

「自己の病理と「絶対の他」」(一九八七)は、八七年に京大文学部で開かれた「西田・田邊記念講演会」での報告である。西田哲学がハイデガー哲学と並んで私の臨床哲学的な精神病理学の出発点になっていることはすでに述べたとおりだが、「他者」の問題が浮かび上がってくるのに伴って、西田がその論文「私と汝」(15)で提出している「絶対の他」の概念がどうしても避けて通れないものとなった。西田はこの論文においてこういう。「自己が自己に於て自己を見ると考えられる時、自己が自己に於て絶対の他を見ると考えられると共に、その絶対の他は即ち自己であるということを意味していなければならない」「私が私の自己の中に絶対の他を見るということは、逆に私が絶対の他を見ることによって私が私自身を見るということを意味する」、そして「自己が自己の底に自己の根柢として絶対の他を見るということによって自己が他の内に没し去る。即ち私が他に於て私自身を失う。これと共に汝もまたこの他に於て汝自身を失わなければならない。私はこの他に於て汝の呼声を、汝はこの他に於て私の呼声を聞くということができる」。

「自己が自己に於て自己を見る」、これを西田はしばしば「自己が自己に於て自己を映す」「自己が自己に於て自己を限定する」とも言い換えているが、ここに出てくるいくつかの「自己」の語はそれぞれ単純に同義ではない。西田自身がこの「基本命題」のヴァリエーションとして、「反省とは、場所が自己の中に自己を映すことに他ならない」とか、「我々の自己とは世界が自己に於て自己を映す、

(13) M. Heidegger: *Vom Wesen des Grundes*. 4. Aufl. Klostermann, Frankfurt 1955, S.15f.
(14) ibid. S. 19.
(15) 西田幾多郎「私と汝」『西田幾多郎全集』五巻、岩波書店、二〇〇二年、上田閑照編『西田幾多郎哲学論集1』岩波文庫、一九八七年。

世界の一焦点たるに他ならない」とかの言い方もしている。そして、それが窮極的には「自己が自己に於て絶対の他を見る」こと、「その絶対の他は即ち自己であるということ」へと決着する。

分裂病において自己が他者性を帯び、他者に操られているという体験がもたれるのは、患者がこの「絶対の他」をそれとして経験しているからではないだろう。むしろ「自己の底」であり根拠である「絶対の他」が分裂病者の人生においては成立せず、「自己が自己において自己を見る」のではなく「自己が自己において自己を見ない」という事態が現出してしまっているのだろう。

『生命のかたち／かたちの生命』

この本は、一九九一年から九二年にかけて青土社の雑誌『イマーゴ』に連載した文章をまとめたものである。(16)『あいだ』以来ということになるだろうか、私の関心はこの間「生命」という不可解な現象に次第に強く引きつけられていた。そして以前から私の中心的な主題だった「自己」あるいは「主体性」をめぐる問題群を、生命という視点から見直してみたいという気持ちが強くなっていた。そこにはもちろん、長年かけて濱中君と翻訳したヴァイツゼカーの『ゲシュタルトクライス』からの大きな影響があったのだが、同時に私がその当時ますます傾倒していた西田幾多郎の「生命哲学」からの影響も無視できない。右に書いた「絶対の他」についても、西田自身がこれを「その根柢において生命と考えられるもの」と書いているのである。

ヴァイツゼカーは「主体」の概念を「自我の概念から、それと環境との対峙の根拠をなす原理を取り出したもの」と規定する。「自我」あるいは「自己」は、それが環境と向かい合っているかぎり

「主体」としてふるまっているということである。そして主体が主体であるための条件、つまり主体の「主体性」とは、生きものを生きものとして規定している「生命」という、それ自体は認識不可能な根拠への関わり、つまり「根拠関係」のことだという。生きものとしての、生命体としてのわれわれ人間は、自分を生存させている「生命の根拠」それ自身を対象的客観的に認識することはできないが、つねにそれとの関わりを保ち続けながら主体として環境と出会っている。だからこの根拠との根拠関係こそが、主体を主体たらしめる主体性だ、というわけである。

ヴァイツゼカーはこの「主体」や「主体性」の概念を、人間に限らず広く生物一般について語っているのだが、自己意識をもったわれわれ人間の場合でも、自己の主体性というのはけっして単なる心理学的あるいは哲学的な概念ではなく、われわれが「生きている」という生命的な現実に深く根ざした規定なのである。私の人間学的精神病理学は、このあたりから急速に「生命論的精神病理学」の様相を呈してくることになった。

『偶然性の精神病理』

これは私の第六論文集で、一九九二年と九三年に書かれた六編の論文が収録されている。そのうち、書名と同じ題名をもつ「偶然性の精神病理」は、磯崎新、[17]

---

(16) 木村敏『生命のかたち／かたちの生命』青土社、一九九二年、『木村敏著作集』四巻、弘文堂、二〇〇一年。

(17) 木村敏『偶然性の精神病理』岩波書店一九九四年、岩波現代文庫、二〇〇〇年、『木村敏著作集』七巻、弘文堂、二〇〇一年。

柄谷行人、浅田彰氏らの肝いりで一九九二年に湯布院で開かれた、国際的な建築家の会合Anywhere Conferenceでの招待講演「居場所について」を論文化したもので、日本語としては初出である。この会合にはジャック・デリダも招待され、神戸港から別府までの船旅を皮切りに、数日間をともにする機会をもった。以前にも書いたように、デリダとは一九八三年にも顔を合わせたことがあり、初対面ではなかったのだが、Nice to meet youと挨拶したら、Nice to read youと返してくれて、意外に如才ない人だなと思った。あとから聞いたところでは、彼が私の参加を希望したのだそうである。

この論文は、日本語で存在を意味する「アル」と「イル」についての考察が出発点となっている。「アル」が西洋語のbe動詞にほぼ対応しているのに対して、「イル」は人間や動物、あるいは擬人的に見られた存在者に対してしか使えない。「アル」が世界の「なか」で「ものごとの出現・存在が認識される」(広辞苑)意味であるのに対して、「イル」は「うち」(内/家)を設定してそこに自らの居場所をもつという、生命的能動的な行為を言い表す。「アル」が実在(real)/可能(possible)の軸上にあるのに対して、「イル」は現勢(actual)/潜勢(virtual)の軸上にある。

この論文に症例として出したのは三五歳の男性分裂病患者で、数年前から歩行中に子どもをひっくり返したのではないか不安になって、何度も同じ所に戻って確認するという強迫症状で受診したのだが、それ以外に関係妄想、思考伝播、幻聴、自明性喪失などの分裂病症状があった。「ある確率ですべてが可能なのに、いまここにいる私としては一つに決まっているのが不思議。ある一つの認識行為をしたとき、そこで分岐してしまう。その瞬間に世界が二つに分かれる。いくつかの支流が重なって一つの川になる。自分はつねにその合流点に立っている。歯を磨いたと思っている過去と磨かなかったという過去とがあって、それで反復する。未来の自分は一人なのだが、現在の自分が認識した時点で分かれてしまい、過去を振り返ると何人かの自分が並行してある。他の自分も確率的に存在していると思う。ものごとの真理には統計性があるのではないか」と彼はいう。

この患者にとって、自己はたまたま自分であって他人でないだけの、統計的な偶然に過ぎない。アクチュアルな自己存在を生きて「イル」という実感は、世界の「うち」に自分の特権的な「いまここ」を作り出し、それ以外の存在の特権性を排除する。アクチュアルな主体性あるいは自己は、生の必然性の相のもとにある。偶然に「アル」ものについては、われわれは主体的という言い方をしない。しかし主体的な自己を可能にする生命は、それが物体的身体の形をとることによって、自己を「アル」という偶然性の領域へ置くことになる。「イル」ためには、まず「アラ」ねばならぬということである。分裂病とは、この「イル」と「アル」、アクチュアリティとリアリティの差異をめぐる病理ではないか。

「アクチュアリティ」と「リアリティ」という、その後の私の精神病理学にとってもっとも基本的な二つの概念が主題的に論じられたのは、この論文が最初だった。「アクチュアリティ」は能動的な行為を意味するラテン語の actio を語源とし、「リアリティ」は「もの」を意味する res を語源としている。先に『時間と自己』のときにも書いたように、日本語には「何々というもの」と「何々ということ」という二つの言い回しがあって、「もの」のほうの「何々」には名詞が来るのに対して、「こと」のほうの「何々」には動詞や助動詞を含む述語が置かれる。「アクチュアリティ」と「リアリティ」は両方とも「現実性」と訳されるけれども、前者は「こと」の現実性を、後者は「もの」の現実性・実在性を表しているといってよいだろう。なお、この「偶然性の精神病理」はのちにドイツ語に書き改めて、一九九二年にマールブルクのブランケンブルクのところと、ベルンのチオンピのところで講演し、一九九四年に私が編集顧問をしている雑誌『現存在分析』(Daseinsanalyse)に寄稿した(18)。

「タイミングと自己」と「時間と間主観性」の二つはいずれも一九九三年に発表された論文で、私が年来問題にし続けてきた時間という現象について、これを「こと」的なアクチュアリティとしての時間と「もの」的なリアリティとしての時間という観点からあらためて議論し直し、とくに自己と等根源的な「こと」的時間が他者との間主観的な場面で見られた現象としての「タイミング」について、少し立ち入って考えてみたものである。

「タイミングと自己」で症例として用いた男性の分裂病患者は、「タイミングがうまくとれない。父にタイミングで負けている。すこしでも間があくとつけこまれる。人と話していても間がもてなくて、全体の雰囲気よりも早めに出てしまう。いつもフライングをしている感じで、自分がキープできない」という。

時間あるいは自己については、それぞれ原理的に異なった、しかし相互に透過性をもつ三つの次元を区別することができる。第一の次元は、それ自体はまだ時間とも自己とも呼べないが、後の段階で時間や自己についての経験が論じられるようになると、その源泉として想定せざるをえない領域であって、禅で「父母未生已然の自己」と言い、私が「メタノエシス的な生命の根拠」と言っている、いわば「メタ現象学的」なヴァーチュアリティ（潜勢性）の次元である。第二の次元は、この第一の次元がその不可知性を突破してわれわれの意識に出現してきた最初の閃きで、アクチュアル（現勢的）に経験可能ではあるけれど、発生するやいなやたちまち次の第三の次元に移行してしまう。私が従来から「こと的」ないし「ノエシス的」な時間や自己と呼んできたものに相当する。そしてこの第三の次元は、すでに意識の志向構造の中に展開ずみの「もの的」ないし「ノエマ的」な時間体験および自己体験であって、ここではもはや時間と自己の同義性を云々することができない。リアル（実在的）な時間および自己の次元だといってよいだろう。

さて、この患者で問題になる間主観的な「タイミング」は、当然この第二の次元に属する現象である。ここでは自他未分の第一次元からはっきり自他が分離する第三次元への通路において、患者がそのいわば「発生機」の自己を確保しようとして、アンテ・フェストゥム的に「フライング」をおかしてしまう。

この論文「タイミングと自己」は、ずっと後年の二〇〇二年、横浜で世界精神医学会が開催された

（18） B. Kimura: Psychopathologie der Zufälligkeit oder Verlust des Aufenthaltes beim Schizophrenen. Daseinsanalyse 11; 192-204, 1994.

機会に英語でも発表した[19]。

論文「時間の間主観性」は、同じ論旨の時間論を哲学的な文脈で展開したものである。フッサールの『内的時間意識の現象学』[20]が「(過去)把持」の分析のみに終始して「(未来)予持」を適切に扱うことができなかったのは、彼の現象学が認識論にとどまっていたからである。認識可能なものとは、本質的にすでに完了したものだけである。真の未来は行為の場面だけに登場する。私はこの論文で、すでに著書『あいだ』でも問題にした合奏音楽の演奏というモデルによって、行為の場面での間主観的な時間のアクチュアリティについて論じた。

スリジー＝ラ＝サルにて
(1989年，左からジャック・スコット，テレンバハ，私，1人おいてロラント・クーン)

国際学会その他

京大の教授をしていたあいだは、やはり国際学会への招待も多かった。八七年には米国カリフォルニアのバークレイで開かれた「宗教と癒しの対話」に招かれて「「おのずから」と「みずから」のあいだ[21]」について講演し、八八年にはローザンヌでの医学的精神療法学会で「精神療法教育における言語の意義[22]」について講演した。このローザンヌの学会では哲学者のロルフ・キューン氏が私の話を聞いていて、あとで私に向かって、あなたの考えはミシェル・アンリに近い、と言っていた。私は当時まだこの有名な現象学者を知らなかったので、書店で何冊かアンリの著書を買って帰ったのだが、これは後に私がデカルトの「コギト・エルゴ・スム」について考えるのに役立つことになった（二八三頁参照）。

八九年九月には、哲学的な学会の開催地として歴史的に有名なフランスのスリジー＝ラ＝サルで開かれた「精神医学と実存」という会議に招かれ、このローザンヌでの講演に少し手を入れたものをフランス語で発表した[23]。同じ会議でミシェル・アンリも講演したらしいが、日が違っていて聞き逃したのは残念だった。またこの会議には、私に「アンテ・フェストゥム」、「ポスト・フェストゥム」概念のヒントを与えてくれたフランスの精神科医ガベルも来ていた。この会議に引き続いてマールブルク大学でブランケンブルクが主宰して開かれた「志向性」という学際的なシンポジウムにも出席し、

（19） B. Kimura: Disturbance of Timing and Selfhood in Schizophrenia. XII World Congress of Psychiatry. Yokohama 2002.『精神神経学雑誌』一〇五巻六号、七二九～七三三頁、二〇〇三年。

（20） E. Husserl: *Zur Phänomenologie des inneren Zeitbewußtseins.* Husserliana Band X, Nijhoff, Haag 1966（立松弘孝訳『内的時間意識の現象学』みすず書房、一九六七年）。

（21） B. Kimura: Between onozukara and mizukara. Religion and Healing Dialogue, Berkeley 1987.

（22） B. Kimura: Die Bedeutung der Sprache in der psychotherapeutischen Ausbildung. 14. Kongreß für ärztliche Psychotherapie. Lausanne 1988.

（23） B. Kimura: Signification et limite du langage dans la formation psychothérapeutique. Colloque sur „psychiatrie et existence". Centre Culturel International de Cerisy-la-Salle 1989.

「行為的直観――分裂病性自我障害の問題への一布石」について講演した[24]。同じ八九年の一〇月には、アテネで開催された世界精神医学会に出席して、「現象学」のシンポジウムで「実存現象学的精神医学における行為と直観」について発表した[25]。このアテネ学会には家内も同行し、ギリシア各地の遺跡を観光できたのはいい思い出である。さらに同じ八九年の一一月には、スイスのバーゼル大学精神科のバテガイ教授に招かれて、大学の大講堂で「〈あいだ〉あるいは間人間性の精神病理」について講演したが[26]、この講演会にはバーゼル大学の学長も臨席していた。

九一年一〇月には、ヴァイツゼカー門下の心身医学者であるヴァルター・ブロイティガム氏が主宰してハイデルベルクで開かれた、エルヴィン・シュトラウス生誕百年記念シンポジウムに招かれて、「感覚論的観点で見た分裂病者との交流」について講演した[27]。

九二年五月には、先にも触れたように、ブランケンブルクに招かれてマールブルク大学で「偶然性の精神病理あるいは分裂病者における居場所の喪失」について話し、翌日はスイスのベルン大学でルーク・チオンピ教授に招かれて同じ講演を行った。さらにその翌日には、チオンピ氏がチューリヒ大学精神科のブルクヘルツリ病院で講演するというので、彼の車に同乗してチューリヒに向かい、彼の講演と病棟の回診に同席させてもらった。同年九月にはドイツのケルンで世界精神医学会とドイツ精神神経学会の合同の学会があり、それに出席して「現象学的精神病理学への日本的思考の寄与可能性」について講演した[28]。

4　京都大学退官へ向けて

定年後の身の振り方

定年退職ということは勤め人にとっては必定のことだし、就職と並んで人生最大の屈折点だろう。しかし一方で、これはあらかじめ時期が確定していることなので、それに向けての準備期間は十分にある。

私の場合、臨床医として人生を送るというのが若いときに描いていたプロジェクトだったし、大学人になったのは学園紛争という私にとっては不慮の出来事の余波だったから、大学を辞めたあとは臨

---

(24) B. Kimura: Sich-finden im Handeln. Ein Ansatz zur Frage nach schizophrenen Ichstörungen. Symposium „Intentionalität —— Interdisziplinär“ Psychiatrische Klinik Marburg 1989.
(25) B. Kimura: Handeln und Sehen in der existenzphänomenologischen Psychiatrie. World Psychiatry Association, Athen 1989.
(26) B. Kimura: Psychopathologie des Aida oder der Zwischenmenschlichkeit. Universität Basel 1989.
(27) B. Kimura: Der Umgang mit dem Schizophrenen in ästhesiologischer Sicht. Jubiläums-Symposium zum 100. Geburtstag von E. Straus. Heidelberg 1991.
(28) B. Kimura: Mögliche Beiträge des japanischen Denkens zur phänomenologischen Psychopathologie. Deutsche Gesellschaft für Psychiatrie und Nervenheilkunde. Köln 1992.

床に戻るというのが、本来もっとも自然な成り行きのはずだった。しかしさすがに四半世紀を大学で過ごし、その間は本格的な臨床から離れていたので、ことはそれほど簡単には進まなかった。定年後の可能性として最初に出てきたのは、ミュンヘン大学の日本学研究所といったか、その種の研究施設からの打診だった。九四年の秋から客員教授に来てほしいという話である。外国暮らしのことは実はまったく考えていなかったのだが、ミュンヘン大学は私の最初の留学先で、ちょうど三十年前に二年間を過ごしたところである。ハイデルベルク大学を定年退官したテレンバハさんもミュンヘンに住んでいた。大いに気持ちが動いて、原則的な承諾の返事を出していたのだが、その後しばらくしてその話は取りやめになった。バイエルン州政府が経済学の研究者を希望してきたからしい。これは残念なことだった。

ミュンヘンの話が立ち消えになった数日後に、龍谷大学のほうから話があった。九六年に滋賀県の瀬田キャンパスで発足する国際文化学部の特任教授に来ないかというお誘いである。龍谷の理工学部の教授をしておられたカオス論の山口昌哉先生からのお話だった。京大時代にはカオス論に興味を持って、十一元三君や深尾憲二朗君といっしょに山口先生のお話を聞いたりしていた。私を講演に呼んでくれたベルンのチオンピ氏もカオス論の人である。九五年からとりあえず社会学部の教授になり、翌年から新設の国際文化学部に移るということで、お引き受けすることにした。瀬田キャンパスまでは電車か高速道路を使わねばならないが、フルタイムの待遇で実際の出勤は週一日でいいというのは魅力だった。

それと、京大も残り少なくなった九四年の一月に、名古屋の河合塾に本部がある河合文化教育研究所から、京都市内の京都校に研究室を作るから、主任研究員で来てほしいという話があった。河合塾とは、名古屋時代から頻繁に往来があって、後にドイツへ渡って活躍することになる小林敏明さんや、同じく現代国語の牧野剛さんなど、全共闘に参加していたために正規の就職ができなかった名物講師の面々とは旧知の仲だった。私と同時に主任研究員に迎えられたのは、東京の研究室では哲学の廣松渉氏、京都では中国史の谷川道雄氏とフランス文学の中川久定氏の三人である。これは講義その他の義務はいっさいなしで研究室を自由に使わせてもらえるという、願ってもない話だったので、喜んでお受けすることにした。そしてそれ以来、「河合文化教育研究所主任研究員」というのが私の正式の肩書きとなった。その後現在に至るまで、年一回の「河合臨床哲学シンポジウム」の開催や、何冊かの著書や編著書の出版など、この研究所抜きで私の定年後の研究活動は考えられない。

臨床のほうは、加藤清先生が当時行っておられた京都博愛会病院の精神科で患者を見せてもらえることになった。こちらは週二日の非常勤で、外来診療を中心にということだった。入院患者が診られないのは他にも仕事を持っているから仕方がないとして、京大精神科で私がじっくり診ていた外来患者の多くは、引き続いて博愛会病院でも診察できることになった。臨床なしでは成り立たない私の精神病理学にとって、これも望外の幸運だったというべきだろう。

京大での残りの日々

一九九三年の暮れに、以前（一九六六年）に音楽之友社から出していたゲオルギアーデスの『音楽と言語』の改訳版が、講談社学術文庫から出版された。そしてこの本をめぐって哲学者でチェリストの村上陽一郎氏と行った対談が、講談社のＣＡＴＶで放映された。なおこの本は、九三年三月一二日に都ホテルで行われた私の退官記念祝賀会で、引き出物として出席者に進呈した。私の思索の原点が音楽にあることを、知ってほしかったからである。

退官祝賀会というものは、医学部各講座の教授や精神科医局の出身者がたくさん集まって、停年で辞める教授の業績をたたえる、晴れがましい催しである。精神科では相変わらず紛争の余波がくすぶっていたから、定例であるはずの「最終講義」もすることなく退官を迎えたのだが、とにかくこれで医学部の「現役」の教職からは別れを告げることになった。

京大の精神科では、退官した代々の教授の肖像画が図書室に飾られている。大小二つのサイズの油絵が描かれて、大きい方は図書室の壁に掛けられ、小さい方は自宅へ頂戴できることになっている。独立美術協会の芝田米三画伯によるこの肖像画の作成は、すでに前年の九三年二月に開始されていた。芝田画伯の人物画はすべて童顔に描かれるという特徴をもっているが、私の肖像画も年齢よりずっと若い。

京大を辞めるにあたって、大きな問題の一つは、名市大時代以来教授室の本棚に入れていた莫大な数の私物の図書をどこに置くかということだった。前にも書いたように、そのとき住んでいた自宅はあまりにも狭くて、それだけの本を置く空間がない。やむをえず庭を犠牲にしてリヴィングルームの面積を広げ、京大の教授室と同じサイズの書架を作りつけて、大学で並べていたのとまったく同じ配列で図書を並べることにした。そして頂戴した小さい方の肖像画は、この増築部分の壁にかけることにした。その前の椅子――一六〇頁に書いた、ペトリーロヴィチを想い出す椅子――に座ってテレビを見ていたりするときなど、童顔の私がいつも目にはいる。

身辺雑事

この章を閉じる前に、個人的な事柄についてなお二、三補足しておきたいことがある。

私が京大精神科の教授になったころ、全国に約八〇ある大学精神科の教授連が年に一回集まって「精神科講座担当者会議」というのをもつことになった。やはり各大学で教授と若手医局員との摩擦が絶えず、学会も反教授勢力に牛耳られていたから、教授どうしの情報交換の場がほしかったのだろう。夫人同伴の会で、毎年夏休み期間中に全国各大学の持ち回りで開かれたから、毎回まさを連れてそれに出席していた。そのついでにレンタカーを借りて、子どもたちの家族も誘って会場周辺の観光地を数日間ドライブしたり、結構いいレジャーを楽しんだ。

まさとは、前に書いた国際学会のほか、米国やヨーロッパへも何回か旅行しているが、一九九〇年三月にベルリンへ行ったときはちょうどベルリンの壁が崩壊した直後で、六一年の壁建設の直後にもベルリンを訪れているだけに、いっそう感慨深くブランデンブルク門をくぐったりした。

最後に、私が学生時代に創立した京大音楽研究会、通称「音研」のその後について書いておきたい。音研はその後も旧三高の教養部キャンパスに部室を持って活動を続けていたのだが、やはり学園紛争のあおりを受けて、私などの紛争前の世代との連絡が途切れていた。私が精神科の教授をしているときに精神科へ入局してきた和田信君が、学生時代に音研でチェロを弾いていたということで、彼の尽力で創立期以来の連続した同窓会がもてるようになった。創立者だということで私が同窓会長となり、それ以後毎年各一回の総会とサロンコンサートを開催している。二〇〇〇年には音研創立五〇周年の記念行事として原田茂生君にシューマンの「詩人の恋」を歌ってもらった。二〇一〇年には、音研も還暦を迎えることになる。紛争後の世代からもプロ顔負けのすぐれた演奏家が何人も出ているが、その一人に、バッハから現代音楽までの幅広いレパートリーで国際的に活躍しているピアニストの大井浩明君がいる。

第八章　京大退官以後

1　自由な日々を迎えて

ウォーキング

宮仕えから解放されて、自由な日々が戻ってきた。文系の大学人と違って、医学部の人間は一般のサラリーマンと同様、毎日の勤務である。朝早くから一日中、職場で仕事をしている。本を読んだり何かを書いたりする時間は夜間しかない。それも翌日の朝が早いから夜更かしはできない。留学中に書いた『自覚の精神病理』の「あとがき」に「ありあまる時間を与えられて」と書いたのは、その二年間がよほど例外的だったからである。六三歳を迎えて、ようやくその例外的な生活が日常的なことになった。

朝起きても出勤の身支度をする必要がないし、真昼間でも自宅で机に向かっていられる気楽さは、何ものにもかえられない。私は退官後、それまでまったく習慣がなかった「ウォーキング」というのを始めることにした。若いときから足の裏に魚の目のできる体質で、歩くのは苦手だった。しかし退官前後から、やはりあちこちに加齢性の病気が現れてきていたし、健康に気を遣わなくてはならないという気持ちが強くなっていた。長生きしたいとは思わなかったが、病床生活を送るのはいやだった。息子の妻である和美さんの実家から、退官祝いに上等のスニーカーをプレゼントしていただいた。それだと少々の魚の目は痛まない。それを履いて毎日自宅の周辺を歩くのが、それ以来の私の日課になった。

さいわい嵐山界隈はウォーキングに最適の環境である。最初のうちは嵯峨野の山を歩き回っていたが、やはり人が多いので、そのうち桂川沿いの遊歩道を歩くコースに変えた。五条の橋のあたりまで往復したこともある。最近はさすがに距離を短くして、片道三〇分ほど歩いて喫茶店で仕事をし、また歩いて帰るというコースにしている。桂川の西側を歩いて松尾橋を渡ったところにこぢんまりした喫茶店を見つけ、ここ数年はその店に通うのが日課になっている。リュックサックにノート型パソコンを入れて歩き、ときには二時間近くも仕事をするので、店にとっては迷惑だろうと気にしている。

博愛会病院

龍谷大学への再就職までに一年間の余裕があったので、規則的に出勤するただ一つの勤務先は京都博愛会病院だった。勤務は毎週の月曜日と火曜日にした。週の後半はいろいろな行事の組まれることが多いから、週の頭に集めたのである。それと、月曜日には定例の医局会があって、医局員がいちばんたくさん出てくる日だった。この二日間だけは現役時代と同様、朝から晩までのしっかりした勤めである。京大で診ていた外来患者で引き続き私の診察を受けたいという人が予想以上にたくさん来てくれて、私の外来は初日から繁盛していた。

この病院は、京都の市街地でも北の外れに位置する深泥池《みぞろがいけ》という大きな池のほとりにある。総合病院なのだが、以前併設していた結核療養所を廃止して精神科に変更し、約二百床の精神科病棟をもっている。病院へ行くためにはこの深泥池沿いの道路を通らねばならないのだが、この池には非常にめずらしい古代の動植物が群生していて、全体が天然記念物に指定されているため、狭い道路を拡張することができない。患者さんたちにとっても病院の職員にとっても、アクセスが最大の難点である。

精神科のトップは副院長の笹川智光さんという女医さんで、そのご主人の笹川総逸君は医学部の私の同級生で整形外科医だったが、早くに亡くなっている。当時の医局員はほとんど全員が京大精神科から赴任してきていて、なかには反体制的な評議会系の人もいた。しかしみんな勉強熱心で、私が着任したころは年に一度、外部から医学以外の有名な学者を呼んで「深泥池セミナー」と称する研究会をもったりもしていた。病院全体としても、当時の院長が元京大医学部教授の富田仁先生だったこともあって、研究色の濃い病院だった。

この病院には現在もまだ行っているが、数年前からは週一回、火曜日だけの診察に減らしている。新しい患者はとらないことにしているので、患者数はかなり減ってきているけれども、残っている患者はやはりどうしても私に診てほしいという人ばかりで、一定数以下には減らない。それが全部火曜日に集中するので、この日は体力的にかなりしんどい。あと何年続くことだろうか。

河合文化教育研究所

河合文化教育研究所（略して文教研）は、有名な予備校の河合塾が一九八四年に設立した研究施設で、最初は数学基礎論の倉田令二朗氏と作家の小田実氏が主任研究員で、河合塾講師の人たちが塾内にさまざまな研究会を作って活動していた。先ほども書いたように、九四年になって廣松渉、谷川道雄、中川久定の各氏と私との四人が主任研究員に加わり、活動の幅を国際的に広げることになった。主任研究員といっても研究所の中になにか仕事があるわけではなく、めいめい研究室を与えられて各自の専門分野の研究を続けることができるという、たいへん恵まれた環境である。独自の出版活動も行っている。

私はまず名古屋での読書会活動を、河合塾千種校の一室を借りて、「心身論研究会」として継続することにした。テキストは先にも書いたようにヴァイツゼカー晩年の著書である。参加者は、名市大時代から私の読書会に出席していた人たちのほか、名古屋在住の精神科医や哲学者で新しく加わった人もいる。私が名古屋を離れて二十年以上のあいだに、名古屋以外の遠方の地へ移ってそこでそれぞれ仕事を持っている人たちも、何人かわざわざ新幹線などを利用して参加してくれている。

しかし私のこの研究所での仕事としてはなによりもまず、最近は年末の恒例行事としてすっかり定着した「河合臨床哲学シンポジウム」がある。その発端は二〇〇〇年の一二月に名古屋で開催した「内省の構造——長井真理没後一〇周年精神病理シンポジウム」だった。あまりにも若くして世を去ったこの女性精神病理学者を追悼するシンポジウムだったが、私の気持ちのなかには、少し大きな学会になりすぎた「日本精神病理学会」とは違った集中性をもって、精神病理学の根本問題を掘り下げてみたいという意図もあった。第二回は翌二〇〇一年一一月、ちょうどその年に弘文堂から刊行された私の著作集完結を記念して名古屋で開いた「臨床哲学の可能性——木村敏著作集刊行を記念して」である。それ以後このシンポジウムは会場を東京へ移し、第三回「交錯する自己——ブランケンブルク追悼記念」（二〇〇三）、第四回「越境する身体」（二〇〇四）、第五回「気分の現象学と病理」（二〇〇五）、第六回「〈かたり〉の虚と実」（二〇〇六）、第七回「〈作ること〉と〈作りごと〉」（二〇〇七）、第八回「空間——開けとひずみ」（二〇〇八）、第九回「時のはざま——クロノスとカイロス」（二〇〇九）と続いている。現在のところ、哲学の野家啓一さんと谷徹さん、精神医学の内海健さんと津田均さんが、文教研の加藤万里さんといっしょに毎回のプログラム作りを手伝って下さっている。

毎回、哲学者と精神科医が二人ずつ演者として提題を行い、それを論文にしたものを『講座生命』という年報に掲載してきた。この年報は、九六年以来中村雄二郎さんと私が監修して、最初は哲学書房から出していたのだが、第四巻以降は河合文教研自体が出版も引き受けたものである。この『講座生命』は七巻でいったん廃刊として、それに代わって二〇〇六年からは坂部恵さんとの共同監修で隔年報の臨床哲学論文集を刊行してきた。ところがその坂部さんは二〇〇九年の六月に急逝された。二〇一〇年からは野家啓一さんにお願いすることになっている。

文教研ではその他にも、私の第七論文集『分裂病の詩と真実』（一九九八）を出版したし、文教研が以前から出している「河合ブックレット」のシリーズには『人と人とのあいだの病理』（一九八七）、

『からだ・こころ・生命』（一九九七）の二冊が入っている。

龍谷大学

一年間の空白があったあと、私は九五年四月に龍谷大学社会学部の特任教授に就任し、翌九六年の四月からは新設の龍谷大学国際文化学部に移った。キャンパスは大津市の瀬田にあり、毎週水曜日を出講日として、一日に四コマ全部を詰め込むというかなり無理な時間割を組んだ。最初のうちは電車と通学バスで通勤していたが、やがて車で名神高速道路を通っての通勤に変えた。「比較文化精神病理学」、「日本人の精神構造」、「日本の風土と文化」、「精神衛生」といったタイトルの講義が中心だったが、なにしろ高校を出たばかりの文科系の学生諸君相手の講義である。若いギャルたちのファッションを楽しませてもらったほかは、私自身にとってとくに印象として残っていることはあまりない。なにより大変だったのは試験の採点である。何百人という受講生に記述式の問題を出したりするものだから、それを読んで点をつけて、それを受講者名簿に記入するのは、想像を超える難作業だった。学期末になるといつも自宅で家内に助けてもらってそれをこなすという仕事が、六年間続いた。

七〇歳になった二〇〇一年に、龍谷大学で二回目の定年を迎えた。通勤と採点の苦労から解放されたという以外、とくに感慨はなかった。最後の講義のとき、女子学生がひとり、花束をもってきてくれた。その子はその後、ラスタファリという宗教の調査のために何回か外国へ出かけて論文を書いたりするという熱心な学生で、卒業後もときどき河合文教研の研究室に訪ねてきてくれている。

立命館大学

龍谷大学を退職してからは、しばらく大学勤めから離れていた。三年ぶりに毎週教壇に立つことになったのは、二〇〇四年に立命館大学文学部の客員教授として、大学院文学研究科で哲学の特殊講義を依嘱されたときである。河合文教研の臨床哲学シンポジウムを通じて懇意になっていた現象学の谷徹さんが、その前に立命館大学の教授として京都へ赴任していた。ちょうどそのころ立命館に、半期ずつ二年間の勤務という客員教授制度ができていて、それを利用して招聘されたのである。私の精神病理学はそもそもの始まりから哲学的な思索を特徴としており、京大時代にも文学部の哲学科から非常勤講師を依嘱されたことはあるが、哲学科の教授として待遇されることになることまでは予想していなかった。

一年目の講義は私自身の精神病理学上の諸問題について話したが、二年目にはヴァイツゼカーの『ゲシュタルトクライス』の原文での購読を行った。自分で邦訳を出版している本ではあるけれども、あらためて一語一語念入りに読むことで、私にとっても収穫の多い購読だったと思う。学生諸君は非常に熱心で、他大学からの聴講者もあるなど、教室はいつも熱気に溢れていた。得がたい経験をさせていただいたことに感謝したいと思う。立命館大学との関係はその後も続き、二〇〇九年には谷教授が同大学に新しく創設した「間文化現象学研究センター」の研究協力者を依頼されている。

その他の大学での講義など

一九九四年、京大を退官した年から、当時島根医科大学の教授をしていた京大精神科同門の遠藤みどりさんに招かれて、毎年一回同大学での講義を引き受けた。また、同じ年から大阪の帝塚山学院大学の客員教授となり、これも年一回の講義をしていた。九五年には京大教育学部で集中講義、二〇〇一年から二年間は亀岡市の京都学園大学で毎年夏と冬に集中講義をもった。二〇〇四年には、以前音研会員だった薗田宗人君が当時学長をしていた大阪の相愛大学の客員教授を引き受けて、一度だけ講義に行った。なおこの薗田君は芦津丈夫君の実弟で、すぐれたニーチェ研究者だったが、僧籍にあってドイツのデュッセルドルフに真宗の寺をもち、エコー（恵光）ハウスという文化施設を併設していた。九八年の四月にそのエコーハウスで「翻訳——生の根本現象」というシンポジウムが開かれ、「意味と歴史性——妄想的来歴否認に照らして」という提題を行った[1]。このシンポジウムの特別企画として、やはり音研会員だったバリトンの原田茂生君がシューベルトの「美しい水車小屋の娘」のリサイタルをしてくれた。薗田君は残念ながら、私が相愛大学の客員教授を引き受けてまもなく病気で世を去った。

「チューリヒ会議」と「哲学・精神医学・心理学の国際会議」

京大退官後は、としをとって海外旅行がおっくうになったのと、いつからだったか飛行機が全席禁煙になったのとで、海外の国際学会に出かける回数はめっきり減った。チューリヒ会議はずっとまだ続いていて、そのころはだいたい毎回、スイスはルガノ湖畔の名勝地アスコーナにある、ランゲンさんというこの会議のスポンサーの自宅で開かれていた。しかし会議の精神的な中心人物であったグラッシ氏が九二年に亡くなってからは求心力を失って次第に面白くなくなり、やがてランゲンさん自身も亡くなって、私は二〇〇〇年の第三二回会議を最後に出席しなくなってしまった。ちなみに、この会議の創立者であったフィッシャー＝バルニコル氏は、その大分前にランゲン氏と仲違いして会議から遠ざけられていたが、私個人とはその後も親しく交流していた。しかしこのユニークな在野の哲学者も、九九年の五月に客死している。

それにかわってしばらく私が積極的に関わったのは、オクスフォードのフルフォード教授やクリーヴランドのシュウォーツ教授など英語圏の精神医学者が中心となって九六年に設立された「哲学・精神医学・心理学の国際会議」である（この三つの頭文字をとってPPPと呼ばれる）。九六年にスペインのベナルマデーナで開かれた第一回会議（当時はまだ「哲学とメンタルヘルスの国際会議」と称していた）では「対人関係と心身相関——生体の主体的行動」について英語で報告し[2]、九七年にフランスのマルセーユで開かれた第二回会議では「コギトと自己」について英語で発表し、それをフランス語で論文にしたものをフランスの代表的な精神医学雑誌『エヴォリュシオン・プシキアトリック』に掲載した[3]。九九年に同じくフランスのニースでの第三回会議では「人生の意味と自己性——来歴否認の現象学的研究」についてフランス語で発表した[4]。この第三回会議の初日にニース市長の招宴があったが、その

（1）B. Kimura: Sinn und Geschichtlichkeit. Im Spiegel der wahnhaften Herkunftverleugnung. Symposium „Übersetzen — ein Grundphänomen des Lebens". EKÔ-Haus der Japanischen Kultur, Düsseldorf 1998.

（2）B. Kimura: Interpersonality and Mind-Body-Correlation. Subjective Behavior of Organism. First International Conference on Philosophy and Mental Health, Benalmadena, Spain 1996.

（3）B. Kimura: Cogito and I. Second International Conference for Philosophy and Mental Health, Marseille, France 1997. Cogito et Je. L'Evolution Psychiatrique 62: 335-348, 1997.

席上でブランケンブルク氏と私の二人が学会賞にあたるメダイユを授与されたのは、まったく予想していないハプニングだった。

次にこの学会に出席したのは、二〇〇四年にハイデルベルクで開催された第七回会議である。この会議では大トリの演者として「未来について」の発表をした[5]。ドイツでの会議なのに英語で発表するように要請されて、ハイデガーからの引用を英訳するのに苦労した。

なお、この学会の機関誌『PPP』は、二〇〇二年の第八巻第四号を、ミンコフスキ、ブランケンブルク、そして私の三人に対する特集号に当てている。

「ハイデガーとメダルド・ボスの対話」とブランケンブルクの死

もうひとつ、ぜひ書いておきたいのは、二〇〇二年の一〇月一八、一九の両日に旧東独のハレ大学で開催されたシンポジウム「ハイデガーとメダルド・ボスの対話」のことである。

ハイデガーは第二次大戦直後から精神療法家のメダルド・ボスと深い親交をもっていて、ボス宛の多数の書簡を残し、とくに一九六四年から六九年までの六年間はチューリヒ近郊のツォリコーンにあるボスの自宅で、ボスの門下生たちを対象にして不定期に何回ものゼミナールをもっていた。このゼミナールの記録と書簡は、ハイデガー没後の八七年にボスの手で『ツォリコーン・ゼミナール』として編集出版された[6]。すでに述べたように私はチューリヒ会議のメンバーとしてボスと親交を持つようになり、出版直後のこの本を贈呈されて、ボスのもとで学んだことのある村本詔司氏との共訳で、ボス氏の没後間もない一九九一年にその邦訳を出版した[7]。

このような経緯からなのだろう、ハレ大学哲学科のリーデル教授の主宰したこのシンポジウムに招聘されて、「メダルド・ボスとマルティン・ハイデガーについての思い出」と題して講演をしてきた(8)。この会にはボス氏の未亡人とハイデガーの子息のヘルマン・ハイデガー氏も出席していた。私が講演の主題としたのは、ハイデガーがこのゼミナールで強調していた「実在」Realität と「現実」Wirklichkeit の区別についてであって、これはそのまま私自身の概念であるリアリティとアクチュアリ

（4）B. Kimura: Sens de la vie et ipséité. Etude phénoménologique du déni de l'histoire de la vie. D. Pringuey et F.S. Kohl（éd.）, *Phénoménologie de l'identité humaine et schizophrénie. La philosophie du Soi et ses implications thérapeutiques.* Association Le Cercle Herméneutique. Société d'Anthropologie Phénoménologique et d'Herméneutique Générale. Collection Phéno, Puteaux, 2001.

（5）B. Kimura; On Future. 7. International Conference on Philosophy, Psychiatry and Psychology. „Tmie, Memory and History". Heidelberg 2004.

（6）M. Heidegger: *Zollikoner Seminare.* Herausg. von Medard Boss, Klostermann, Frankfurt 1987.

（7）ハイデッガー『ツォリコーン・ゼミナール』メダルト・ボス編、木村敏・村本詔司訳、みすず書房、一九九一年。

（8）B. Kimura: Erinnerungen eines japanischen Arztes und Übersetzers an Medard Boss und Martin Heidegger. M. Redel, H. Seubert u. H. Padrutt（Hrsg.）, *Zwischen Philosophie, Medizin und Psychologie. Heidegger im Dialog mit Medard Boss.* Böhlau, Köln/Weimar/Wien 2003.

ティの区別につながるものである。

このシンポジウムの記憶には、非常に不愉快な出来事がつきまとっている。招待を受諾したとき、私は老齢を理由にしてビジネス・クラスでの旅行を条件にし、リーデルもそれを受け入れていた。ところがシンポジウムが終わっても旅費の支払いが行われない。再三催促しているうちに、旅費は自弁ということで了解されているはずだ、というまったく虚偽の言い分が持ち出され、結局は一緒に行った家内の分と合わせて二人分のビジネス・クラスを全額自己負担しなければならなくなってしまった。これまで何回も国際学会に招待されて出席しているが、こんな目に遭ったのはこのときだけである。

しかし、このシンポジウムへの出席が私にとって忘れがたい思い出となったのは、そのためではない。それは実は、そのために盟友ブランケンブルクの死という悲痛な出来事に立ち会わなくてはならなかったからなのである。

ブランケンブルクは、もちろんこのシンポジウムのことを知っていた。あるいは彼も招待を受けていたのかもしれない。しかし彼は、彼の師匠格であるビンスヴァンガーともども、『ツォリコーン・ゼミナール』ではボスとハイデガーの激しい批判を受けている。夫人の話では、私が出席すると知ったとき、彼は自らの出席について非常に迷って、最後まで決定できないでいたらしい。シンポジウム二日前の一〇月一六日、私と家内はフランクフルト空港に到着して、とりあえずハイデルベルクに入り、クラウス教授の自宅で主任教授のクリストフ・ムント氏夫妻、それにやはり旧知のトマス・フックス氏夫妻と夕食のテーブルを囲んでいた。その夕食会には、実はブランケンブルクも出席する予定で、クラウス氏は彼を出迎えるためにハイデルベルク駅まで出かけていた。ブランケンブルク夫人は折悪しく彼女が手がけている教育関係の用務のためにグルジア共和国へ主張していて不在だったので、彼はひとりでマールブルクから列車に乗ってハイデルベルクへ向かうことになっていた。自宅を出る前に精神病理学者のシュミット＝デーゲンハルト氏からかなり長い電話があって、それから大急ぎで用意して列車に乗り込んだらしい。

　クラウス氏の家で思わぬ長時間待たされたわれわれのところへクラウス氏が帰ってきて、ブランケンブルクの乗っているはずの列車が結局到着せず、駅員の話では途中で死亡事故があって止められているらしいとのことである。やむをえずハイデルベルクのメンバーだけで食事をとって、私と家内はホテルへ辞去した。翌一七日の朝クラウス氏から連絡があり、昨日の死亡事故とはブランケンブルク氏が列車内で心臓発作のため亡くなったのだということがわかった。私はどうすることもできずにそのままハレに向かい、シンポジウム終了後、二一日にミュンヘンへまわってテレンバハ未亡人を訪ねた。テレンバハ氏は引退後ミュンヘンに住んでいたのだが、一九九四年に亡くなって、夫人がそのままミュンヘンに暮らしておられたのである。そこへクラウス氏から連絡が入って、ブランケンブルクの

ブランケンブルク来日時（1993 年）

葬儀が二五日にマールブルクで営まれることを知った。私と家内は当初予定していた二五日の帰国を一日延ばして葬儀に出席することにし、二三日にマールブルクに入った。普段のままの外出着でよこたわっていたブランケンブルク氏の顔は、これまで見たこともないほど安らかだった。享年七四歳である。

夫人の話では、彼はちょうど一ヶ月前にも故郷のブレーメンで同じような心臓発作に見舞われ、ハンブルク大学の救命救急センターに搬送されて一命を取りとめたばかりだったのだという。退院後、近郊のヴォルプスヴェーデ芸術家村を訪ね、私へのプレゼントだといってハンカチを買ったりしていたが、その後はまるで死を予感するかのような激しい仕事ぶりだったらしい。

一〇月二五日にマールブルク郊外の教会で葬儀が営まれ、クラウス氏と私が弔辞を朗読した。向こうでは、弔辞は会葬者に向けて故人の生前の業績を紹介する形をとるのだが、私はあえて日本風に、故人に向かって語りかけるという形式のものにした。この弔辞は会葬者に大きな印象を与えたらしい。夫人は泣き崩れて立つことができなかった。

ハレのシンポジウムは後味の悪い不愉快なものであったけれども、全額自弁ということになったこの旅行は、はからずも盟友ブランケンブルクを失う機縁を作ってしまい、その葬儀に出席したというこの一事だけで、私にとってなにものにも代え難い思い出を残すことになった。夫人はいま独りでヴォルプスヴェーデに住んでいて、ときどき電話をかけてきてくれる。

「ヤスパース賞」の顛末と「和辻哲郎文化賞」その他

一九九四年の年末ごろだったか、ハイデルベルクのムント教授から私をヤスパース賞に推薦したいから業績目録と主な論文をそろえて送ってほしいという連絡があった。ヤスパース賞というのは数年前に設立された賞で、精神科医から哲学者になったカール・ヤスパースにちなんで、哲学者と精神医学者が対象になるということらしい。第一回の受賞者はエマニュエル・レヴィナスだったと記憶している。

私は、ずっと以前に書いたように、若いころヤスパースの『精神病理学総論』を原書で読む機会があって、その厳密な記述には感心したのだが、臨床医としてのヤスパースは全然評価していなかった。しかしなんといってもヤスパースは「ビッグ・ネーム」である。その名を冠した賞をいただけるのは名誉なことなので、さっそく資料を取りそろえて送ったが、もちろん期待はしていなかった。

ところが九五年の三月になって、私がなんと最有力候補になっているという連絡がムント氏から入った。しかしそれ以後は連絡がない。やはり無理だったかと思っていたら、その年の年末にベルリンの小林敏明さんから電話があって、一次投票では私が一位だったが過半数に達せず、決選投票でユルゲン・ハーバーマスに逆転されたのだということがわかった。どうやら精神科出身の審査員の一人だったハインツ・ヘーフナーが、私の受賞に強く反対したらしい。ヘーフナーは若いころ人間学的な良い論文を書いていて、私も彼の業績を積極的に紹介したことがあるのだが、その後客観主義的な社会精神医学に転向して、「昔の自分は二オクターブ高い声で歌っていた」などと言い出した人物である。テレンバハが彼を非常に嫌っていて、そんなことでテレンバハの息のかかった私に反対したのだろう。しかし、決選投票まで行って有名なハーバーマスに敗れたということだけで、私のナルシシズムをくすぐるには十分だった。

二〇〇〇年と二〇〇一年の二年間、フランスの女性現存在分析家フランソワーズ・ダステュール女史がパリ大学のソルボンヌで、私の仕事についての定期的なセミネールを開催してくれた。このセミネールには、私のフランス語論文集『現象学的精神病理学著作集』を編集翻訳してくれたブーデルリク君や、『あいだ』の仏訳を出してくれたクレールさんをはじめ、何人かの人が私の臨床哲学思想について発表を行ったらしいが、私自身は出席していないので詳細のほどはわからない。

二〇〇四年三月には姫路市から、第一五回和辻哲郎文化賞（学術部門）をいただいた。受賞作は『木村敏著作集』第七巻の『臨床哲学論文集』である。日本の哲学では、西田幾多郎以外で私がもっとも大きな影響を受けているのは和辻哲郎であり、とくに第一回留学のテーマだった日独の鬱病患者における罪責体験の比較では、和辻の風土概念、人間概念が大きな役割を果たしている。これは、いただいてもよい賞をいただいた、という感想だった。

そのほか京都大学退官後の晴れがましい事件としては、さきにも書いたように一九九九年の六月に「哲学・精神医学・心理学の国際会議」からブランケンブルクとともに表彰され、二〇〇二年にはその機関誌『PPP』がミンコフスキ、ブランケンブルク、そして私についての特集号を出してくれたこと、それとベルギーのベルンハルト・ステヴェンス氏が編集しているフランス語の雑誌『現象学研究』が、一九九七年に私の仕事についての特集号を組み、「偶然性の精神病理」のフランス語訳を掲載してくれたこととの二つがある。[9] このステヴェンス氏というのは京大で西田哲学を勉強した現象学者であるが、二〇〇四年の八月には、私を「ベルギー現存在分析協会」の名誉会員に推戴するという連絡を彼から受け取った。

二〇〇七年四月にヴィクトーア・フランクル氏の衣鉢を継ぐ「国際ロゴテラピー・実存分析学会」がウィーンで開催され、「精神医学と精神療法の現象学的基盤としての〈あいだ〉」と題する招待講演を行った。[10] そのとき会長のアルフリート・レングレ氏から、フランクル、テレンバハ、ブランケンブルクが亡くなったいま、現象学的・実存分析的な精神病理学について語れるのはあなた一人になってしまったと言われた。

2　京大退官後の著作

京大を退官してから現在までの一五年間に私が公刊しているのは、書き下ろしの新書が一冊、論文

(9) B. Kimura: La psychopathologie de la contingence, ou la perte du lieu d'être chez le schizophrène. Etudes phénoménologiques, Tome XIII, No 25; 31-49, 1997.

(10) B. Kimura: Das Zwischen als Grundlage der phänomenologischen Methode in der psychiatirsch-psychotherapeutischen Praxis. „Das Wesentliche Sehen. Phänomenologie in Psychotherapie und Beratung". Wien 2007 (Existenzanalyse 24/2; 30-35, 2007).

集が二冊、対談形式の本が二冊、ブックレットが一冊、それに雑誌や共同執筆の本に書いて論文集に未収載のものが数編で、それ以外に訳書が三冊、編著書が一六冊、欧文論文が約一〇編ある。二〇〇一年には私の七〇歳を記念して弘文堂から『木村敏著作集』全八巻が出版され、それまでの主な著作を主題領域別に再配列して収録してある。それ以外に、ちくま学芸文庫がここ数年、私の若いときの著書を文庫化して出版している。やはりなんといっても、七〇年代、八〇年代の旺盛な生産性に比べると、質のほうはともかく、量的な衰えは否みようがない。

『心の病理を考える』　これは京大文学部での講義その他あちこちで行った講演を土台にし、それにそのころからしきりに考えはじめた分裂病の進化論的な仮説を書き加えて、一九九四年に岩波新書としてまとめたものである。[11]

ある人が精神医学的に正常か異常かを判断するには、結局はその人の行動が自然か不自然かという常識的な主観的判断に頼らざるをえない。「常識」(common sense)というのは「共通の感覚」であり、その根底には、一八世紀のイタリアの哲学者ヴィーコが「インゲニウム」と名づけた一種の構想力がある。そしてこのインゲニウムが、われわれの自己の主体的・主観的なこころの働きを支えている。

二〇世紀の初頭に、フロイトとヤスパースという対極的な二人の精神科医によって「精神病理学」という言葉が語られた。一方は無意識の病理を重視して精神療法の源流となり、他方は哲学的な厳密さで心の病理を整理しようとする記述現象学的な精神病理学を生み出した。そこからはやがて、人間が生きているという根源的な事実に着目して、生命の根拠との関係から「主体性」や「主体」を考えようとするヴァイツゼカーの「医学的人間学」が生まれた。また、分裂病や鬱病など「内因性」精神病の座である「内」（エンドン）を「自然」そのものとして理解しようとするテレンバハ、分裂病者における「自然な自明性の喪失」を緻密な現象学的手法で解釈するブランケンブルクなどが現れてきた。私にとって精神病理学とは、精神科医として患者と出会っている臨床そのものを「臨床哲学的」に思索する営みにほかならない。

そのような私の姿勢は、学生時代の音楽体験、ことに合奏音楽の体験に根をもっている。私はそこで具体的で実体的とすらいえる「人と人とのあいだ」の実感を捉えていた。この「あいだ」の実感は、ヴァイツゼカーのいう「生命の根拠」つまり「生きているということ」が個々の「自己」へと個別化することによって産み出されるものなのだが、この個別化の過程は、それぞれの人が自らの時間をどう生きるかによって、「アンテ・フェストゥム」「ポスト・フェストゥム」「イントラ・フェストゥム」の三つの類型に分けることができる。これはそれぞれ、その人が未来、過去、現在をどう生きるかの基本的な態勢を言い表したものである。

こうして、すべては自己が「生命」を自らの身体においてどう「生きる」かに関わってくる。古代のギリシア人は、個人の個性的な生を表現する「ビオス」の語のほかに、個々のビオスとして実現してくる可能態としての根源的生命を表す「ゾーエー」の語をもっていた。私は分裂病の本態を、生命

---

(11)　木村敏『心の病理を考える』岩波新書、一九九四年、『木村敏著作集』六巻、弘文堂、二〇〇一年。

のこの二つのあり方の関係に還元して考えようとした。そしてこの関係は、日本語で常用される「もの」と「こと」の差異、あるいは同じように現実性を意味して用いられる「リアリティ」と「アクチュアリティ」の差異にも通じていると考えた。それはまた、ゾーエーが個人の身体に宿ることによってはじめてビオスとなるのである以上、身心相関や自己意識の問題とも切り離すことができないような、根源的な差異であるとも考えた。

個々の個人のビオスがある集団あるいは種に共通のゾーエーに根ざしているとすると、一人の個人の主体性と集団全体の主体性とのあいだには密接な関係があることになる。私はすでに以前の著書『あいだ』で、合奏音楽を例にとって、個人のノエシス的主体的な演奏をさらにノエシス的に規制する「メタノエシス」としての合奏全体という考えを持ち出していた。これをさらに大きな規模で考えると、今西進化論のいう「種の主体性」の概念につながる。分裂病を一九世紀ごろから人類に蔓延することになった比較的新しい病気だと見る見方を受け入れるなら、進化史上最近の数百年の間に個の主体性と種の主体性との関係が変化して、この新種の病気を出現させたのかもしれない。分裂病という病気は、最近の自然科学的な精神医学が考えているように脳の解剖学的あるいは生化学的な病変ではなくて、人と人との「あいだ」そのものの病理であると考えるためには、このような徹底した視点の変更が必要である。

『分裂病の詩と真実』

私のこの第七論文集(一九九八)は、新しい職場である河合文化教育研究所から出版された。[12] いわば私の就任挨拶である。

論文集全体のタイトルと同名の論文「分裂病の詩と真実」（一九九六）は、一九九〇年に京都で開催された国際シンポジウム「ラカン理論と臨床の深化」での発表を論文化したものである。この論文はこの当時の私の自己論の一つの到達点を示すもので、自分では結構よく書けていると思うのだが、はたして読者に理解されたかどうかはわからない。シンポジウムでの発表の当日これを（もちろん翻訳で）聞いていたラカンの女婿ジャック＝アラン・ミレールは、案の定まったく理解できないといっていた。

ここでは詩人ヘルダーリンの罹患した分裂病が主題となっていて、これは私が生涯に書いた唯一の病跡学的な論文である。このシンポジウムのしばらく前に、ブランケンブルクが私に「面白いから」と言って一冊の本をくれた。フランスのドイツ文学者ピエール・ベルトーの書いた『ヘルダーリン』(13)である。ベルトーはその本で、ヘルダーリンは本当に分裂病を患っていたのではなく、最愛の人ズゼッテの死を自分の罪として受け止め、この罪を償うためにその後四〇年間にわたって狂気を「装って」いたのだと主張している。私の設問は、そのような演技がもし可能なのなら、その演技自体は「正気」なのかどうか、もしそうなら、すべての分裂病者は多かれ少なかれ「正気」な意図で「狂気」

(12) 木村敏『分裂病の詩と真実』河合文化教育研究所、一九九八年、『木村敏著作集』五、七、八巻、弘文堂、二〇〇一年。
(13) P. Bertaux: *Hölderlin.* Suhrkamp, Frankfurt 1981.

を演じているのではないか、逆に言うとすべての健常者は（あるいは「発症」までの三二年間のヘルダーリンは）、実は「正気」を「演じ」、「正気」の「ふり」をしている（いた）だけではないか、というものである。

西田やハイデガーは、自己を自己たらしめている根拠としての自己性を、自己それ自身との差異において、またこの差異として理解する。この差異は西田では「絶対の他」と呼ばれ、ハイデガーでは「超越」と呼ばれる。それは通常の自己論におけるような「見られた」自己ではなく、物がそこにおいて「見えてくる」場所としての、「見ること」と「見るもの」との、あるいは「……と見えること」と「……と見えるもの」との存在論的差異としての自己である。ブランケンブルクはフッサールの意味での「経験的自我」と「超越論的自我」について、この両者は「同じものでありながら、やはり同じものではない」といい、分裂病患者において一時的に「ずれ」ているのは「この二つの自我の間の関係である」という。それはラカンのいう「象徴的なもの」に属するよりはむしろ、「メタ象徴的」な次元に属するものではないのか。

「自己と他者」（一九九五）は、『岩波講座・現代社会学』に寄稿された論文である。誰もが持っていて他者と平等に交換しあえる「自己」と、世界中にただ一つの「このわたし」とのあいだの絶対的な違いが、ここでは問題となっている。分裂病では「このわたし」の自己性が他者性を帯びて体験される。だから他者性がつねに自己性より優位に立って、通常の「自他勾配」が逆転してしまう。

人間を含むあらゆる生物は、種の保存と個体の保存のために、環境との境界面で必要な関係を維持し続けている。この関係のことをヴァイツゼカーの示唆に従って「主体」と呼ぶとすれば、すべての生物は各個体の個別的主体とそのつどの集団全体の主体との二重の意味で「主体的」に行動している。恐らく人間の個体だけが自分自身の主体をほかならぬ「このわたし」として体験し、同時にそこに自分以外の個体についての「他者」という観念を生み出す。そしてこの両者のあいだに不平等な自他勾配を構成する。これは人間特有の言語機能のためなのだろう。分裂病という、恐らく人間だけにしか見られない病気においては、なんらかの事情でこの自他勾配の逆転が起こってしまうのだと考えられる。

「コギトの自己性――生命論的考察」（一九九六）は、九六年に中村雄二郎氏との共同監修で創刊した『講座生命』の第一巻に載せた論文である。自己の自己性、「私」の「私性」の問題を扱うときに避けて通れないのはデカルトの「コギト」概念である。ミシェル・アンリはその『精神分析の系譜』(14)において、この「われ思う」は一般に理解されているように表象的な思惟ではなく、生の直接性における「現れること」としての純粋な自己触発、つまり私の感覚に対してなんらかの現象が現れ出て感じとられる事態のことだという。デカルト自身その『省察』の二で、「いま私は光を見、音を聞き、熱を感じる。私は眠っているのだからこれは虚偽である、といえるかもしれない。けれども私には確

(14) M. Henry: *Généalogie de la psychanalyse. Le commencement perdu.* PUF, Paris 1985（山形頼洋ほか訳『精神分析の系譜――失われた始原』法政大学出版局、一九九三年）。

かに、私が見たり聞いたり感じたりしているように思われる。これは虚偽ではありえない。……このように厳密に解するならば、これは思うということにほかならない」と書いている。この「思われる」(videor)は元来「見る」(video)の中動相「見える」なのだが、これは「感じるというそのことが自らを感じること」を表している。

分裂病者にみられる自己喪失においては、「コギト」が意味する「私に……と思われる」の感覚の「私に」への帰属性が自明性を失っている。生の直接性における「現れること」の自己触発に、一人称的な「私」の自明性が立ち会っていない。しかしこの自己触発は、「私」を形成せずに集団的に行動している人間以外の生物においても、当然見られるはずである。生物はそれによって生命的に環境と出会いながら、個体を保存し種を保存している。ひとり人間においてのみそこに「私」が立ち会って、そこに「特権的内部」対「非特権的外部」という「自他勾配」が成立する。デカルトの「コギト・エルゴ・スム」が「確実なこと」として成立しうるのは、個の主体と種の主体が個において整合的に重なり合い、この重なり合いの全体が「私」の特権的唯一性によって独裁的に支配されている場合だけだろう。しかし分裂病者の生き方を見ていると、これがいかに「確実」とはほど遠いものであるかがよくわかる。

「リアリティとアクチュアリティ」(一九九七)は、『講座生命』第二巻への寄稿である。ここで私は、すでに述べた論文集『偶然性の精神病理』の中の同名の論文「偶然性の精神病理」ではじめて主題的に展開した「リアリティ/アクチュアリティ」の概念を、離人症の病理において喪失したと訴えられる「現実感」に適用した。というよりも、もともとこの「リアリティとアクチュアリティ」というタイトルは、私が精神科医になって最初に書こうとして果たせなかった離人症についての論文の表題だったのである（当時、私は「実在性と活在性」というタイトルを考えていた）。

離人症患者は、知覚や表象の対象がその現実感、実在感を失ったと感じている一方で、それが現実に実在していることについての知覚は失っていない。たとえば時間の実感がなくなったと訴える患者でも、時計を見ればいま何時かということはわかるし、他人との待ち合わせ時間も間違えない。ある患者は「時間がなくなったのではなくて、時と時のあいだ、今と今のあいだがなくなった。だから時間が感じられない」という。空間の奥行きや遠近感が失われている患者でも、公共的に測定可能な距離の見積もりが不可能になっているのではない。その人の私的で主体的な感覚としての空間の広がりが感じられなくなっているのである。

離人症は、derealization というその別名にもかかわらず、哲学が問題にする意味での公共的な「実在」の知覚や判断を損なわない。ただその「現実感」だけが失われる。「実在」と「現実」はふつうは区別なしに用いられているが、前者が意識から独立した事物の存在についていわれる概念だとすると、後者はある状況に直面した人が、実践的行動的に、各自のそのつどの私的な関心に即して対処すべき局面についていわれることである。ドイツ語では前者を Realität、後者を Wirklichkeit と言い分けることができるが、英語には後者に対する適当な表現がない。強いて分ければ「行為」（act）につながる actuality ということになるだろう。ところでこのアクチュアリティというのは、哲学ではアリストテレスの流れを引く「潜勢態／潜在性」（デュナミス＝ヴァーチュアリティ）に対する「現勢態」（エネルゲイア）の意味で用いられる。それは生命という潜在的なものがそのつどの「生の現場」で現勢化してくる姿である。しかしアクチュアリティは、われわれが生きているかぎり、けっして完全に現勢化しつくされることがない。「それは下半身をヴァーチュアリティに浸して」、つねに現在進行形でしか経験されえない。離人症がなによりもまず「自己」の現実感に関わっているとするならば、「自己」とは「たえず自らを現実化しつつある潜在的なもの」以外のなにものでもない。「自己とは、それ自身がそれ自身との境界あるいは差異でありながら、環境あるいは世界との境界において生成し続けている自己現実化の動きにほかならない」のである。

「西田哲学と医学的人間学」（一九九五）は、西田幾多郎と田邊元という師弟間で繰り広げられた種に関する有名な論争を取り上げ、それにヴァイツゼカーがその医学的人間学で展開した主体／主観の概念をからめて論じたものである。私の見るところでは、西洋の数ある思想家の中で西田に最も近いのはこの神経科医であると思う。それは両者とも「生命」をその思索の根底においているからでもあるだろう。この二人の思想的な近さについて、西田研究者の側からもっといろいろな意見がほしいのだが、現在のところまだその動きは全くない。私がこの間、自分の論文を書くよりもヴァイツゼカーの翻訳に多くの時間を費やしているのも、そういった研究を待望しているからのことである。

「エスについて――フロイト・グロデック・ブーバー・ハイデガー・ヴァイツゼッカー」（一九九五）では、フロイトがグロデックの示唆を受け入れて「エス」（Es）という非人称代名詞を「無意識」を表す概念として採用した際に、この二人のあいだに見られた意見の食い違いにまつわる興味深い裏話を切り口にして、これをハイデガーが、Es gibt Sein という仕方で、「ある」ということを人間的現存在に「与える」ものとして取り出した「エス」と対比し、さらにはヴァイツゼカーがフロイトの「エスありしところに自我あらしめよ」に対して、その裏として「自我たりしものをエスたらしめよ」と書いたときに念頭に置いた「エス」とも対比して、「非人称の場所」についての議論が行われている。私にとって「エス」とは、心と身体、自己と他者がそこにおいて成立する「あいだ」の場所にほかならない。

『木村敏著作集』

私がまだ京大にいたときから、弘文堂でわたしの本の編集を担当してくださっていた重松英樹さんから、著作集を出したいというお話をいただいていた。まだもっと論文を書きたいからといって延び延びになっていたのだが、七〇歳を迎えた二〇〇一年に、そろそろ年貢の納めどきかと観念して出していただくことにした。全体の構成を鈴木茂君と相談して、論文や著書をテーマ別に配列して八巻に収録し、鈴木君以外に小山内実君、岡本進君、それと第一巻と第七巻は哲学者の野家啓一氏に解説をお願いすることにした。収録した論文の大半はこれまですでに論文集に収めたものであるが、例外的にいくつかここで初めて再録されたものもある。

第一巻『初期自己論・分裂病論』の冒頭においた「離人症の現象学」(15)（一九六三）は、私がミュンヘン留学中に書いて『ネルフェンアルツト』誌に掲載したドイツ語論文を、私自身の手で日本語に訳したものである。これは私が日本語、外国語を問わずそもそも最初に書いた文句なしの処女論文で、その後の半世紀にわたる私の精神病理学の萌芽が、すでに紛うことなく見てとれる。内容についてはすでに九八頁に述べておいた。

第三巻『躁鬱病と文化／ポスト・フェストゥム論』に収録した「躁と鬱」（一九九〇）は、みすず書房から出版された『異常心理学講座』第六巻に寄稿した論文で、自分では力作だと思っているのだが、執筆時期と出版との間が開きすぎたこともあって、結局どの論文集にも収録しそこなったものである。躁と鬱という形を取って現れる人間の気分の双極性は、「気」という宇宙論的エレメントの各個体への分有という話題も巻き込んで、分裂病における自己の自己性の問題やメランコリー型鬱病における社会的罪責の問題と並んで、人間存在の基本的な問題の一つだろう。先にも述べたことだが（一一〇頁以下）、最初の抗鬱剤イミプラミンの導入に際してロラント・クーンが示した卓抜な見解に興味を持って以来、そしてテレンバハのもとで直接に彼のメランコリー論に触れて以来、私の中で躁と鬱の問題は分裂病問題と並んで大きな関心の的となっていた。この論文にはこの時点における私の見解の一つの到達点が示されている。

第八巻に収録した「間——人間存在の核心」（一九八〇）は作曲家武満徹氏との対談である。武満氏の著者『音、沈黙と測りあえるほどに』[16]を読んで、私はこの世界的な作曲家が私と同じ世界に住んでいるという確信をもつようにあった。『現代思想』誌が企画してくれたこの対談で、この確信が間違っていなかったことを証明できたと思う。武満さんとはその後、私が幼年時代を過ごした高山にほど近い、飛騨古川という町が一九九〇年に制定した「古川音楽大賞」の審査員として、毎年お目にかかることになったのだが、残念ながらそれからまもなく不帰の客となってしまった。奥様のご厚意でこの対談を私の著作集に収録できたのは、私にとってこの上ない喜びだった。

『関係としての自己』

著作集を編むということは、なんとなく、そこで著作活動が終結してしまったような変な錯覚を生み出すことになる。私が著作集の出版に消極的だった理由の一つもそこにある。しかし実際にはその後も、ペースは落ちたとはいえ、それなりに論文は書き続けていたので、二〇〇五年に、今度は私が若いときにビンスヴァンガーやヴァイツゼカーの翻訳でお世話になったみすず書房から、八番目の論文集『関係としての自己』を出していただくことになった[17]。この現在のところ最後の論文集には、例によってかなり長文の「序論」を書き下ろしたほか、一二編の論文が収録してある。

この論文集に収録した論文のいくつかには、従来の私には見られなかった特徴がひとつある。それは、それまでほとんど私の関心外だった、英語圏の科学哲学関係の著作についての言及がかなり多いということである。それにはひとつ外面的な理由もあるので、ここでそのことをまず書いておきたい。

京大を退官した一九九四年、私はそれまでドイツ語やフランス語ばかりやってきたので、あらため

(15) B. Kimura: Zur Phänomenologie der Depersonalisation. Nervenarzt 34/9; 391-397.
(16) 武満徹『音、沈黙と測りあえるほどに』新潮社、一九七一年。
(17) 木村敏『関係としての自己』みすず書房、二〇〇五年。

て英語の勉強もはじめたいと思った。英会話ができなければやはり困るし、英語のものを書いたときに訂正してくれるネイティヴの人もほしかった。それで、『人と人との間』の独訳を出してくれたヴァインマイア君に、だれか適当な人を紹介してくれないかと頼んでみた。そして紹介してもらったのが、光華女子大で外人教師をしているアメリカ人の哲学者ジェイムズ・ドレイトン氏、通称ジム君である。彼は元来は分析哲学の出身なのだが、ハイデガーの哲学にも深い関心を抱いていて、非常に好感の持てる人物である。毎週一回、私は彼の自宅に通って、英語で哲学談義をすることになった。話題の中心は、当然のように英語圏の分析哲学、科学哲学である。ジムとの会話のために、私はしきりにその関係の英語の本を読むことになった。その中でも特別に面白かったのは、トマス・ネーゲルの「コウモリであるとはどのようなことか[18]」だった。

この関心がそのまま標題にまで出ているのが、Ⅳ章の「自分であるとはどのようなことか——自己性と他者性の精神病理学のために」(二〇〇一)で、これは名古屋で開かれた第二四回日本精神病理学会で理事長を退任して名誉会員に推戴されたときの特別講演を、機関誌『臨床精神病理』に掲載したものである。

デイヴィド・J・チャーマーズは二種類の「こころ」概念を区別して、「心理学的意識」と「現象的意識」と呼ぶ。前者は脳機能に還元でき、コンピュータシミュレーションが可能である。これに対して後者は「その存在であるとはそのようなことである、そのありかた」(something it is like to be that being)、つまり「ある人が自分のありかたとして感じとっている心境」のことで、この「経験の主観的クオリティ」すなわち「クオリア」は、脳の物質的特性には還元できない。クオリアとは、誰にでも観察可能なリアリティではなく、個人と世界との間にそのつど新たに成立するアクチュアリティである。著作集一巻に邦訳を収録したドイツ語論文「離人症の現象学について」で、私は「自己」のことを、対象を知覚したときに感じられる「自己クオリティ」のことだと書いたが（九九頁参照）、これはそのまま「クオリア」のことだといってもよい。自己の実感というのは、世界がクオリアをおびて立ち現れていて、私と世界とのあいだにアクチュアリティが成立しているという行為的事実のことなのである。

誰とどのような対人関係をもつかによって、自己のクオリアは非常に違ってくる。対人的な場における自己のクオリアは、ときにそこから自分に立ち戻る単独者としての自己のクオリアとのあいだで、相互隠蔽的な二重構造を形成している。私が集団のなかでなんらかの行動をするとき、そこには集団全体の意志と私個人の意志との二重構造が形成される。集団全体の意志はその各成員の個別的意志の総和ではない。それは先にも触れた今西錦司の「種の主体性」を基本原理として、集団と環境との全体的関係によって導かれている。自己とは、このような関係としての全体との接点にそのつど成立する関係にほかならない。しかし人間の場合、「ほかならぬこの私」というクオリアは、この「関係と

(18)　Th. Nagel: What is it like to be a bat? In Th. Nagel: *Mortal Questions*. Cambridge University Press, 1979（永井均訳『コウモリであるとはどのようなことか』勁草書房、一九八九年）。

しての自己」を絶対的に超絶している。これはわれわれが自己の「直下」に、「父母未生已然の自己」というかたちで自分の死を見据えていて、自己のアクチュアリティを、つねに潜勢態としての死即生のそのつどの現勢化として感じとっているからだろう。

「個別性のジレンマ——記憶と自己」(二〇〇二)は第二回河合臨床哲学シンポジウムでの提題で、『講座生命』第六巻に掲載したものである。その当時私は、ポール・リクールの『他者としての自己自身』[19]を大きな感銘をもって読んでいた。私が分裂病論で問題にしている「自己の個別性」は、リクールがこの本で的確に取り出した「同一性」(identité)と「自己性」あるいは「それ自身性」(ipséité)の両側面から考えなくてはならない。最新の分析哲学・科学哲学の議論と積極的に対決しながら自己の自己性の問題に迫ってゆくリクールの思索の進め方は、当時の私の関心とぴったり重なり合うものだった。

しかし私がこの論文で直接に参照したのは、それより二十年以上前にリクールが英語で書いた「物語的時間」[20]という論文である。ここでリクールは、物語の「筋立て」plotについて興味深い考察を展開している。物語というものには、ストーリーがさまざまな出来事からなることを示すクロノロジカルな「エピソード的次元」と、プロットがばらばらの出来事を一つの全体へと統合する非クロノロジカルな「コンフィギュレーションの次元」がある。プロットのまとまりが、エピソードの切れ目ないつながりに「エンディングの感覚」を重ね合わせ、それによって読者は結末のなかに発端を読むことになる。それは人間の行為を時間の中だけでなく「記憶」の中にも位置づけるということである。

「人生」という物語についていえば、この「記憶」とは人生途上のさまざまな出来事に、現在の時点で見たその歴史的な意味を与える潜勢的な「場」である。精神病理学的な文脈では、分裂病はすでに個別化した自己アイデンティティの障害ではなく、物語としての人生全体に個別性を与えている超越論的な「記憶」の場の障害、ないしはそこから個別性が成立してくるプロセスそのものの障害だということになるだろう。

「一人称の精神病理学へ向けて――ヴォルフガング・ブランケンブルクの追悼のために」（二〇〇四）は、第三回河合臨床哲学シンポジウムでの提題で、『講座生命』第七巻に掲載した。「自己」という問題は、哲学者によっても精神病理学者によっても扱われる。精神病理学者が議論の基盤に置いている精神医学の臨床では、そこに与えられる患者という他者の様態は、彼と治療関係をもつ精神科医が誰であるかによって根本的に変わる。そこでは「主観と主観のあいだに間主観性が成立するのではない。むしろ間主観性のほうが、個々の主観を主観として成立させるのである」。われわれが自己のノエシス的な主観と呼んでいるものの根底には、他者のノエシス的主観の根底と直接無媒介に通底する「メタノエシス的」な場所がある。自己の自己性をめぐる精神病理学的な問題が発生するのは、この非人

---

(19)　P. Ricœur: *Soi-même comme un autre*. Seuil, Paris 1990（久米博訳『他者のような自己自身』法政大学出版局、一九九六年）。

(20)　P. Ricœur: Narrative Time. In W.J.T. Mitchell (ed.), *On Narrative*. The University of Chicago Press, Chikago/London 1980.

称的でヴァーチュアルな基底層と、自他がすでに分離したアクチュアルな表層とのあいだの、「間髪を入れぬ」移行の過程においてである。

私はこの論文で、私の自己論に対して哲学者の上田閑照氏や斎藤慶典氏から寄せられた疑義に対して、今一度自分の立場を明らかにしようと試みている。とくに斎藤氏とのあいだでは、同じ『講座生命』第七巻で、谷徹氏も加えて「アクチュアリティとヴァーチュアリティの関係をめぐって」[21]と題する鼎談をおこなって、意見を交換した。しかしやはりそれぞれの出発点の違いからなのだろう、議論は結局すれ違いに終わったという印象しか残らなかった。

ここで、順序は逆になるがこの論文集『関係としての自己』の「序論」(二〇〇五)についても一言しておこう。この序論で私は、ヴァーチュアリティとアクチュアリティとの「間髪を入れぬ」時間差が、ことによると計測可能であるかもしれないという期待を抱かせる、ベンジャミン・リベットの一連の脳生理学的な実験に言及している。脳に末梢の感覚刺激が到達したとき、意識はそれより〇・二ないし〇・五秒遅れて刺激に気づくのだが、主観的にその感受時刻が繰り上げられて、ほとんど遅れなしに気づいたかのように経験される。また、随意運動に際しては、運動の主観的な意図はやはり実際の脳活動の開始より約〇・三五秒遅れて自覚され、それからさらに約〇・二秒遅れて運動が遂行される。この意識以前の物理学的・生理学的な脳活動と意識活動との時間差や、感覚実験の場合の「主観的時間遡行」の事実は、あるいは潜勢態の現勢化という古来の哲学的問題となんらかの関係があるのかもしれない。この序論を書くとき、私は当時出たばかりのリベットの論文集[22]をまだ入手しておらず、ノーレットランダーシュ[23]が紹介している彼のいくつかの論文を読むことができただけだった。

なお、この論文集が発行された頃から、わが国の精神医学の中心的な学会である日本精神神経学会は、従来の「精神分裂病」あるいは「分裂病」の呼称を「統合失調症」に変更した。私もこの名称変更に反対ではないので、それ以後に書いた私の文章は、原則としてすべて「統合失調症」を用いている。ただし本書では、過去に遡って表記を変更することはしなかった。

その後の著作　『関係としての自己』を出版したあとも、まだいくつかの論文を書いた。新味のあるものはほとんどないので、その二、三を紹介しておくのにとどめたい。

「物語としての生活史」（二〇〇九）[24]は、第六回河合臨床哲学シンポジウム（二〇〇六）での提題で、

（21）木村敏・谷徹・斉藤慶典「アクチュアリティとヴァーチュアリティの関係をめぐって」中村雄二郎・木村敏監修『講座・生命二〇〇四』河合文化教育研究所、二〇〇四年。

（22）B. Libet: *Mind Time. The Temporal Factor in Consciousness*. Harvard University Press, Cambridge, Massachusetts 2004（下條信輔訳『マインド・タイム――脳と意識の時間』岩波書店、二〇〇五年）。

（23）トール・ノーレットランダーシュ『ユーザーイリュージョン――意識という幻想』柴田浩之訳、紀伊國屋書店、二〇〇二年。

（24）木村敏「物語としての生活史」木村敏・坂部恵監修『〈かたり〉と〈作り〉――臨床哲学の諸相』河合文化教育研究所、二〇〇九年。

坂部恵氏と私が共同監修した『〈かたり〉と〈作り〉――臨床哲学の諸相』に掲載したものである。精神病理学が哲学者の言説を参照する場合、哲学者が彼自身の内面への内省に基づいて獲得した洞察を、患者という他者の内面に関する「現象学的」な考察に、いかなる正当性をもって「利用」することができるのか。この難問に対する解答を、私はビンスヴァンガー、ミンコフスキ、リュムケなどが論じている統合失調症の「感覚診断」ないし「直観診断」の可能性の中に求めた。患者と向かい合っているとき、精神科医の内面には奇妙な「よそよそしさ」の感覚が生じる。精神科医は彼自身が一人称的に感じとったこのクオリアを用いて、患者の病理を「洞察」する。そういう場合、現象学的精神病理学者たちは異口同音に、精神科医は患者の Person を知覚しているのだという。この Person というのは日本語に翻訳しにくい言葉だが、これは本来「仮面」(persona)の語から来ている。ユングは、彼のいう「集合的無意識」が他人や自分自身に対して演じている仮面として「ペルソナ」の概念を用いている。

ビンスヴァンガーは、「すべての体験の根源ないし中心としての個人的精神的な Person の、一回的歴史的な体験内容の継起」を、その Person の「内的生活史」と呼んだ。またヴァイツゼカーは、主観性を導入した人間学的な精神療法の方法として「生活史法」を提唱し、そこに治療者と患者の二人の Person が関与することから、「複数人称性が主観的であるのは、単数人称性や「人類全体のような」全人称性がそうであるより以上でも以下でもない」という。そして、フロイトの精神分析がもっぱら過去からの因果連鎖によって病気を説明しようとするのと違って、彼の生活史法は生命的行動一般に固有の未来先取的なプロレプシス構造を重視するという特徴をもっていて、病気の「目的論」的な意味での「なぜ」を生活史の中から見出そうとする。

生活史も物語としてストーリーとプロットをもっている。ストーリーが複数の出来事を時間的順序に従って記述するのに対して、プロットはそれらの出来事の関連を説明して「なぜ」の問いに答えてくれる。「プロット」の語が「筋立て」のほかに「陰謀、策略、秘密の計画」をも意味することからもわかるように、それは物語の未来へ向けての潜勢的なダイナミクスを含んでいる。患者とのメタノエシス的な出会いの場で、精神科医は患者の生活史のプロットを現象学的に直観することによって、彼の Person の背後に隠された生のダイナミズムに関与して行かなければならない。

「クリーゼの病理――瞬間と生命」（二〇〇九）[25] は、二〇〇八年の一月に慶應義塾大学の三田哲学会で行われたシンポジウム「瞬間と偶然――時間を哲学する」への提題を論文化し、他の提題者である斎藤慶典氏と小林敏明氏、特定討論者であった植村恒一郎氏と入不二基義氏の論文、それにそのメンバー全員による座談会を加えて、『思想』に発表したものである。ここでは私は『時間と自己』や『直接性の病理』ですでに書いている癲癇発作における転機的な時間の切断を、ゾーエー的な「大文字の生」がビオス的な「小文字の生」を突き破って、現在の瞬間の真只中に永遠が顔を見せる現象として再説している。

(25) 木村敏「クリーゼの病理――瞬間と生命」『思想』一〇一九号、二〇〇九年。

『生命と現実』と『臨床哲学の知』

この時期に私は二冊の対談本を作った。そのひとつは、ベルクソン、ドゥルーズ、西田などについての見事な著書を出している気鋭の哲学者檜垣立哉氏との共著『生命と現実──木村敏との対話』（二〇〇六）である。[26] 檜垣氏は非常にすぐれた哲学者であるだけでなく、私の書いたものを丹念に読み込んでくださっていて、私自身この対談は非常に勉強になった。ただ、檜垣氏が話題にしたがっていたドゥルーズ＝ガタリの「分裂症」理解については、私の知識があまりにも乏しいために、この部分の話が盛り上がらなかったのは残念だった。

もう一冊は対談というよりも、フリーランサーの編集者である今野哲男氏が、数回にわたって私にインタビューした記録をまとめて本にした『臨床哲学の知──臨床としての精神病理学のために』（二〇〇八）である。[27] これはいわば一般読者を代表した聞き手に向かっての「語りおろし」であって、毎回あるホテルのコーヒーラウンジの一角という肩のこらない場所で語り合ったので、私の学説の裏話といったものがあちこちに出てきて、読みやすい本になったと思う。書評誌などでも好評だった。

翻訳の仕事

私の一風変わった特徴の一つに、翻訳書が多いということがある。もちろん世の中には私などよりずっと多くの翻訳書を出している人もいるだろう。しかし一般論として、翻訳の多い人は自説を展開した著書をあまり書かず、逆に独創的な思想をもって何冊も本を書いている人は翻訳をほとんどしないということが言えるのではないか。となると私のように、その価値はともかくとしてオリジナルな内容の本を結構たくさん出しておきながら、翻訳書も二十冊近くあるというのはやはり異例のことだろう。これは結局、私は翻訳が好きなのだということらしい。原著者が外国語で表現しようとしている思索の内容を日本語で表現し直すとどうなるか、それをあれこれ考えるのはなかなか魅力的な仕事だし、外国語の勉強というだけでなく日本語の訓練にもなる。若い人の教育に読書会を利用するという私の昔からの習慣も、その延長線上にあるのだろう。

京大を退官してからの翻訳は、ヴァイツゼカーのものばかりである。九四年には『病因論研究』（一九四六）[28]を出した。これは名市大時代に読書会で読んで、大原貢君に訳稿を作ってもらっていたものを、改めて訳し直したものである。大原君はその後、西丸四方先生の後任として愛知医大の教授になったが、本訳書の出版後に亡くなっている。九五年には『ゲシュタルトと時間』（一九六〇）と『アノニュマ』（一九四六）という二冊の小冊子の邦訳を合本にしたものを『生命と主体――ゲシュタルトと時間／アノニュマ』[29]として出版した。そして二〇〇〇年には、名古屋の河合文化教育研究所で読書会のテキストに使った『病いと人――医学的人間学入門』[30]を上梓した。同じ読書会でその次のテキス

---

(26) 木村敏・檜垣立哉『生命と現実――木村敏との対話』河出書房新社、二〇〇六年。
(27) 木村敏・今野哲男『臨床哲学の知――臨床としての精神病理学のために』洋泉社、二〇〇八年。
(28) ヴァイツゼッカー『病因論研究』木村敏・大原貢訳、講談社学術文庫、一九九四年（V. von Weizsäcker: *Studien zur Pathogenese.* Thieme, Stuttgart 1946）。
(29) ヴァイツゼッカー『生命と主体――ゲシュタルトと時間／アノニュマ』木村敏訳、人文書院、一九九五年（V. von Weizsäcker: *Gestalt und Zeit.* Vandenhoeck & Ruprecht, Göttingen 1960 / *Anonyma.* Francke, Bern 1946）。

トにしたヴァイツゼカーの遺作『パトゾフィー』(31)もすでに翻訳はできていて、本書が出るころには書店に並んでいるはずである。ヴァイツゼカーの書くものは難しい。ドイツ人でもきちんと理解できる人は少ないだろう。しかし私は、医者という存在の本当のあり方を、病人の生を問題にし、それを自分自身の生の問題として問うてゆく、そんなあり方を、彼の著作を通じて教わった。それをなるべく多くの人と分かち合いたい、その気持ちが私を彼の著作の翻訳へと向かわせている。

3　最近の身辺

自伝の終わり方

自伝というものを書いていて、話が現在の時点に近づいてくると、自伝というものはどういう終わり方をするものなのだろうかということが気になってくる。これを書いている二〇〇九年の現在、私はもう七八歳だから、あとどれだけ生きることになるのか自分でもわからないとはいえ、この自伝の終わりが人生の終わりでないことだけはほぼ確かだろう。しかし、単なる年代記と歴史との本質的な違いが、始まりと終わりが年代記にはなくて歴史にはあるという点だとするならば、自己の生の歴史としての自伝には当然終わりがなくてはならない。先ほど挙げた私の論文「個別性のジレンマ――記憶と自己」（本書二九二頁）で引用したポール・リクールは、物語のプロットが人間の行為を時間の中だけでなく記憶の中にも位置づけるとしたうえで、「われわれが何かの、あるいは誰かの記憶をもちうるとすれば、その何かあるいは誰かは死ななければならないのではないか。過去の他性は基本的に死の中に見られるのではないか。そして反復とはそれ自身、ある意味で死者の復活ではないのか」という意味深長な言葉でその論文を締めくくっている。[32] 自伝のプロットという記憶を終えるにあたって、この記憶に残されている私は死ななければならないのではないか。そしてそれを書いている私は、それを書くという反復のなかで、ある意味で死から復活しなければならないのではないか。

そんなことを漠然と考えながら、ここ数年間に私の身辺に起こった出来事について書いておきたい。

橋本病

最初は私自身の健康のことである。京大を退官した当時、なんとなく身体がだるく、元気が出なかった。「定年鬱病」のようなものかと思っていたが、念のため京大病院で検査を受けたら、甲状腺の機能低下が発見されて「橋本病」と診断されてしまった。不治の自己免疫疾患で、これは一生、甲状腺ホルモンの服用に頼って生きてゆかなければならない。ひょっとすると父が晩年

---

(30) ヴァイツゼッカー『病いと人――医学的人間学入門』新曜社、二〇〇〇年（V. von Weizsäcker: *Der kranke Mensch. Einführung in die Medizinische Anthropologie*. Gesammelte Schriften 9, Suhrkamp, Frankfurt 1988）。

(31) ヴァイツゼカー『パトゾフィー』木村敏訳、みすず書房、二〇一〇年（V. von Weizsäcker: *Pathosophie*. Gesammelte Schriften 10, Suhrkamp, Frankfurt 2000）。

(32) P. Ricœur: Narrative Time. In W.J.T. Mitchell (ed.), *On Narrative*. The University of Chicago Press, Chicago and London 1980, p. 186.

に鬱病気味だったのも、同じ病気だったのかもしれない。とにかくそれ以来は、三ヶ月に一度ぐらい血液検査をしながら、チラーヂンという甲状腺剤を毎日のんでいる。

この橋本病以外、私は年齢相応のいくつかの故障をかかえながら、全体としてはまずまず元気に暮らしている。高血圧は降圧剤で十分コントロールできているし、コレステロールも薬の服用で正常値を維持している。前立腺肥大のための排尿障害も薬でなんとかごまかしている。糖尿病の傾向はあるのだが、私は酒を飲めないので、甘いものは結構食べている。六十年来吸い続けている煙草をやめようという気にはまったくならない。健康法といえば、前に書いた毎日のウォーキングだけである。会う人ごとに、お元気そうですねと言われる。「元気そう」であることは間違いないらしい。

まり子の死

娘まり子の結婚生活は、当初の心配どおり、幸福いっぱいとはいえないものだった。麻以《まい》と彩栄《さえ》という二人の可愛い孫娘が誕生したし、夫の直樹君も彼なりに心からまり子を大事にしてくれていたのだが、家庭全体を支配している基本的な気分の違いというのはどうにもならないものらしい。

直樹君は彼の会社で頭角を現して、九三年にはロンドンへ赴任することになった。まり子と、当時すでに生まれていた麻以もロンドンへ旅立った。それからの数年間、私は学会などでヨーロッパへ行くごとにロンドンを訪れるのを楽しみにしていた。何回かは家内も同行し、みなで湖水地方をはじめイギリスの各地をドライブしたのは楽しい思い出である。彩栄が生まれた九七年には、家内ひとりで一ヶ月ほどロンドンへ手伝いに出かけたりもしている。その後まもなく、まり子一家はロンドンを引き上げて帰国し、横浜に住むことになった。帰国後、まり子の体調はもひとつすぐれなかった。あちこちに「不定愁訴」をかかえる慢性鬱状態で、ちょうどそのころ名市大精神科出身の丹羽和賀美さんが横浜でクリニックを開業していたので、彼女に診てもらうことにした。

丹羽さんから思いもかけぬ連絡をもらったのは、二〇〇二年の二月である。血液検査で腫瘍マーカーの値が高いので近所の大きな病院で検査をしてもらったら、肝臓癌で手術不能、余命三、四ヶ月だという。驚いて家内と横浜へ急行し、CTのフィルムを借りて帰って京大移植外科の田中教授に見てもらい、横浜市大へ入院させることにした。手術不能で余命が短いのなら、余計な苦痛を伴う抗癌剤は使わないことにして、元が人づてに見つけてきた、新宿で民間療法をしている玉木肇さんという人の治療を受けることにした。詳細は私も知らないのだが、なんでも磁気のようなものを身体に当てて治療するらしい。メスメルの動物磁気療法みたいなものかもしれない。有名人の患者が多くて、予約を取るのが大変だということだった。横浜市大の先生も同意してくれたので、市大へは定期的な検査だけに通うことにして、自宅から毎週一回、直樹君の運転で新宿に通うという療養生活が始まった。

まり子の生命力が逞しかったのか、玉木さんの治療がよかったのか、最初三、四ヶ月と宣告された死はなかなか訪れなかった。まり子はその後も二回、海外へ家族旅行をしているし、京都の私の自宅へも何回か来ている。しかし身体は次第にやせてきて、骨格だけの目立つ姿は痛々しかった。二〇〇五年の一月には高アンモニア血症で意識障害を来して横浜市大病院に入院、それも一度は回復して、七月には家内とまり子が子どもたちを連れてディズニーランドへ遊びに行ったりもしていたのだが、二〇〇六年の四月に再び意識障害に陥って、四月一三日、家内の七五歳の誕生日に、ついに四六歳の短い生涯を閉じた。

まり子の死後、麻以は東京に部屋を借りて一人暮しをしながら高校を卒業し、二〇〇八年の春に慶應義塾大学の理工学部に入学した。彩栄は芦屋の直樹君の実家に引き取られて小学校へ通っている。

家内の直腸癌

まり子が自宅療養をはじめて以来、家内はずっと横浜のまり子の家に泊まりこんで家事を手伝うことになった。当然ながらまり子についての心配と疲労のために体調がすぐれず、血液検査で思いもかけず基準を超える腫瘍マーカー値が検出された。二〇〇三年の九月、私が勤務している京都博愛会病院で検査をしてもらったら直腸癌が発見されて、一〇月一日に院長で外科医の金盛彦先生の手術を受けた。さいわい初期の癌で転移も見られなかったので、約一ヶ月で退院できた。抗癌剤もいっさい用いず、人工肛門を設置することもなく、六年後の内視鏡検査でも異常は認められていない。

ただ、手術後ぐらいから家内の気力がめっきり衰えた。直腸を一部切除しているからだろう、排便の調子がこれまでとすっかり違ってきて、つねに便意を抱えているような気分らしい。それ以来、旅行というものに行きたがらなくなった。私が外国へ行くときに誘っても絶対に行こうとしない。一緒に外国へ行ったのは、ブランケンブルクの急死に直面した二〇〇二年のドイツ旅行が最後である。そのときには、私がハレの会議に出ているあいだに自分ひとりでライプツィヒへ出かけたりして、非常に元気だった。それが、とくにまり子が死んでからというもの、それに鬱病の気分が加わって、全く行きたがらない。二〇〇八年がわれわれの金婚式にあたったので、その秋のドイツ旅行に強く誘ってみたのだが、どうしても連れ出すことができなかった。最近は博愛会病院の笹川先生に診察してもらって、軽い抗鬱剤の処方を受けている。

このごろしきりに考えることは、家内に万一のことがあったら、私ははたしてひとりで生きて行くことができるだろうかということである。家事や炊事ができないというだけのことではない。それが大変なことは、家内がまり子の看病と手伝いに横浜へ行っていたときや、手術のために入院していたときに、ひとり暮らしを強いられていて体験ずみである。それも大変なのだが、問題はもっと基本的なところにある。先ほど生活史のプロットについて書いたが、私の人生の未来へ向けてのダイナミクスを含むプロットが家内との五十年間の夫婦生活というメタノエシスによって形成し尽くされている以上、このプロットを変えるにはまた何十年かが必要だろう。私自身にそれだけの生命力が残っているとは思えない。

この自伝を書くために日記をひっくり返してみていると、私の人生の、したがってこの自伝の登場人物というよりも、そのプロットを形作ってきたたくさんの人が、ここ数年の間に次々と亡くなっている。二〇〇〇年の一一月に村上仁先生、〇一年の一月に芦津丈夫君、〇二年の一〇月にブランケンブルク氏、〇六年の一〇月に佐野利勝先生、〇七年の八月に松村禎三さん、〇八年の一月に平田精耕老師、そして〇九年の六月には坂部恵氏である。この人たちがいなくなっても、私の人生のプロットはもちろん変わらない。私のプロットの構成者として、その人たちは依然として私の中に生きている。

しかし家内の場合、はたしてそういえるかどうか。

このところしきりに「死と再生」について考える。普通にいう「来世」のこと、未来での生まれ変わりのことではない。ベルクソンが言うように、過去というものはいわゆる「記憶」として脳のどこかに蓄えられているのではなく、過去が過去自身を保存していて、そのつどの現在と同時につねに新たに生み出され続けているのだとすると、そういう過去はもはや「過去」とはいえず、けっして消えることのない「生命の記憶」としかいえないものになるだろう。そしてそのような生命の記憶は、個人という人生のアクチュアリティを絶えず現勢化する潜勢態として、個人の人生が終わったのちもどこかにまだそのまま残っているのではないか。死ぬということは、そのままこの生命の記憶に戻るというだけのことかもしれない。もしそうだとすると、未来というのも、まだ来ないけれどもいつかは来るだろうような先のことではなくて、現在が現在自身の直下にある記憶の潜勢態をつねに反復している、その反復こそが未来だとはいえないだろうか。いま生きているこの一瞬一瞬が「死と再生」なのかもしれないのである。自伝をほぼ書き終えたいま、私は自分の人生をもう一度生き直したような気持ちになっている。

跋　精神医学から臨床哲学へ

私が医学部を卒業し、村上仁先生（一九一〇～二〇〇〇）の精神病理学に憧れて精神科医になった一九五六年ごろ、精神医学という医学分野は、臨床面でも研究面でも、現在とはまるで違っていた。「向精神薬」というものは、実質上まだ存在していなかった（厳密にいうとクロールプロマジンの抗精神症状作用が発見されたのは一九五二年で、それがわが国の臨床に導入されはじめたのは、私の入局とほとんど同時であった）。それまでの精神科医たちは、電気ショックやインシュリンショック、あるいはロボトミーという脳手術で、いわば暴力的に症状の改善を図る以外には、長期間の入院によって自然に病状が落ち着くのを待つよりほかの治療法を持っていなかった。

そのかわり精神科医は、その気がありさえすれば、十分に時間をかけて精神病者の行動を、それも現在のように向精神薬の作用で修飾されていない、そのままの姿の精神病像を観察することができた。当時の精神医学における研究の主流が、患者の性格や行動とその症状、さらにはその時間的変遷と予後を細部にわたって綿密に観察し、それを正確に記述して精緻な症候論と経過論を作り上げ、それに基づいてさまざまな精神病像を、相互間の差異と類縁関係に従って類型化する作業に終始していたのはそのためである。今日でもまだその価値を失わないE・クレペリーン（一八五六～一九二六）の精神医学体系、E・ブロイラー（一八五七～一九三九）による「統合失調症」（「精神分裂病」）の分離と命名（一九一一年）、パラノイアをめぐる活発な妄想研究、ことにE・クレチュマー（一八八八～一九六四）による「敏感関係妄想」の記述（一九一八年）、多彩な精神病像を単一の精神病の種々相として解釈しようとするW・グリージンガー（一八一七～一八六八）らの単一精神病論、逆にそれらの異なった病像をそれぞれ別個の疾患単位と見なして、多数の精神病を細分類しようとするK・クライスト（一八七九～一九六〇）やK・レオンハルト（一九〇四～一九八八）などの学説は、すべてこのような綿密な臨床観察から生まれてきたものである。

一方、S・フロイト（一八五六～一九三九）の精神分析に始まる力動精神医学や心理療法の諸流派も、今日用いられている向精神薬が仮にもう一世紀も前に開発されていたとするならば、現在のような隆盛は見なかったのではないか。「無意識の精神病理」と総称することのできるこれらの理論はすべて、安易に抗不安剤に頼ることなく、長期間にわたって患者の人生そのものを治療対象にする臨床が生み出したものにほかならない。

精神病者の人生あるいは人間存在そのものを精神医療の対象にしようとする臨床的努力にとって、当時の新しい哲学であったE・フッサール（一八五九～一九三八）の現象学や、M・ハイデガー（一八八九～一九七六）の現存在分析論、H・ベルクソン（一八五九～一九四一）の生命論などが、絶好の導きの糸となった。経験に現れる多彩な諸現象の底に事柄の本質を直観し、世界の内にある人間的現存在の在り方を通じて存在の意味を問い、空間に拡がった存在の背後に経験の純粋に時間的な持続を見出して行こうとするこれらの哲学に触発されて、現象学的、人間学的、現存在分析的などと称される精神病理学の活動が開始された。そのもっとも著名な研究者はL・ビンスヴァンガー（一八八一～一九六六）とE・ミンコフスキ（一八八五～一九七三）だった。ミンコフスキは私の師匠の村上先生が、そしてビンスヴァンガーは村上先生のお薦めで私自身が、その主著をわが国に紹介している（六九頁以下参照）。

一方その当時の日本の精神病理学を振り返ってみると、のちのち世界的に注目されることになる森田正馬（一八七四～一九三八）の森田療法、躁鬱病の病前性格論に一石を投じた下田光造（一八八五～一九七八）による「執着気質」の記載、統合失調症に類似した内因性精神病に癲癇性の要因が関与していることを臨床遺伝学的に実証した満田久敏（一九一〇～一九七九）の「非定型精神病」論などを別とすれば、おおむね欧米の学説の紹介にその主眼が置かれていた。その中でも、内村祐之（一八九七～一九八〇）を中心とする東京大学のグループによるK・ヤスパース（一八八三～一九六九）の『精神病理学総論』第五版の翻訳出版は、精神病理学をはじめて厳密な「学」として確立したこの著作の紹介を通じて、その後のわが国の精神病理学的な思潮の発展に対する大きな寄与を果たした。

しかし、学生時代の音楽体験を通じて、作品における音と音とのあいだ、合奏における人と人とのあいだの本質的な意味に開眼し、それを一つの重要な媒体として精神医学を志した私にとって、学としての厳密性を要求するヤスパースの学風は、あまりにも大学精神医学的で、生きた人間の実感を離れたもののように思われた。私にはむしろ、ビンスヴァンガーやミンコフスキ、さらにはその周囲に形成された現象学的・現存在分析的な精神医学者の集団のほうが、自分の身の置き場としては似合っていた。それと同時に、フッサール、ハイデガー、ベルクソンなどを向こうに回して独自の思索を展開している西田幾多郎（一八七〇〜一九四五）の哲学をこの潮流の中に取り込むという作業こそ、私に課せられた最大の責務ではないかと考えるようになった。一二七頁にも書いたように、私は世界の精神医学を夜空の星座としてイメージし、将来はそのどこかに肉眼で確認してもらえる程度の星にはなりたいという夢をもっていた。そして自分が少なくともどの星座に帰属しているかだけは、この時点ですでに確定したという気持ちを抱いていた。

哲学と精神病理学以外で、当時から私の関心を強く惹きつけていたのは、V・フォン・ヴァイツゼカー（一八八六〜一九五七）のゲシュタルトクライス理論だった。「知覚と運動の一元性」を強く主張するこの理論は、西田哲学の「行為的直観」の思想と相俟って、実践的感覚を中心にして人間の行動を考えて行こうとする私自身のものの見方にこの上なくフィットするものだった。人間が現存在として世界と関わって行くためには、人間はまず自己の生命を生きる「生きもの」でなくてはならず、自己の個別的生命を超えた「生命そのもの」によって生かされているのでなくてはならない。生命そのものが個々の現存在の身体を通じて個別的で有限な「自己」の生命を生きることのうちに、ヴァイツゼカーは自己の「主体性」の秘密を見ている。生命そのものの生命活動に根ざしながら、そのつどの「いまここ」で、感覚と行動の両面で世界と出会い続ける、そのような「生命の主体」として人間存在を解釈することこそ、私の精神病理学に与えられた使命なのだろうと考えた。

私が二度にわたって留学した一九六〇年代のドイツの精神病理学は、W・フォン・バイヤー（一九〇四〜一九八七）、H・テレンバハ（一九一四〜一九九四）、そしてW・ブランケンブルク（一九二八〜二〇〇二）などに代表されるハイデルベルクの精神医学教室を中心として、その最後の輝きを見せていた。当時の東京で人間学的精神病理学の指導的な役割を果たしていた宮本忠雄氏（一九三〇〜一九九九）と、京都からの私との二人が、時を同じくしてこの時代のハイデルベルク大学精神科に籍を置いていたことは、やや大げさに言えば象徴的な出来事だったかもしれない。宮本さんはその後あまりにも早く世を去られたが、私は名古屋と京都で、これまで書いてきたような多産な時期を迎えることになった。

しかし私が独自の現象学的・人間学的な精神病理学を展開している間に、世界の精神医学事情はそれと真っ向から相反する方向へ大きく舵を切っていた。向精神薬の開発が加速度的に進み、精神医学全体が製薬資本にとっての巨大なマーケットの様相を呈したのに伴って、薬物の臨床効果判定の信頼度を高めるために、世界各国の臨床的な診断を客観的で統一的なものに均一化する必要が生じてきた。従来のように各学派間、各大学間で、基礎的な精神病理学観の相違によって同一患者に対する診断名が異なってくるというような状況は、薬物万能の時代にはもはや許されるものではなかった。

アメリカ精神医学会が制定した『診断と統計のための精神障害マニュアル』第三版（DSM-III、一九八〇年）と、それに大きく影響された世界保険機構の『国際疾病分類』第十版改訂版（ICD-10、一九九〇年）以来、精神科疾患の診断は誰にでも純粋に客観的に判定しうる具体的な症状のみに基づいて決定されることになった。その背後にある患者個人の心理的な機制や人格的な特徴は、やはりそれも客観的三人称的にカテゴライズして、質問紙法などによって評価しうるかぎりでのみ、別軸として併記されるにとどまっている。「神経症」や「精神病」など、従来の精神医学の手垢のついた呼称は一掃され、すべてが「メンタル・ディスオーダー」という（それ自体けっして価値中立的とはいえない）名称に統一されて、仮説的な成因論につながるような表現はいっさい退けられた。統合失調症の背後に自己の個別化の原理に関する危機的な状況がひそんでいるとか、内因性メランコリーが自己の役割期待に対する遅れを舞台にして展開されるとかいった、現象学的あるいは人間学的な言述の入り込む余地はどこにも見あたらなくなった。

この二種類の「操作的診断基準」はその後も改訂が続けられ、現在はＤＳＭ-ⅣとＩＣＤ-11が施行されているが、症状のみに重点を置いて基礎的な精神病理を考慮しないという基本理念は一貫している。この没精神病理学的な診断基準は日本の精神医学でもただちに採用され、私自身も公式文書などにはこれを用いざるをえなくなっている。

このような没精神病理学的・没個別人間的な精神医学の現状にあって、これまでの臨床精神病理学が積み上げてきた一人称／二人称的な、つまり患者と医者のあいだの濃密な人間関係の場でのみ可能となるような思索を継続するためには、一つの新しい枠組みが必要なのではないかと私は考えるようになった。精神医学が実証主義的な方向に走るのなら、一度精神医学の枠組みを離れてもいいのではないか、これまでの精神病理学が精神医学の枠内でその存立を脅かされているのであれば、むしろ精神医学をいったん捨てたほうがいいのではないか。

従来から、精神医学の枠内で営まれてきた精神病理学は、哲学からの大きな影響を受けて自らの思索を進めてきた。幸い、この悪しきグローバリズムの時代にあっても、哲学と哲学者たちは旺盛な思索を続けている。そしてその思索は、人類の危機的な状況に直面して、ますます精神医学への（もちろん古い本来の意味での精神医学への）接近を強めている。この風潮の中で、精神科医として、操作診断的な精神医学は捨てても臨床そのものは捨てていない精神科医として、発言する機会は十分に見いだせるのではないか。私が自分の学問的な営みに「臨床哲学」という名を冠するようになったのは、そのようないきさつからである。たまたま哲学の分野でも大阪大学の鷲田清一氏（一九四九〜）や東北大学の野家啓一氏（一九四九〜）など、書斎から出て現実の社会に目を向けるという趣旨で、同じこの臨床哲学という呼称を標榜している方のあることをあとから知ったのだが、名称のプライオリティなどどうでもよい。ここ十年来、私はそういった哲学者の方々や、精神科医仲間で志を同じくする方々をかたらって、私の停年後の勤務場所である河合文化教育研究所の年中行事として「臨床哲学シンポジウム」を開催することを、自分の最後の活動の場と見定めている。

先ほども書いたように、物語の筋立てとしてのプロットは、登場人物の行為を死すべき人間についての記憶の反復の中に位置づける。しかしプロットとは、同時に「はかりごと」として、未来へ向けての秘められた力の場でもあるはずである。私が生きた人生のプロット、私が描いた臨床哲学のプロットは、いつの日にか私とは別のだれかの人生と思索によって、もう一度生きなおされるのではないか。実証主義的な自然科学は研究者個人の営為を超えた普遍性を求める。しかしそのような自然科学のパラダイムを革命的に更新してきたのは、やはり個人の力だったのではないか。精神医学のパラダイムが、将来だれかの手によって根本的に変換されることを夢見ながら、筆を擱くことにする。

主要著作一覧

単行本

木村敏（一九七〇）『自覚の精神病理——自分ということ』紀伊國屋書店（著作集一）。

木村敏（一九七二）『人と人との間——精神病理学的日本論』弘文堂（著作集三）。

木村敏（一九七三）『異常の構造』講談社現代新書（著作集六）。

木村敏（一九七五）『分裂病の現象学』弘文堂（著作集一／五／八）。

木村敏（一九八一）『自己・あいだ・時間——現象学的精神病理学』弘文堂（著作集二／三／五）、ちくま学芸文庫（二〇〇六）。

木村敏（一九八二）『時間と自己』中公新書（著作集二）。

木村敏（一九八二）『自分ということ』第三文明社レグルス文庫（著作集二／三／七）、ちくま学芸文庫（二〇〇八）。

木村敏・金井美恵子（一九八三）『私は本当に私なのか——自己論講義』朝日出版社。

木村敏（一九八五）『直接性の病理』弘文堂（著作集四／五）。

木村敏（一九八七）『人と人とのあいだの病理』河合ブックレット。

木村敏（一九八八）『あいだ』弘文堂（著作集六）、ちくま学芸文庫（二〇〇五）。

木村敏（一九九〇）『分裂病と他者』弘文堂（著作集二／四／五／七）、ちくま学芸文庫（二〇〇七）。

木村敏（一九九一）『形なきものの形』弘文堂（著作集八）。
Kimura, Bin (1992) *Ecrits de psychopathologie phénoménologique*. Trad. par Joël Bouderlique, PUF, Paris.
木村敏（一九九二）『生命のかたち／かたちの生命』青土社（著作集四）。
木村敏（一九九四）『偶然性の精神病理』岩波書店（著作集七）、岩波現代文庫（二〇〇〇）。
木村敏（一九九四）『心の病理を考える』岩波新書（著作集六）。
Kimura, Bin (1995) *Zwischen Mensch und Mensch. Strukturen japanischer Subjektivität*. Übers. von Elmar Weinmayr, Wissenschaftliche Buchgesellschaft, Darmstadt.
木村敏（一九九七）『からだ・こころ・生命』河合ブックレット、一九九七／九（著作集八）。
木村敏（一九九八）『分裂病の詩と真実』河合文化教育研究所、一九九八／七（著作集五／七／八）。
Kimura, Bin (2000) *L'Entre. Une approche phénoménologique de la schizophrénie*. Trad. par Claire Vincent, Jérôme Millon, Grenoble.
木村敏（二〇〇一）『木村敏著作集』第一～八巻、弘文堂。
木村敏（二〇〇五）『関係としての自己』みすず書房。
Kimura, Bin (2005) *Scritti di psicopatologia fenomenologica*. Trad. dal francese Arnaldo Ballerini, Giovanni Fioriti Editore, Roma.
木村敏・檜垣立哉（二〇〇六）『生命と現実――木村敏との対話』河出書房新社。
木村敏（二〇〇八）『臨床哲学の知――臨床としての精神病理学のために』洋泉社。

訳書

佐野利勝・木村敏訳（一九五八）エトヴィン・フィッシャー『ベートーヴェンのピアノソナタ』みすず書房。

新海安彦・宮本忠雄・木村敏訳（一九六〇／六一）ビンスワンガー『精神分裂病』Ⅰ（一九六〇）Ⅱ（一九六一）、みすず書房。

佐野利勝・木村敏訳（一九六一）フランクル『識られざる神』みすず書房。

木村敏・菊知龍雄訳（一九六五）クーグラー『臨床脳波学入門――その理論と実際』文光堂。

木村敏訳（一九六六）ゲオルギアーデス『音楽と言語』音楽之友社。

荻野恒一・宮本忠雄・木村敏訳（一九六七）ビンスワンガー『現象学的人間学――講演と論文 一』みすず書房。

木村敏・濱中淑彦訳（一九七五）ヴァイツゼッカー『ゲシュタルトクライス』みすず書房。

木村敏訳（一九七八）テレンバッハ『メランコリー』みすず書房。

木村敏・岡本進・島弘嗣訳（一九七八）ブランケンブルク『自明性の喪失――分裂病の現象学』みすず書房。

木村敏・中井久夫監訳（一九八〇）エレンベルガー『無意識の発見（上・下）』弘文堂。

木村敏訳（一九八五）テレンバッハ『メランコリー』改訂増補版、みすず書房。

木村敏・長井真理・高橋潔訳（一九八五）テレンバッハ編『精神医学治療批判――古代健康訓から現代医療まで』創造出版。

木村敏・村本詔司訳（一九九一）ハイデッガー『ツォリコーン・ゼミナール』みすず書房。

木村敏訳（一九九四）ゲオルギアーデス『音楽と言語』改訳版、講談社学術文庫。

木村敏・大原貢訳（一九九四）ヴァイツゼッカー『病因論研究』講談社学術文庫。

木村敏訳（一九九五）ヴァイツゼッカー『生命と主体――ゲシュタルトと時間／アノニュマ』人文書院。

木村敏訳（二〇〇〇）ヴァイツゼッカー『病いと人――医学的人間学入門』新曜社。

木村敏訳（二〇一〇）ヴァイツゼッカー『パトゾフィー』みすず書房。

編　著

木村敏編（一九七四）『分裂病の精神病理』三巻、東京大学出版会。

木村敏編（一九八〇）『てんかんの人間学』東京大学出版会。

木村敏編（一九八一）『躁うつ病の精神病理』四巻、弘文堂。

木村敏編・監訳、鈴木茂・長井真理・小山内実・岡本進訳（一九七二）『分裂病の人間学――ドイツ精神病理学アンソロジー』医学書院。

土居健郎・笠原嘉・宮本忠雄・木村敏編（一九八八〜）『異常心理学講座全一〇巻』みすず書房。

木村敏・松下正明・岸本英爾編（一九九〇）『精神分裂病――基礎と臨床』朝倉書店。

木村敏編（一九九一）長井真理論文集『内省の構造――精神病理学的考察』岩波書店。

木村敏編（一九九四）『精神科症例集一　精神分裂病Ⅰ――精神病理』中山書店。

木村敏・井上令一編（一九九五）『精神科症例集三　躁うつ病Ⅰ』中山書店。

木村敏・井上令一編（一九九四）『精神科症例集四　躁うつ病Ⅱ――非定型精神病』中山書店。

中村雄二郎・木村敏監修（一九九六）『講座生命九六・生命の思索』哲学書房。

芦津丈夫・木村敏・大橋良介編（一九九六）『文化における〈自然〉――哲学と科学のあいだ』人文書院。

中村雄二郎・木村敏監修（一九九七）『講座生命九七』哲学書房。

中村雄二郎・木村敏監修（一九九八）『講座生命九八』哲学書房。

中村雄二郎・木村敏監修（二〇〇〇）『講座生命二〇〇〇』四巻、河合文化教育研究所。

中村雄二郎・木村敏監修（二〇〇一）『講座生命二〇〇一』五巻、河合文化教育研究所。

中村雄二郎・木村敏監修（二〇〇二）『講座生命二〇〇二』六巻、河合文化教育研究所。

芦津丈夫・木村敏・大橋良介編（二〇〇三）『生命の文化論――日独文化研究所シンポジウム』人文書院。

中村雄二郎・木村敏監修（二〇〇四）『講座生命二〇〇四』七巻、河合文化教育研究所。

芦津丈夫・木村敏・大橋良介・高橋義人編（二〇〇六）『文化における〈歴史〉——日独文化研究所シンポジウム』人文書院。

木村敏・坂部恵監修（二〇〇六）『身体・気分・心——臨床哲学の諸相』河合文化教育研究所。

大橋良介・木村敏・高橋義人・谷徹編（二〇〇八）『文明と哲学』日独文化研究所年報第一号、燈影舎。

木村敏・坂部恵監修（二〇〇九）『〈かたり〉と〈作り〉——臨床哲学の諸相』河合文化教育研究所。

大橋良介・木村敏・高橋義人・谷徹編（二〇〇九）『文明と哲学』日独文化研究所年報第二号、燈影舎。

欧文論文

Kimura, B. (1963): Zur Phänomenologie der Depersonalisation. Nervenarzt 34/9; 391-397（「離人症の現象学」『木村敏著作集』一巻）.
Kimura, B. (1965): Vergleichende Untersuchungen über depressive Erkrankungen in Japan und in Deutschland. Fortschr. Neurol. Psychiat. 33/4; 202-215.
Kimura, B. (1966): Schulderlebnis und Klima (Fuhdo). Nervenarzt 37/9; 394-400.
Kimura, B. (1967): Phänomenologie des Schulderlebnisses in einer vergleichenden psychiatrischen Sicht. Bibl. Psychiat. Neurol 133; 54-65.
Kimura, B. (1968): Zur Phänomenologie der Depersonalisation. In: J.-E. Meyer (Hrsg.), *Depersonalisation.* Wissenschaftliche Buchgesellschaft, Darmstadt, 382-401.
Kimura, B. (1969): Zur Wesensfrage der Schizophrenie im Lichte der japanischen Sprache. Jb. Psychiat. Psychother. med. Anthrop. 17/1-2; 28-37.

Kimura, B. (1969) : Zum Problem des "schizophrenen Defektzustandes". Dargestellt am Wirkungsspektrum des Carpipramin. Int. Pharmacopsychiat. 3; 50–63.

Kimura, B. (1970) : Psychiatrische Besonderheiten in Japan unter besonderer Berücksichtigung der eigentümlichen Mitmenschlichkeit. Medical Tribune 2/20; 9.

Kimura, B. (1971) : Mitmenschlichkeit in der Psychiatrie. Z. klin. Psychol. Psychother. 19/1; 3–13.

Kimura, B. (1972) : Struktur des Selbstbewußtseins beim Japaner im Spiegel der sog. "Anthropophobien". In: H.F. Ehrhardt (Hrsg.), *Perspektiven der heutigen Psychiatrie*. Gerharts, Stuttgart, 322–326.

Kimura, B. (1974) : Über die wahnhafte Herkunftsablehnung und deren kulturanthropologische Bedeutung. In: J.M. Broekman, G. Hofer (Hrsg.), *Die Wirklichkeit des Unverständlichen*. Nijhof, Den Haag, 184–215.

Kimura, B. (1974) : Comment and Discussion to G. Huber. In: H. Mitsuda, T. Fukuda (ed.), *Biological Mechanisms of Schizophrenia and Schizophrenia-like Psychoses*. Igakushoin, Tokyo 146–147.

Kimura, B. (1975) : Schizophrenie als Geschehen des Zwischenseins. Nervenarzt 48/8; 434–439.

Kimura, B. (1977) : Transkulturelle Psychiatrie und Kulturtranszendenz der Psychosen. In: A. Kraus (Hrsg.), *Leib, Geist, Geschichte*. Hütig, Heidelberg, 114–119.

Tellenbach, H., Kimura, B. (1977) : Über einige Bedeutungen von "Natur" in der europäischen Alltagssprache und ihre Entsprechungen im Japanischen. In: K.-H. Bender et al (Hrsg.), *Imago Linguae. Beiträge zu Sprache, Deutung und Übersetzen*. Fink, München, 557–567.

Kimura, B. (1979) : Heidelberger Psychiatrische Klinik und japanische Psychiatrie. In: W. Janzarik (Hrsg.), *Psychopathologie als Grundlagenwissenschaft*. Enke, Stuttgart, 198–202.

Tellenbach, H., Kimura, B. (1979) : Some meanings of the concept "Nature" in European vernacular languages and their correspondences in Japanese. International Philosophical Quarterly 19/2, 177–185.

Kimura, B. (1980): Phänomenologie des Zwischen. Zum Problem der Grundstörung der Schizophrenie. Z. klin. Psychol. Psychother. 28/1; 34–42.

Kimura, B. (1982): The phenomenology of the between: on the problem of the basic disturbance in schizophrenia. In: de Koning and Jenner (ed.), *Phenomenology and Psychiatry*. Academic Press, London, 173–185.

Kimura, B. (1982): Zeit und Psychose. In: W. Janzarik (Hrsg.), *Psychopathologische Konzepte der Gegenwart*. Enke, Stuttgart, 47–52.

Kimura, B. (1982): Die Bedeutung der Atmosphäre für das Gespräch. In: E. Grassi, H. Schmale (Hrsg.), *Das Gespräch als Ereignis. Ein semiotisches Problem*. Fink, München, 35–43.

Kimura, B. (1983): La spatialité intersubjective et la schizophrénie. In: Y. Pelicier (éd.), *Espace et psychopathologie*. Economica, Paris, 81–88.

Kimura, B. (1984): Time and psychosis. In: D. Kruger (ed.), *The changing reality of modern man. Essays in honour of van den Berg*. Juta, Cape Town, 191–198.

Kimura, B. (1984): Epilepsie in anthropologischer Sicht. Daseinsanalyse 1; 192–202.

Kimura, B. (1985): Identity and Difference as Moments of Self. *Psychiatry; The State of Art* Vol 1; Plenum, New York, 1067–1071.

Kimura, B. (1985): Zeit und Angst. Zschr. klin. Psychol. Psychopath. Psychother. 33; 41–50.

Tellenbach, H., Kimura, B. (1986): Über unterschiedliche Aspekte des Phänomens "Natur" und ihre Vermittlung durch die Sprachen des Westens und des fernöstlichen Japan. Ein Beitrag zum transkulturellen Daseinsverständnis. Daseinsanalyse 3; 35–48.

Kimura, B. (1987) : Zeit und Angst. In: E. Grassi, H. Schmale (Hrsg.), *Anspruch und Widerspruch*. Fink, München, 129–138.

Kimura, B. (1987) : Jibun (Selbstsein) als Begrenzung des Unbegrenzbaren. In: E. Grassi, H. Schmale (Hrsg.), *Anspruch und Widerspruch*. Fink, München, 139–151.

Kimura, B. (1988) : Self and Nature. An interpretation of schizophrenia. In: *Zen Buddhism Today*. Annual Report of the Kyoto Zen Symposium No 6; 1–10.

Kimura, B. (1989) : Bedeutung der Sprache in der psychotherapeutischen Ausbildung. Zschr. Psychosom. Med. 35/2–4; 143–155.

Kimura, B. (1991) : Psychopathologie des Aida oder der Zwischenmenschlichkeit. Daseinsanalyse 8; 80–95.

Kimura, B. (1991) : Signification et limite du langage dans la formation psychothérapeutique. In: P. Fédida, J. Schotte (éd), *Psychiatrie et Existence*. Millon, Grenoble, 199–211.

Kimura, B. (1992) : On the place of dwelling. C.C. Davidson (ed.), *Anywhere*. Rizzoli, New York 36–41.

Kimura, B. (1993) : Psychopathologie de l' Aïda ou de l' interpersonalité. In: P. Pichot, W. Rein (éd.), *L'approche clinique en psychiatrie III. Collection les empêcheurs de penser en rond*. Synthélabo, Le Plessis-Robinson, 171–195.

Kimura, B. (1994) : Psychopathologie der Zufälligkeit oder Verlust des Aufenthaltes beim Schizophrenen. Daseinsanalyse 11; 192–204.

Kimura, B. (1996) : Essere-sé ed essere secondo natura nella schizofrenia. In: Emilio Hidalgo-Serna e Massimo Marassi (ed.), *Studi in Memoria di Ernesto Grassi*. III, 707–719, La Città del Sole.

Kimura, B. (1997) : Cogito et Je (Trad. du japonais par Claire Vincent). L'Évolution Psychiatrique 62; 335–348, 1997/6.

Kimura, B. (1997) : Leben und Tod in der anthropologischen Medizin. *Veröffentlichungen des Japanisch-Deutschen Zentrums Berlin*, Band 33; 137–142.

Kimura, B. (1997) : La psychopathologie de la contingence, ou la perte du lieu d'être chez le schizophrène. Études phénoménologiques, Tome XIII, No 25; 31–49, 1997/11.

Kimura, B. (1999) : Conscience de soi et jikaku. Poésie et vérité dans la vie de F. Hölderlin. *L'Art du Comprendre*, Février 1999, Numéro 8, 7–17.

Kimura, B. (2000) : Kokoro und mono aus der Sicht eines japanischen Psychiaters. *Veröffentlichungen des Japanisch-Deutschen Zentrums Berlin*, Band 42; 113–116.

Kimura, B. (2000) : Leib, Seele und Intersubjektivität. In: Chr. Kupke (Hrg.), *Zeit und Zeitlichkeit*. Königshausen & Neumann, Würzburg 2000, 191–201.

Kimura, B. (2001) : Sens de la vie et ipséité. Etude phénoménologique du déni de l'histoire de la vie. In: D. Pringuey et F.S. Kohl (éd.), *Phénoménologie de l'identité humaine et schizophrénie. La philosophie du Soi et ses implications thérapeutiques*. Association Le Cercle Herméneutique. Société d' Anthropologie Phénoménologique et d'Herméneutique Générale. Collection Phéno, Puteaux, 78–87.

Kimura, B. (2001) : Leben und Tod in der anthropologischen Medizin. in: Rainer–M.E. Jacobi, Peter C. Claussen, Peter Wolf (Hrsg.), *Die Wahrheit der Begegnung. Anthropologische Perspektiven der Neurologie. Beiträge zur Medizinischen Anthropologie*. Bd. 3, Festschrift für Dieter Janz. Königshausen & Neumann, Würzburg, 293–303.

Kimura, B. (2002): Cogito and I. A bio-logical approach. Philosophy, Psychiatry, & Psychology, 8/4, 331-336.
Kimura, B. (2003): Erinnerungen eines japanischen Arztes und Üersetzers an Medard Boss und Martin Heidegger. M. Riedel, H. Seubert u. H. Padrutt (Hrsg.): *Zwischen Philosophie, Medizin und Psychologie. Heidegger im Dialog mit Medard Boss*. Böhlau Verlag, Köln/Weimar/Wien 2003, 277-282.
Kimura, B. (2007): Das Zwischen als Grundlage der phänomenologischen Methode in der psychiatrisch-psychotherapeutischen Praxis. Existenzanalyse 24. Jahrgang Nr. 2, 2007, 30-35.
Kimura, B. (2007): Das Zwischen als Grundlage der phänomenologischen Methode in der psychiatrisch-psychotherapeutischen Praxis. In: Stephan Debus /Roland Posner (Hg.), *Atmosphären im Alltag. Über ihre Erzeugung und Wirkung*. Psychiatrie-Verlag, Bonn 2007. 248-259.

邦文論文

木村敏・石田千鶴子・河合逸雄（一九六五）「Tofranil 定式療法による抑うつ患者の治療について」『精神医学』七巻九号、八〇五〜八〇九頁。

木村敏（一九六五）「精神分裂病症状の背後にあるもの」『哲学研究』四三巻三号（四九七）二五五〜二九二頁（『分裂病の現象学』、著作集一）。

木村敏（一九六六）「ふたたび Tofranil 定式療法について」『精神医学』八巻四号、三四三〜三四五頁。

村上仁・木村敏（一九六六）「精神病理学の潮流（一）ヨーロッパ」『異常心理学講座』七巻、みすず書房、九一〜一六〇頁（『分裂病の現象学』、著作集五）。

木村敏（一九六七）「Präcoxgefühl に関する自覚論的考察」『精神医学』九巻二号、一二〇〜一二五頁（『分裂病の現象学』、著作集一）。

木村敏（一九六七）「非定型精神病の臨床像と脳波所見の関連に関する縦断的考察」『精神神経学雑誌』六九巻一一号、一二三七〜一二五九頁（『直接性の病理』、著作集五）。

木村敏・山村靖（一九六八）「Defekton の臨床適応に関する批判的論考——いわゆる「分裂病欠陥状態」の精神病理学的考察」『精神医学』一〇巻三号、二二九〜二三四頁（著作集五）。

木村敏（一九六八）「うつ病と罪責体験」『精神医学』一〇巻五号、三七五〜三八〇頁（『自己・あいだ・時間』、著作集三）。

木村敏・坂敬一・山村靖・浅見昴・吉川義和（一九六八）「家族否認症候群について」『精神神経学雑誌』七〇巻一二号、一〇八五〜一一〇九頁（著作集五）。

木村敏（一九七二）「医者と患者——病気と狂気の意味をめぐって」『思想の科学』七号、三〇〜三六頁（『分裂病の現象学』、著作集八）。

木村敏（一九七二）「精神分裂病論への成因論的現象学の寄与」土居健郎編『分裂病の精神病理一』東京大学出版会、一三九〜一六〇頁（『分裂病の現象学』、著作集一）。

木村敏（一九七三）「メメント・モリ」『思想の科学』一号、二〜一〇頁（『分裂病の現象学』、著作集八）。

木村敏（一九七三）「性格と状況・総論」新福尚武編『躁うつ病』医学書院、九三〜一〇七頁（『自己・あいだ・時間』、著作集三）。

木村敏（一九七三）「躁うつ病の非定型病像」『臨床精神医学』二巻一号、一九〜二八頁（『直接性の病理』、著作集四）。

木村敏（一九七四）「身体と自己——分裂病的身体経験をめぐって」宮本忠雄編『分裂病の精神病理二』東京大学出版会、二四三〜二七三頁（『分裂病の現象学』、著作集一）。

木村敏（一九七四）「てんかん者の精神病理——人間学的考察」原俊夫他編『てんかんの臨床と理論』医学書院、

四一五〜四二二頁（『直接性の病理』、著作集四）。

木村敏（一九七四）「妄想的他者のトポロジイ」木村敏編『分裂病の精神病理三』東京大学出版会、九七〜一二一頁（『分裂病の現象学』、著作集一）。

木村敏（一九七五）「うつ病の臨床精神医学的研究の動向（一九五九〜一九七三）」『精神医学』一七巻一号、四〜三二頁（著作集五）。

木村敏（一九七五）「分裂病の診断」『臨床精神医学』四巻五号、四九一〜四九八頁。

木村敏（一九七五）「症状論」横井晋他編『精神分裂病』医学書院、一〇六〜一三八頁（『分裂病の現象学』、著作集一）。

木村敏（一九七五）「てんかんの精神病理」『臨床精神医学』四巻一〇号、一一六一〜一一六七頁（『直接性の病理』、著作集四）。

笠原嘉・木村敏（一九七五）「うつ状態の臨床的分類に関する研究」『精神神経学雑誌』七七巻一〇号、七一五〜七三五頁。

木村敏（一九七六）「いわゆる「うつ病性自閉」をめぐって」笠原嘉編『躁うつ病の精神病理一』弘文堂、九一〜一一六頁（『自己・あいだ・時間』、著作集三）。

木村敏（一九七六）「「自然」について」『第三文明』八月号（一八六号）、六〜一八頁（『自分ということ』、著作集三）。

木村敏（一九七二）「分裂病概念はいかにして可能か」『精神神経学雑誌』七八巻四号、三三四〜三三七頁。

木村敏（一九七六）「離人症」懸田克躬他編『現代精神医学大系三B　精神症状学Ⅱ』中山書店、一〇九〜一四三（『自己・あいだ・時間』、著作集五）。

木村敏（一九七六）「分裂病の時間論――非分裂病性妄想病との対比において」笠原嘉編『分裂病の精神病理五』

東京大学出版会、一〜三二頁（『自己・あいだ・時間』、著作集二）。

木村敏（一九七七）「自己とはなにか」『第三文明』一月号（一九一号）、一六〜二七頁（『自分ということ』、著作集三）。

木村敏（一九七七）「「あいだ」と「ま」」『第三文明』一〇月号（二〇〇号）、八〜一八頁（『自分ということ』、著作集三）。

木村敏（一九七八）「思春期病理における自己と身体」中井久夫・山中康裕編『思春期の精神病理と治療』岩崎学術出版社、三三一〜三四一頁（『自分ということ』、著作集二）。

木村敏（一九七八）「存在論的差異と精神病」『理想』七月号（五四二号）、一一二〜一二七頁（『自分ということ』、著作集二）。

木村敏（一九七八）「「み」と「私」——共同主観的精神医学の構想」『精神神経学雑誌』八〇巻五号、二〇六〜二〇九頁。

木村敏（一九七八）「比較文化精神医学序説——若干の基本概念の検討」荻野恒一編『文化と精神病理』弘文堂、三〜二七頁（『自己・あいだ・時間』、著作集三）。

木村敏（一九七九）「内因性精神病の人間学的理解——「内因性」の概念をめぐって」『精神医学』二一巻六号、一六〜二三頁（『自己・あいだ・時間』、著作集二）。

木村敏（一九七九）「ハイデッガーと精神医学——分裂病問題を軸として」『現代思想』七巻一二号、一六〜二三頁（『自分ということ』、著作集七）。

木村敏（一九七九）「時間と自己・差異と同一性——分裂病論の基礎づけのために」中井久夫編『分裂病の精神病理八』東京大学出版会、一一五〜一四〇頁（『自己・あいだ・時間』、著作集二）。

木村敏（一九七九）「比較文化論的精神病理学」『現代精神医学大系九B　躁うつ病Ⅱ』中山書店、一三九〜一五五頁（著作集三）。

木村敏（一九八〇）「自己・あいだ・分裂病」『現代思想』八巻一一号、七六〜九〇頁（『自己・あいだ・時間』）。

木村敏（一九八〇）「精神医学と現象学」木田元他編『講座・現象学四』弘文堂、二一五〜二四三頁（『自己・あいだ・時間』、著作集一）。

木村敏（一九八〇）「てんかんの存在構造」木村敏編『てんかんの人間学』東京大学出版会、五九〜一〇〇頁（『直接性の病理』、著作集四）。

木村敏（一九八一）「診断」『現代精神医学大系一〇Ａ一　精神分裂病Ｉａ』中山書店、一八一〜二一四頁（『自己・あいだ・時間』、著作集五）。

木村敏（一九八一）「「間」と個人――現象学的精神医学の立場から」『日本人と「間」――伝統文化の源泉』講談社、二〇五〜二四九頁（『自分ということ』）。

木村敏（一九八一）「鬱病と躁鬱病の関係についての人間学的考察」木村敏編『躁うつ病の精神病理四』弘文堂、一〜三九頁（『直接性の病理』、著作集四）。

木村敏（一九八二）「あいだと時間の病理としての分裂病」『臨床精神病理』一一巻三号、一七〜二四頁（『分裂病と他者』、著作集二）。

木村敏（一九八二）「文化精神医学からメタ文化精神医学へ」『社会精神医学』五巻三号、二一一〜二一五頁（著作集三）。

木村敏（一九八三）「自己と他者」『岩波講座・精神の科学一』岩波書店、一七七〜二一四頁（『分裂病と他者』、著作集二）。

木村敏（一九八三）「他者の主体性の問題」村上靖彦編『分裂病の精神病理一二』東京大学出版会、二一三〜二三七頁（『分裂病と他者』、著作集二）。

木村敏（一九八三）「非定型精神病の人間学的分類の試み――人間学的診断の臨床的意義」土居健郎他編『精神医学における診断の意味』東京大学出版会、一七一～二〇〇頁（『直接性の病理』、著作集四）。

木村敏（一九八四）「てんかんの人間学」秋元波留夫他編『てんかん学』岩崎学術出版、五五四～五六六頁（『直接性の病理』、著作集四）。

木村敏（一九八五）「家族否認症候群」『臨床精神医学』一四巻四号、五五七～五六〇頁（『分裂病と他者』、著作集五）。

木村敏（一九八五）「精神医学における現象学の意味」『現象学年報二』七～二四頁（『分裂病と他者』、著作集七）。

木村敏（一九八七）「自己の病理と「絶対の他」」『現代思想』一五巻一二号、二〇四～二一七頁（『分裂病と他者』、著作集二）。

木村敏（一九八六）「ヘルダーリンの「狂気」は詐病だったか」『日本病跡学雑誌』三一号、九三～九六頁（『形なきものの形』、著作集八）。

木村敏（一九八六）「老年期の躁うつ病における妄想」『老年精神医学』三巻三号、三一〇～三一八頁（著作集三）。

木村敏（一九八六）「直観的現象学と差異の問題――現象学的精神医学の立場から」村上英治編『現象学からの提言・人間性心理学への道』誠信書房、五〇～七二頁（『分裂病と他者』、著作集八）。

木村敏（一九八六）「危機とはなにか」『青年心理』六〇号、二～一一頁（『分裂病と他者』）。

木村敏（一九八六）「離人症における他者」高橋俊彦編『分裂病の精神病理一五』東京大学出版会、五七～七九頁（『分裂病と他者』、著作集二）。

木村敏（一九八八）「現象学的精神病理学と〝主体の死〟――内因の概念をめぐって」『精神医学』三〇巻四号、三八一～三八八頁（『分裂病と他者』、著作集二）。

木村敏（一九八八）「境界例における「直接性の病理」」村上靖彦編『境界例の精神病理』弘文堂、九九～一二八頁（『分裂病と他者』）。

木村敏（一九八八）「ドイツ精神病理学の動向」『精神医学』三〇巻一〇号、一〇六二〜七二頁（著作集五）。

木村敏（一九八九）「離人症と行為的直観」『精神科治療学』四巻一一号、一三五七〜六五頁（『分裂病と他者』、著作集七）。

木村敏（一九九〇）「自己性と自我性の問題をめぐって――中嶋聡氏の「意識作用の構造の問題としての分裂病性自我障害」に対する討論」『精神神経学雑誌』九二巻六号、三六七〜三七四頁。

木村敏（一九九〇）「精神病理学　一　総論」木村敏・松下正明・岸本英爾編『精神分裂病――基礎と臨床』朝倉書店、一〜六頁。

木村敏（一九九〇）「治療　一　総論（一）」木村敏・松下正明・岸本英爾編『精神分裂病――基礎と臨床』朝倉書店、五四二〜五四七頁（『分裂病と他者』、著作集五）。

木村敏（一九九〇）「躁とうつ」土居健郎他編『異常心理学講座六、神経症と精神病三』みすず書房、一〜五三頁（著作集三）。

木村敏（一九九一）「生命における個体と集団――脳死の問題をめぐって」『Imago』二巻六号、三二〜四〇頁（『生命のかたち／かたちの生命』、著作集四）。

木村敏（一九九一）「分裂病について一」『Imago』二巻七号、二四〜三二頁（『生命のかたち／かたちの生命』、著作集四）。

木村敏（一九九一）「分裂病について二」『Imago』二巻八号、二二〜三〇頁（『生命のかたち／かたちの生命』、著作集四）。

木村敏（一九九一）「かたちと時間――ヴァイツゼッカー」『Imago』二巻九号、三二〜四〇頁（『生命のかたち／かたちの生命』、著作集四）。

木村敏（一九九一）「かたちの生成と消滅――ヘルダーリン 一」『Imago』二巻一〇号、二二一～三二一頁（『生命のかたち／かたちの生命』、著作集四）。

木村敏（一九九一）「かたちの生成と消滅――ヘルダーリン二」『Imago』二巻一一号、二二一～二九頁（『生命のかたち／かたちの生命』、著作集四）。

木村敏（一九九一）「コギトと自己」『Imago』二巻一二号、三六～四六頁（『生命のかたち／かたちの生命』、著作集四）。

木村敏（一九九二）「治療関係のエステジオロギー」『Imago』三巻一号、三六～四五頁（『生命のかたち／かたちの生命』、著作集四）。

木村敏（一九九二）「内部と外部」『Imago』三巻二号、三二一～四二頁（『生命のかたち／かたちの生命』、著作集四）。

木村敏（一九九二）「生命とかたち」『Imago』三巻三号、二四～三二頁（『生命のかたち／かたちの生命』、著作集四）。

木村敏（一九九二）「真理・ニヒリズム・主体」『岩波講座・宗教と科学四』岩波書店、三七～六八頁『偶然性の精神病理』、著作集七）。

木村敏（一九九三）「時間の間主観性」『現代思想』二一巻三号、八一～九六頁（『偶然性の精神病理』、著作集七）。

木村敏（一九九三）「タイミングと自己」三好暁光編『精神医学と哲学』金剛出版、九～三〇頁（『偶然性の精神病理』、著作集七）。

木村敏（一九九三）「関係としての自己」濱口恵俊編『日本型モデルとは何か』新曜社、三一～四三頁（『分裂病の詩と真実』）。

木村敏（一九九三）「無意識と主体性――遺伝子のゲシュタルトクライス」『岩波講座・現代思想三』岩波書店、

二八七〜三二〇頁（『偶然性の精神病理』、著作集七）。

木村敏（一九九三）「メタ精神医学としての現象学的精神病理学」『臨床精神病理』一四巻三号、一七七〜一八二頁（『分裂病の詩と真実』、著作集五）。

木村敏（一九九四）「分裂病の現象学と進化論的思弁」村上靖彦編『分裂病の精神病理と治療五』星和書店、一〜三二頁（『心の病理を考える』、著作集五）。

木村敏（一九九四）「居場所について」磯崎新・浅田彰編『Anywhere――空間の諸問題』NTT出版、三六〜四五頁（「偶然性の精神病理」『偶然性の精神病理』、著作集七）。

木村敏（一九九五）「文化と精神医学――人間学的精神病理学の観点から」『日本社会精神医学雑誌』三巻二号、一五二〜一五八頁（『分裂病の詩と真実』、著作集三）。

木村敏（一九九五）「エスについて――フロイト・グロデック・ブーバー・ハイデッガー・ヴァイツゼッカー」『思想』No.852六月号、四〜二五頁（『分裂病の詩と真実』、著作集七）。

木村敏（一九九五）「西田哲学と医学的人間学」『思想』No.857一一月号、七一〜八七頁（『分裂病の詩と真実』、著作集七）。

木村敏（一九九五）「自己と他者」『岩波講座・現代社会学二』岩波書店、一三〜四四頁（『分裂病の詩と真実』、著作集七）。

木村敏（一九九五）「生の現象学――心身二元論の止揚へ向けて」『精神神経学雑誌』九七巻九号、七一九〜七二二頁（『分裂病の詩と真実』、著作集八）。

木村敏（一九九六）「フロイトとヴァイツゼッカー」『Imago』臨時増刊『フロイトと精神分析の現在』二月号、一三八〜一四七頁（『分裂病の詩と真実』）。

木村敏（一九九六）「分裂病の詩と真実」新宮一成編『意味の彼方へ――ラカンの治療学』金剛出版、三一〜四六頁（『分裂病の詩と真実』、著作集七）。

木村敏（一九九六）「コギトの自己性――生命論的考察」中村雄二郎・木村敏監修『講座生命九六　生命の思索』哲学書房、二五四～二八一頁（『分裂病の詩と真実』、著作集七）。

木村敏（一九九六）「精神分裂病における自己と自然さの障害」芦津丈夫・木村敏・大橋良介編『文化における〈自然〉――哲学と科学のあいだ』人文書院、一〇三～一一四頁。

木村敏（一九九七）「ゲシュタルトクライス」宮本省三・沖田一彦選『運動制御と運動学習』協同医書出版社、三五一～三六四頁（著作集八）。

木村敏（一九九七）「リアリティとアクチュアリティ」中村雄二郎・木村敏監修『講座生命九七』哲学書房、七五～一一〇頁（『分裂病の詩と真実』、著作集七）。

木村敏（一九九八）「てんかん者の人間学的精神病理学」松下正明総編集『臨床精神医学講座九　てんかん』中山書店、四六五～四七一頁（著作集四）。

木村敏（一九九八）「意味の歴史性――来歴否認症候群の精神病理学的考察を通じて」中村雄二郎・木村敏監修『講座生命九八』哲学書房、七七～一一七頁（著作集八）。

木村敏（一九九九）「精神の科学は可能か」岡田節人他編『岩波講座・科学／技術と人間一』岩波書店、二一九～二四六頁（著作集八）。

木村敏（二〇〇〇）「精神医学とニューロサイエンス――人称性の観点から」『精神医学』四二巻一号、一六五～一七〇（著作集八）。

木村敏（二〇〇〇）「対人恐怖における私的な「私」と公共的な「私」の交錯」中村雄二郎・木村敏監修『講座生命二〇〇〇』四巻、河合文化教育研究所（『関係としての自己』）。

木村敏（二〇〇〇）「自己の現象学――人間学的精神病理学の立場から」『人間性心理学研究』一八巻一号、六～

三〇頁。

木村敏（二〇〇一）「自分であるとはどのようなことか――自己性と他者性の精神病理学のために」『臨床精神病理』二二巻三号、一九一～二〇〇頁（『関係としての自己』）。

木村敏（二〇〇二）「時間の人称性」広中平祐ほか編『時間と時――今日を豊かにするために』日本学会事務センター、二六一～二七三頁（『関係としての自己』）。

木村敏（二〇〇二）「「あいだ」と恥ずかしさ、そして証言――アガンベンを読む」『批評空間』四号、一二〇～一三一頁。（『関係としての自己』）。

木村敏（二〇〇二）「個別性のジレンマ――記憶と自己」中村雄二郎・木村敏監修『講座　生命二〇〇二』六巻、河合文化教育研究所、一三～三八頁。（『関係としての自己』）。

木村敏（二〇〇二）「生命論的差異の重さ」日本哲学史フォーラム編『日本の哲学　特集生命』第三号、、昭和堂、一〇～二八頁。（『関係としての自己』）。

木村敏（二〇〇三）「「あいだ」と言葉」加藤敏編『語りと聴取』（新世紀の精神科治療七）中山書店、二五～三五頁（『関係としての自己』）。

木村敏（二〇〇四）「西田哲学と精神病理学」『精神療法』三〇巻一号、五～一〇頁。（『関係としての自己』）。

木村敏（二〇〇四）「他者性のクオリア」河本英夫・谷徹・松尾正編『他者の現象学Ⅲ――哲学と精神医学の臨界』北斗出版、九～二五頁（『関係としての自己』）。

木村敏（二〇〇四）「一人称の精神病理学へ向けて――ヴォルフガング・ブランケンブルク氏の追悼のために」中村雄二郎・木村敏監修『講座　生命二〇〇四』七巻、河合文化教育研究所、一二一～一五〇頁（『関係としての自己』）。

木村敏（二〇〇四）「未来と自己――統合失調症の臨床哲学試論」『現象学年報』二〇巻、一～一四頁（『関係としての自己』）。

木村敏（二〇〇五）「「シーソー現象」再論――「非定型精神病の臨床像と脳波所見との関連に関する縦断的考察」をめぐって」『精神神経学雑誌』一〇七巻二号、一一三～一一七頁。

木村敏（二〇〇五）「「関係としての自己」序論」『みすず』四月号、三〇～三九頁（『関係としての自己』）。

木村敏（二〇〇五）「自他の「逆対応」」日本哲学史フォーラム編『日本の哲学　特集――自己・他者・間柄』第六号、、昭和堂、八～二七頁。

木村敏（二〇〇七）「精神医学から見た正常と異常」綜合人間学会編『人間はどこにいくのか』学文社、一六七～一八四頁。

木村敏（二〇〇八）「差異としての超越」横山博編『心理療法と超越性――神話的時間と宗教性をめぐって』人文書院、一五～三三頁。

木村敏（二〇〇九）「物語としての生活史」木村敏・坂部恵監修『〈かたり〉と〈作り〉――臨床哲学の諸相』河合文化教育研究所、七一～九四頁。

木村敏（二〇〇九）「クリーゼの病理――瞬間と生命」『思想』No. 1019、七～二八頁。

木村敏（二〇〇九）「私と汝の病理」『西田幾多郎全集』第二四巻月報、岩波書店、二～一二頁。

木村敏（二〇〇九）「生命・身体・自己――統合失調症の病理と西田哲学」『文明と哲学』日独文化研究所年報第二号、二九～四三頁。

あとがき

ミネルヴァ書房の田引勝二さんから自伝の執筆を依頼されたのは、二〇〇七年六月のことだった。私はこれまでに出した著書の「序論」にあたる部分でも、新聞の連載コラムなどにも自伝的なことをときどき書いてきたし、二回目にドイツへ留学した一九六九年以後は簡単な日記をずっと書き続けてきたので、そんなに大変な仕事でもあるまいと思ってお引き受けした。自伝を出版していただけるというのは、めったに経験することのできない光栄なことでもある。

前半生というか、精神科の研究者として表舞台に立つまでの期間のことは、予想どおりすらすら書けた。急に難しくなったのは留学から帰って名古屋市大に就職した頃からである。それ以後の私の人生は、もはや私ひとりの所有物ではない。自分の人生を書こうとすればそれに関与した、つまり私の人生のプロットをいっしょに作り上げてきた人のことも書かねばならぬ。そしてその人たちの多くが現在もまだ活躍中である。しかもその人たちとの関わりは、けっしてきれい事ばかりではすまない。

そこで私は、この自伝の後半からは私的な人間関係の記述をなるべく少なくして、そのかわりすでに多くの論文や著書に公表してきた私の学問的な仕事の軌跡を、なるべく一本にまとめて追うことに重点を移すことにした。そんなわけで、もっと大きく登場していただかなくてはならないかたがたのお名前も、ごくわずかしか挙げることができなかった。まだこれからもしばらくは生きることになるであろう自分の伝記を書くという仕事の難しさのためだと思って、ご海容をお願いしたい。

もうひとつ、私の学問は、旧称精神分裂病、今でいう統合失調症の精神病理学を一つの主要な軸として形成されてきた。この呼称変更を取り入れると、かつての論文や著書の表記とのあいだで混乱が生じるおそれがある。その理由だけのために、本書はほとんどすべてを旧呼称のままで通した。もしそれで不快を感じられる向きがあれば、お許しいただきたいと思う。

いちばん苦労したのは写真である。国内国外で何回も引っ越しをくり返しているうちに、大昔のアルバムはどこへ入れ忘れたのかどうしても見あたらず、学生のときに熱を入れていた音楽研究会関係の写真は、当時の音研会員だった川野美智子さんと瀬野悍二さんから拝借することになった。お二人にはとくに感謝の意を表しておきたい。

この貴重な機会を与えてくださったミネルヴァ書房と、実際に編集に携わって種々のご配慮をいただいた下村麻優子さんには、こころから御礼を申し上げたいと思う。

私の人生の半分以上の存在である妻まさに、精一杯の感謝の気持ちをこめてこの自伝を捧げたい。

二〇一〇年新春

木村　敏

木村敏略年譜

和暦	西暦	齢	関係事項	一般事項
昭和六	一九三一	0	**2・15**旧朝鮮慶尚南道統営で、父美彦、母濱子の長男として出生。**5月**京都へ転居。	**9月**満州事変勃発。
八	一九三三	2		**1月**ヒトラー、ナチス政権樹立
一〇	一九三五	4	**2・25**弟の淳誕生。	
一一	一九三六	5	岐阜県高山市へ転居。	
一二	一九三七	6	**4月**高山市南小学校入学。	**7月**盧溝橋事件。日中戦争勃発。
一四	一九三九	8		**9月**ドイツ軍ポーランド侵攻、第二次世界大戦勃発。
一六	一九四一	10		**12月**太平洋戦争勃発。
一七	一九四二	11	頭部外傷。	
一八	一九四三	12	**4月**岐阜県立斐太中学校入学。	
二〇	一九四五	14		**5月**ドイツ降伏。六月東西ドイツに分割。**8・15**日本降伏。
二一	一九四六	15		日本国憲法公布。

二三	一九四八	17	**4月**第三高等学校入学。	
二四	一九四九	18	**7月**京都大学理学部入学。	**11月**湯川秀樹ノーベル賞受賞。
二五	一九五〇	19	**5月**京都大学音楽研究会設立。	**6月**朝鮮戦争勃発。
二六	一九五一	20	**4月**京都大学医学部入学。	**9月**サンフランシスコ対日講和条約・日米安全保障条約調印。**11月**京大天皇事件。
二七	一九五二	21		**5月**メーデー事件。
二八	一九五三	22		**11月**荒神橋事件。
三〇	一九五五	24	**3月**京都大学医学部卒業。**4月**インターン開始（京都大学医学部附属病院、高山赤十字病院）。	
三一	一九五六	25	**3月**インターン終了。**5月**京都大学医学部精神医学教室に入局。**6月**医師国家試験合格。**8・1**慈恵中央病院医師。	
三二	一九五七	26	**8・31**慈恵中央病院退職。**10・1**滋賀里病院医師（非常勤）。	
三三	一九五八	27	**2月**E・フィッシャー『ベートーヴェンのピアノソナタ』邦訳出版。**4・7**小島まさと結婚。	
三四	一九五九	28	**2・1～4・30**岩屋病院勤務。**9・1**京都大学医学部付属病院助手。**10・7**長女まり子誕生。	
三五	一九六〇	29	**9月**ビンスヴァンガー『精神分裂病1』邦訳出版。	**5月**安保阻止国民運動。

三六	一九六一	30	5月ビンスヴァンガー『精神分裂病2』邦訳出版。10・4文部省在外研究員としてミュンヘン大学へ留学。	9月「ベルリンの壁」建設。
三八	一九六三	32	フランクルを訪問。ビンスヴァンガーを訪問。9・10帰国。10・1滋賀里病院医師（常勤）。	
三九	一九六四	33	11月日本精神病理精神療法学会評議員。12・22京都大学医学博士。12・28長男元誕生。	
四〇	一九六五	34	9・21水口病院副院長。10月フランクル来日。12月クーグラー『臨床脳波学入門』邦訳出版。	ヴェトナム戦争。アメリカの北爆開始。
四一	一九六六	35	4・1京都大学医学部非常勤講師。8月ゲオルギアーデス『音楽と言語』邦訳出版。ビンスヴァンガー死去。	
四二	一九六七	36	10月ビンスヴァンガー『現象学的人間学』邦訳出版。テレンバハ来日。	
四三	一九六八	37		5月パリで大規模な学生運動（五月革命）。日本でも学生運動激化。東大安田講堂事件。世界的に反精神医学運動激化。日本の各大学精神医学教室でも反教授権力闘争拡がる。

四四	一九六九	38	**1・20**水口病院退職。**2・1**ハイデルベルク大学医学部精神科客員講師。**10・27**ハイデガーの自宅に招待される。**11月**『心理療法・医学的人間学年報』（ドイツ）編集同人。	**1月**京大時計台事件。**2月**ヤスパース死去。**4月**日本精神神経学会（金沢）が続行不可能になる。**7月**アポロ一一号月面到着。
四五	一九七〇	39	**3月**『自覚の精神病理』出版。**10・30**帰国。**11・16**名古屋市立大学医学部助教授。	**11月**三島由紀夫自決。
四六	一九七一	40	**12・1**第五回世界精神医学会（メキシコ）で発表。	
四七	一九七二	41	**2・10**第一回『分裂病の精神病理』ワークショップ。**3月**『人と人との間』出版。世界精神医学会間文化精神医学委員会委員。	
四八	一九七三	42	**1月**『臨床精神医学』誌編集顧問。**6月**第九回国際精神療法学会（オスロ）に出席。**9月**第一回チューリヒ会議。**9月**『異常の構造』出版。**10月**マルセル死去。	**11月**石油危機。
四九	一九七四	43	**1月**名古屋大学笠原嘉教授と鬱病分類の共同研究開始。**9月**テレンバハ来日。ボス来日。**10月**ヤンツ来日。**12・16**名古屋市立大学医学部教授。	
五〇	一九七五	44	**3月**ヴァイツゼカー『ゲシュタルトクライス』邦訳出版。**6月**『分裂病の現象学』出版。**9月～10月**第一回日独墺精神病理学会で発表。同学会評議員。	**4月**ヴェトナム戦争終結。

五一	一九七六	45	**2・21**日本精神神経学会評議員。**7月**第一〇回国際精神療法学会（パリ）に出席。**11月**ドイツ精神神経学会名誉会員（korrespondierendes Mitglied）。	**5月**ハイデガー死去
五二	一九七七	46	**2・1**父美彦死去。**9月**『精神医学』誌編集同人。	
五三	一九七八	47	**6月**第一回精神病理懇話会（富山）。**6月**テレンバハ『メランコリー』邦訳出版。**7月**ブランケンブルク『自明性の喪失』邦訳出版。	
五四	一九七九	48	**9月**『ネルフェンアルット』誌（ドイツ）編集顧問。	
五五	一九八〇	49	**6月**エレンベルガー『無意識の発見（上）』邦訳出版。**9月**エレンベルガー『無意識の発見（下）』邦訳出版。**11月**『臨床精神病理』誌編集同人。	
五六	一九八一	50	**3・2**　ドイツ連邦共和国より第三回フィリップ・フランツ・フォン・ジーボルト賞受賞。**3月**『精神病理学』誌（スペイン）編集同人。**6月**『分裂病の人間学――ドイツ精神病理学アンソロジー』編・監訳出版。**10月～12月**ジーボルト賞受賞者としてハイデルベルク大学に招待。**10月**『自己・あいだ・時間』出版。**10月**第二回ハイデルベルク精神病理学シンポジウムで発表。**11月**パリ大学ネッケル病院で講演。	
五七	一九八二	51	**4月**日本社会精神医学会理事。日本精神神経学会評	

			議員。
五八	一九八三	52	4月『自分ということ』出版。7月第七回世界精神医学会（ウィーン）で発表。10月『現存在分析』誌（スイス）学術顧問。10月金井美恵子との対談本『私は本当に私なのか』出版。11月第五回精神医学懇話会（パリ）で発表。
五九	一九八四	53	3月J＝E・マイヤー来日。
六〇	一九八五	54	11・21第一回エグネール賞（スイス、エグネール財団）受賞。ジョエル・ブーデルリク、留学生として来日。
六一	一九八六	55	2月『直接性の病理』出版。5・1京都大学医学部教授。8・15母濱子死去。9月ブランケンブルク、クラウス来日。
六二	一九八七	56	3・21長女まり子結婚。
六三	一九八八	57	4月弟の淳、京大神経内科教授。8月京都で読書会「アポリア」開始。10月第一四回国際精神療法学会（ローザンヌ）で講演。10月パリ大学ネッケル病院で講演。10月リヨン大学ヴィナティエ病院で講演。11月『あいだ』出版。12月ドイツ人間学的現存在分析的医学・心理学・心理療法学会名誉会員。

六四 平成 元	一九八九	58	**9月**「精神医学と実存」集談会（スリジー＝ラ＝サル）で講演。**10月**第八回世界精神医学会（アテネ）で発表。**11月**バーゼル大学で講演。	**1月**昭和天皇死去、平成元年となる。**11月**ベルリンの壁崩壊。
二	一九九〇	59	**3月**「国際精神病理学雑誌」（フランス）編集同人。**10月**京都精神保健協会会長。**11月**クレール・ヴァンサン、留学生として来日。**11月**『分裂病と他者』出版。**11月**長廣敏雄死去。	**10月**東西ドイツ統一。
三	一九九一	60	**4・12**長男元結婚。**6月**『形なきものの形』出版。**9月**ハイデガー『ツォリコーン・ゼミナール』邦訳出版。**10月**ヴュルツブルク大学心理医学・心理療法研究所で講演。**10月**E・シュトラウス生誕百年記念シンポジウム（ハイデルベルク）で講演。	**1月**湾岸戦争。**11月**ソ連邦消滅。
四	一九九二	61	**1月**Ecrits de Psychopathologie Phénoménologique出版。**5月**マールブルク大学精神科で講演。**5月**ベルン大学社会精神医学教室で講演。**6月**Anywhere conference（湯布院）で講演。**6月**『生命のかたち／かたちの生命』出版。**9月**ドイツ精神神経学会一五〇周年記念学会（ケルン）で講演。**10月**日本精神病理学会理事長。	
五	一九九三	62	**10月**ブランケンブルク来日。	

六	一九九四	63	**1月**『偶然性の精神病理』出版。**3・31**京都大学医学部教授停年退官。**4月**河合文化教育研究所主任研究員。**4月**京都博愛会病院顧問。**4月**帝塚山学院大学客員教授。**9月**テレンバハ死去。**9月**ヴァイツゼカー『病因論研究』邦訳出版。**10月**ハイデルベルク大学精神科で講演。**11月**『心の病理を考える』出版。**11月**橋本病の診断を受ける。	
七	一九九五	64	**2月**Zwischen Mensch und Mensch出版。**4月**龍谷大学社会学部教授。**4月**ヴァイツゼカー『生命と主体』邦訳出版。	**1月**阪神淡路大震災。**3月**オウム真理教地下鉄サリン事件。
八	一九九六	65	**3月**第一回「精神医学・心理学・哲学（ＰＰＰ）国際会議」（スペイン・ベナルマデーナ）で講演。**4月**龍谷大学国際文化学部教授。**10月**ブランケンブルク、スコット来日。	
九	一九九七	66	**3月**京都大学名誉教授。**6月**第二回「ＰＰＰ国際会議」（マルセイユ）で講演。**9月**『からだ・こころ・生命』出版。	
一〇	一九九八	67	**7月**『分裂病の詩と真実』出版。	
一一	一九九九	68	**6月**第四回「ＰＰＰ国際会議」（ニース）で講演。	
一二	二〇〇〇	69	**3月**ヴァイツゼカー『病いと人』邦訳出版。**11月**村	

			上仁死去。**11月**L'Entre出版。**12月**「内省の構造――長井真理没後一〇年精神病理シンポジウム」（名古屋）。	
一三	二〇〇一	70	**1月**芦津丈夫死去。**3月**龍谷大学停年退職。**4月**『木村敏著作集』刊行開始。精神病理学会で講演、同学会名誉会員。**11月**『木村敏著作集』全八巻完結。	**9・11**米国で同時多発テロ。**10月**米国、アフガニスタン攻撃。
一四	二〇〇二	71	**5月**日独文化研究所常務理事。**8月**世界精神医学会（横浜）で講演。**10・16**ブランケンブルク死去。**10月**シンポジウム「ハイデガーとメダルト・ボス」（ハレ）で講演。**10・25**ブランケンブルクの葬儀に列席。	
一五	二〇〇三	72	**3月**和辻哲郎文化賞受賞。**10月**妻まさ直腸癌切除。	**3月**米英軍イラク攻撃開始。
一六	二〇〇四	73	**4月**立命館大学文学部客員教授（2年間）。**4月**相愛大学客員教授。**8月**ベルギー現存在分析学会名誉会員。**9月**第九回「ＰＰＰ国際会議」（ハイデルベルク）で講演。	
一七	二〇〇五	74	**4月**『関係としての自己』出版。**12月**Scritti di psicopatologia fenomenologica出版。	
一八	二〇〇六	75	**4・13**長女まり子死去。**10月**佐野利勝死去。**10月**檜垣立哉との対談本『生命と現実』出版。	

一九	二〇〇七	76	**4月**「ロゴテラピーと実存分析国際学会」（ウィーン）で講演。**8月**松村禎三死去。
二〇	二〇〇八	77	**1月**天龍寺管長平田精耕死去。**4月**河合文化教育研究所所長。**10月**今野哲男との対談本『臨床哲学の知』出版。**10・31**「独日統合学会」（ボン）で講演。
二一	二〇〇九	78	**6月**坂部恵死去。
二二	二〇一〇	79	**1月**ヴァイツゼカー『パトゾフィー』邦訳出版。

＊人名は敬称略とした。

シリーズ「自伝」my life my world

監修委員 速水　融
日高敏隆

精神医学から臨床哲学へ

木村　敏　精神病理学を軸に、思索を重ねて醸成された独自の知的世界。そこへいたる道筋を、鮮やかに描き出す。

生物学の夢を追い求めて

毛利秀雄　精子の研究、東大紛争、国際生物学オリンピック……生涯現役の学徒が自らの生涯、歩んだ時代を回顧する。

以下続刊

青柳正規
猪口　孝
岩槻邦男
上田閑照
上田正昭
小田　滋
小和田哲男
加藤尚武

川崎和男
古在由秀
佐藤文隆
鈴木光男
鈴村興太郎
角山　榮
富永健一
鳥越　信

中井久夫
長尾　眞
西尾幹二
根岸　隆
速水　融
原田正純
樋口恵子
藤田紘一郎

古田武彦
堀井令以知
宮本憲一
森岡清美
安田喜憲
山之内靖

＊敬称略、五十音順
（二〇一〇年四月現在）

《著者紹介》

木村　敏（きむら・びん）

1931年　生まれ。京都大学医学部卒業。名古屋市立大学医学部教授，京都大学医学部教授，龍谷大学国際文化学部教授，立命館大学文学部客員教授を歴任。

現　在　京都大学名誉教授，河合文化教育研究所主任研究員・所長，京都博愛会病院顧問。

主　著　『木村敏著作集』全８巻（弘文堂，2001年）ほか。

シリーズ「自伝」my life my world
精神医学から臨床哲学へ

2010年４月20日　初版第１刷発行　〈検印省略〉

定価はカバーに
表示しています

著　者　木　村　　敏
発行者　杉　田　啓　三
印刷者　藤　森　英　夫

発行所　株式会社　ミネルヴァ書房
607-8494　京都市山科区日ノ岡堤谷町１
電話代表　(075)581-5191番
振替口座　01020-0-8076番

　亜細亜印刷・新生製本

ISBN978-4-623-05751-1

Printed in Japan

人名索引

あ 行

か　行

さ 行

た 行

な　行

は　行

ま　行

や　行

ら　行

わ　行

事項索引

あ 行

さ 行

た　行

な　行

は　行

ま 行

や 行

ら 行

わ　行

A to Z